晚清五大名人

何[illegible]一、個帝國

推薦序

" I think that today's youth have a tendency to live in the present and work for the future - and to be totally ignorant of the past. "

Steven Spielberg (1947~)

坊間「科普」出版品滿坑滿谷，而「史普」類多以「內幕」、「獨家報導」或「揭開╳╳╳神祕之面紗」、「你所不知道之╳╳╳真相」等誇張和驚悚之口吻促銷。但「天下文章一大抄」，熟悉《三國志通俗演義》，卻未曾翻閱《三國志》，常誤把虛構之小說當作歷史。

今日有關清史之影片、連續劇及小說充斥，先入為主之刻板印象，扭曲歷史之真面目。提到清朝，必會添加「腐敗之」滿清形容詞，其實康雍乾盛世占清代國祚二分之一，長達一個多世紀之久，居中國各朝代盛世之首位，而清代中期之國民所得乃世界第一，輸出大於輸入，大清帝國當可獨立於世界之外而自給自足。

全書字字珠璣，一針見血，具畫龍點睛之遠見。採對話（dialogue）方式寫作，人類歷史上擲地有聲之名著，如：《論語》、《佛經》、柏拉圖《理想國》（Repulic）、《新約全書》（New Testament），在對話之中碰撞出智慧之火花。圖片罕見，作者史學素養深厚，從中外檔案中，揀選具代表性之新聞照片，讓讀者大開眼界。本書分析慈禧、曾國藩、左宗棠、李鴻章、袁世凱，五位著名之近代史大人物。清代成也女人（孝莊），敗也女人（慈禧）。

歷史人物之人格特質，當從與其為友、為敵和身邊之心腹，做交叉比對分析，以捕捉真實之內心世界。但「天威不可測」、「伴君如伴虎」，其功過蓋棺論定或論不定，真相或許永遠被掩蓋於時間之深處。

清代中期以後，面臨列強之鯨吞蠶食，不斷割地賠款。知識分子指出「船堅炮利」只是治標而非治本，根本要務在提升人民之素質，端賴教育事業之普及。一個文盲比例甚高、無正確國際觀之國家，只有任人宰割。「國民素質決定一切」，實放諸四海而皆準。

上古史常因考古文物之出土，面臨改寫歷史之挑戰，而近現代史則因史料之發現，以及史觀之立場，必需重新詮釋。歷史為勝利者所寫，後一朝代通常會極度醜化前一朝代，以彰顯「順天應人」之正當性。真相可能永遠被掩飾，史學家重建之史實，或許與已消失在時空之中之客觀史實，存在遙遠之距離。

袁世凱是否有告密，出賣戊戌變法之成員？湘軍與淮軍互相牽制，滿人自始至終不信任漢人。太平天國為全球史上規模最龐大之內亂（或起義），約有六千萬至一億餘人往生，因清軍借機大量屠殺漢人，曾引起常勝軍之不滿。

中國歷史上版圖最遼闊之五大王朝為元、清、明、唐、漢，中華民國繼承清代許多體制，並非「逢清必反」，清朝之一切亦非一無可取。無史德之史學家，不僅有意扭曲歷史，更冷血地謀殺古人。

創造歷史與撰寫歷史，何者更永垂不朽？司馬遷與班超，何者偉大？同情之瞭解（sympathetic understanding）為習史者之基本素養。中小學生心中只要提到秦始皇，則會直覺地出現暴君形象，進入大學和研究所，當思考「秦始皇是暴君嗎」？是否長期被儒家妖魔化（demonization）？中國共產黨何以曾高舉「批孔揚秦」之大纛？

高層次之史觀，在解析歷史人物價值判斷形成之因，而非只論斷其功過。本書之小標題皆極吸引閱聽大眾之注意。

鳳凰衛視之談話性節目有口皆碑，出席之嘉賓皆一時之選，主持人有備而來，言之有物，對話甚有深度，兼具嚴肅之學術性及趣味之通俗性。反觀台灣之談話性節目已綜藝化，走火入魔有如卡到陰，外行假冒內行，高談闊論路邊攤式之稗官野史，欠缺嚴謹之學院派史學訓練與素養，不知傳播錯誤之知識乃一大罪惡，結論是「關掉電視，靈魂得救」。

台灣之電子媒體當以鳳凰衛視為師，有朝一日，能將‘rundown’出版，以廣為流傳。讀者諸君，若在茶餘飯後，欲對晚清之A咖人物及史實有基礎之認知，不妨細讀此書，必定回味無窮。

中國文化大學史學系副教授
周健

序 晚安，晚清

晚清那些事，是中國人難解的痛。

一百多年過去了，心裡的創傷尚未癒合，屈辱感一代一代在延續，任何時候想起來，都意氣難平。然而，歷史就是這樣走過，不會顧及任何人的心理感受。

那些捲入是非旋渦的晚清人物，自有他們的理由。只有進入他們的語境和內心，才能知道受傷的為什麼總是我們。邁出「體諒」這一步，才是心理療癒的開始。

鴉片戰爭以前，中國猶如一艘大龍船，靜靜地停泊在東方海面上，遠望華美壯觀，內部風雨飄搖。與其說這艘大船是被西方的堅船利炮打壞的，不如說它自身早已腐朽不堪，沉沒已是題中應有之義。自清朝入關後的第七位皇帝咸豐帝病逝後，清王朝的「船長」實際上就是慈禧太后了。晚清女主先後起用奕訢、奕劻、載灃等滿洲皇族為「大副」，任用曾國藩、左宗棠、李鴻章、袁世凱等漢臣領袖為「水手長」，一邊修葺船隻，一邊抵禦風浪。

但是，頹勢已經無法挽回，不管晚清重臣對這個王朝有多麼留戀。

太平天國運動、捻軍起義、陝甘回民起義、義和團運動……

中法戰爭、中日甲午戰爭、八國聯軍侵華戰爭……

八旗軍和綠營兵不堪一擊，晚清女主和臣子們的日子難過。於是，他們開始在漢人之中尋找堪當棟梁的人才。晚清重臣曾國藩、左宗棠、李鴻章和袁世凱，幾個原本並不怎麼得意的漢族書生，有的甚至連個鄉試都考不過，然而亂世當頭，他們居然趁勢而起，成為一代豪傑。以曾國藩為核心的湘軍，以李鴻章為核心的淮軍，以袁世凱為核心的北洋軍，一脈相承又各有千秋。這些軍事集團在晚清政壇領風騷於一時，為清王朝這艘百年老船保駕護航，竟然一度有了中興之氣象。

然而，恰恰是他們的精明強幹，抽乾了大清王朝最後一滴精血。雖然慈禧精於權力制衡之術，但她再也找不出一個能與漢族重臣抗衡的滿洲貴族了。待到「女船長」撒手人寰，新上台的滿洲權貴試圖一腳踢掉「水手長」袁世凱，重心不穩的大龍船旋即被捲進暴風眼。

在革命風暴來襲之前，晚清心急火燎地倡導變法以自強，先後搞過三場經濟與政治改革——洋務運動、戊戌變法、清末新政，為大龍船多多少少注入一點前進的動力。雖然縫縫補補扭轉不了大龍船的歷史宿命，但是以慈禧為首的晚清領導班底，畢竟為中國的近代化和工業化轉型付出了一點心力。

身處淒風苦雨的時代，人總是容易迷茫，也難免留下遺憾。

——慈禧青年喪偶，中年喪子，終日以朝廷為丈夫，用女人之軀扛起九鼎之重，靠迷戀物質和醉心權力來填補情感的空虛。

——曾國藩本是文弱書生，卻被時勢推上從軍之路，對權位心懷恐懼卻封侯拜相，想做完人卻在愧疚中鬱鬱而終，一輩子活得壓抑而矛盾。

——左宗棠科舉不順，困厄多年當塾師，後憑軍事才華橫空出世，晚年放棄閣老的舒適生活督師南下，卻因朝廷軟弱未張國威含恨死去。

——李鴻章得益於曾國藩的提攜，加官晉爵風光無限，卻一朝譽毀馬關，臨終問及家事無言囑咐，問及國事則欲語淚流，為朝廷嘔心瀝血含憾而終。

——袁世凱博不來科舉功名，棄文就武竟斬獲一生勳業，讓陷入風暴眼的大龍船和平擱淺，而後改變航道駛向共和，孰知途中倒行逆施，落得眾叛親離。

晚清女主及其麾下重臣都不是完人：慈禧享樂至上，曾國藩瞻前顧後，左宗棠情商偏低，李鴻章迷戀金錢，袁世凱八面玲瓏。這些性格特質影響了他們的人生，也影響了中國的發展。茫茫暗夜之中，作為中國歷史曾經的擺渡人，他們當中沒有誰能真切地指出正確的航線，只能在迷霧中且尋且行，一片忠心卻自覺不自覺地充當了一個朝代的掘墓人，淪為船毀人亡的領航員。

試圖主宰歷史的人，到頭來一樣被歷史所主宰。

晚清是一張網，網住了近代，也網住了當代。

在那段被定性為「喪權辱國」的歷史裡，這些晚清名人被污泥塗抹成死板的臉譜。其實，他們只不過是歷史的棋子，逃脫不了歷史潮流的擺布。摘下臉譜化的面具，他們彷彿有了靈性，訴說著那個時代的無奈。

滄桑時代，唯有局中人冷暖自知。

對我們的祖先道一聲「晚安」，對那段歷史充滿理解與寬容，我們向前的步履才會穩健而自信。

香港鳳凰衛視主持人

王魯湘

目錄

定新疆」非左宗棠莫屬。左宗棠收復新疆的功勞太大，由一等伯晉封二等侯，是繼曾國藩之後第二個活著封侯的人。

未張國威死不瞑目 200

左宗棠的後半生一直在走林則徐未竟的道路，比如創辦船廠、嚴禁鴉片、西定新疆，就連生命的終點也結束於林則徐的故鄉福州。

黃袍成殮衣——梟雄袁世凱 208

「中上美才」發跡於朝鮮 210

袁世凱在朝鮮前後共計十二年，面臨的對手是日本使團。甲午戰爭以前，中國人跟日本人打過兩次小仗，都有袁世凱參與其中，而且兩次都打勝了。

服從就有官有錢，不服從就吃刀 217

小站練兵在袁世凱的政治生涯中極其關鍵。第一，這是他日後成為中國軍政強人的一個資本，從此手裡有武裝。第二，他攀上榮祿這層關係，等於和慈禧的后黨建立了聯繫。

戊戌政變告密疑雲 223

袁世凱告密的結果不是引發了戊戌政變，而是證明了維新黨人有「圍園劫後」密謀，坐實了維新黨人「大逆不道」的謀逆罪。

貨真價實的維新派 236

袁世凱主持的北洋新政創下很多「中國第一」。即使是對新政抱有看法的人，也不得不嘆服直隸在袁世凱手上發生的巨變。

「洹上老人」暗藏居心 242

若能當上共和國大總統，自然遠勝於擔任君主立憲制下的內閣總理大臣。既然南京臨時政府開出這麼誘人的條件，袁世凱在得到可靠的承諾後便加緊逼宮。

「二十一條」簽訂內幕 254

有人認為「二十一條」是袁世凱與日本進行的

賣國交易，旨在獲得日本對他稱帝的支持，但很多史料證明這一觀點站不住腳。

◈ 稱帝墮陷阱，黃袍成殮衣 262

精於權術的袁世凱，很少輕信別人，內心總有一道防線。如此精明的一個人，晚年卻被親信炮製出來的「民意煙霧彈」蒙暈了，糊里糊塗地走進稱帝的死巷。

注釋 276

晚清民國大名人

他們造就了一個帝國

老佛爺 慈禧

權力毒癮腐蝕了母性

慈禧太后（1835～1908），葉赫那拉氏，出身滿洲鑲藍旗，後抬入滿洲鑲黃旗。生長於官宦人家，十八歲選秀進宮，初封蘭貴人，後晉封懿嬪。二十二歲生子載淳，一路晉封懿妃、懿貴妃。載淳即位後尊封為聖母皇太后，上徽號「慈禧」。二十七歲發動辛酉政變，剷除顧命八大臣，首度垂簾聽政。四十一歲喪子，選四歲載湉為嗣子，再度垂簾聽政。六十四歲發動戊戌政變，幽禁光緒帝，三度臨朝訓政。坐鎮大清江山四十八載，七十四歲撒手人寰，諡號「孝欽慈禧端佑康頤昭豫莊誠壽恭欽獻崇熙配天興聖顯皇后」。

王魯湘：光緒三十四年十月二十二日（1908年11月15日），大清帝國的無冕女皇慈禧嚥下最後一口氣。四十八年來，她緊握手中的權柄，至死方休。然而，這位生前不可一世的老佛爺並未入土為安。一九二八年七月，軍閥孫殿英以「剿匪」為名，指使部下帶領大批人馬闖入清東陵[1]，瘋狂而野蠻地盜掘了慈禧陵。

據說盜墓者打開內棺的那一刻，發現老佛爺面目栩栩如生，但一見空氣，臉馬上就變黑了，眼睛塌進去，嘴也張開了。然而，「詐屍」只是一時唬住了盜墓者，卻無力阻止他們對隨葬品的貪婪。慈禧統治過的王朝被歷史拋棄十幾年了，此刻她只能任人宰割。

清東陵被盜的消息傳出後，民間一時紛紛傳出「妖婦殭屍復活」、「屍身被盜墓者玷污」等版本。這位生前享有帝王之尊的老佛爺，死後竟成了民間閒言碎語中難堪的丑角。更不可思議的是，盜墓者一直逍遙法外，「毒婦報應分明」的說法竟蓋過嚴懲盜墓者的聲音。這位晚清女主為何死後招致如此恨意？蛇蠍心腸、驕奢淫逸、飛揚跋扈、禍國殃民等負面評價劈頭蓋臉地砸向她，慈禧她真的是負面到底的女人嗎？

受訪嘉賓

王道成（1933～），四川高縣人，中國人民大學清史研究所教授。著有《垂簾興風雲：慈禧太后》、《圓明園》等。

「葉赫滅愛新覺羅」只是傳說

歷史充滿巧合，清朝入主中原始於七歲小皇帝福臨[2]入關，止於七歲小皇帝溥儀[3]遜位。順治帝的身後站著兩個人，一是生母孝莊文皇后[4]，一是叔父攝政王多爾袞；宣統帝的身後同樣站著兩個人，一是嗣母隆裕太后[5]，一是生父攝政王載灃[6]。不同的是，宣統帝的背後還有另一個女人的身影——慈禧太后。正是這位晚清女主臨終前再次為大清做主，將年僅三歲的溥儀推上皇帝寶座。

有人說，清朝興也太后，亡也太后。墨守女人本分的孝莊文皇后，成了慈禧太后的「照妖鏡」。孝莊文皇后輔佐過順治、康熙兩代幼帝，甘居幕後而不越俎代庖，故以賢名流芳於世。慈禧太后擁立過同治帝、光緒帝、宣統帝三位小皇帝，卻兩度垂簾聽政，即使歸政也仍隱控朝政，「權欲熏心」的標籤恐怕很難揭掉。

王魯湘：過去讀清史的人對慈禧基本上眾口一詞，說她是一個該千刀萬剮的女人。您覺得為什麼對慈禧會有這樣幾乎一面倒的否定性評價？

王道成：這裡頭恐怕有個歷史原因，那就是在中國傳統思想裡，女人是不能當政的，女人當政是「牝雞司晨」。慈禧垂簾聽政在一些傳統人士看來是違背祖制，因為康熙帝就說過垂簾聽政非國家之福。後來她搞洋務運動，頑固派罵她，認為她「以夷變夏」，用外國的東西來改變中國。維新變法時她搞了戊戌政變，維新派當然罵她，也恨她。革命派興起後，她又鎮壓革命派，革命派更是罵她。一九四九年以後，她被視為封建統治勢力的代表，現代人也罵她。

不管當時人、後世人如何罵她，為大清掌舵四十八載是慈禧一生的宿命。就在她撒手人寰不到四年，天下大變。她一手推上皇位的傀儡小皇帝溥儀，根本無力扭轉大清王朝覆滅的定局。她臨終前又為侄女布下垂簾聽政的局，當世人將「大清王朝送葬人」的標籤貼在隆裕太后身上時，一個關於葉赫那拉氏要滅愛新覺羅氏的傳說似乎一語成讖。始作俑者慈禧，這位葉赫那拉氏女子，真的是所謂陰謀論、宿命論的一張骨牌嗎？

王魯湘：傳說葉赫那拉氏和愛新覺羅氏有世仇，過去愛新覺羅氏把葉赫部滅了，葉赫部的人便發誓哪怕以後男丁死絕，家族僅剩一個女子也要報仇。慈禧出身葉赫那拉氏，最終把愛新覺羅氏建立的清王朝埋葬了，似乎有種宿命論的感覺。您覺得這個說法有沒有依據？

王道成：沒有依據。相反，清王朝的興起還跟葉赫那拉氏的幫助有關係。萬曆十一年（一五八三年），努爾哈赤的祖父和父親被明遼東總兵李成梁誤殺[7]。努爾哈赤原是李成梁的部下，因此脫離李成梁，跑到葉赫部去。葉赫貝勒楊吉砮[8]非常器重他，將小女兒孟古哲哲[9]許配給他，又給他馬匹、弓箭、盔甲，把他送回建州左衛[10]。

王魯湘：也就是說，葉赫那拉氏在努爾哈赤最困難的時候幫助過他，不但給吃的，給武器，還給小老婆。

王道成：對。努爾哈赤和孟古哲哲生了一個兒子，就是皇太極。

王魯湘：皇太極的生母是葉赫那拉氏，所以愛新覺羅氏的皇室後裔都有葉赫那拉氏的血統。

明末，東北地區的女真部落分為三大部：海西女真、建州女真和野人女真。葉赫部是海西女真四部之一，早期與建州左衛關係良好，後來在擴張地盤等問題上發生衝突。萬曆四十七年（1619），努爾哈赤率大軍滅掉葉赫部。清人筆記傳說「大兵定葉赫，頗行威戮，男丁罕免者。部長布揚古臨歿憤言曰：『吾子孫雖存一女子，亦必覆滿洲。』以此祖制宮闈不選葉赫氏」[11]。

此說流傳甚廣，卻不符合史實。據清朝官修史書記載，努爾哈赤「以寬大為懷，不念葉赫諸貝勒舊惡，其諸貝勒、大臣，均加豢養。葉赫二城所有大小貝勒，皆留而養之。其葉赫國人，不論善惡，皆不損其家產，父子、兄弟、親戚，不令離散，盡行帶來。未拿婦人之衣領，未取男人之弓箭，其各戶之財帛器皿等一應物件，仍由原主收取之」[12]。

若擔心官方說法有所諱飾，可從葉赫部的後人在清朝受到的政治待遇加以驗證。葉赫部被滅之後，降民被遷徙至建州，入籍編旗，成為努爾哈赤的臣民。原葉赫部首領的子孫不僅可以擔任要職，有的甚至成為額駙，而清宮后妃也不乏葉赫氏。葉赫部驍勇善戰，努爾哈赤正值用兵之際，怎會大肆殺戮如此精兵？最簡單的反證是：如果葉赫貝勒真的發過「吾子孫雖存一女子，亦必覆滿洲」的誓言，清皇室也因此立下「宮闈不選葉赫氏」的祖制，怎麼還敢冒險讓皇太極登上皇位呢？

王魯湘：慈禧死後葬在清東陵，後來被盜墓，屍身從棺材裡被拖出來，陪葬的很多寶貝也被士兵搶去。當時為什麼會選擇她的墓去盜呢？

王道成：他們知道慈禧的墓裡肯定有東西。慈禧實際上就是當時的皇帝，她的喪禮是按皇帝規格辦的。本來慈安才是咸豐帝的皇后，慈禧只是貴妃，為什麼慈禧陵的規格比慈安陵高呢？兩座陵墓是同時修建的，因為慈禧死得晚，很多修好的東西已經不能用了。按乾隆帝的說法：「土木之工，二十年斯敝。」中國土木建築的壽命是二十年，超過這個年限就損壞了，需要重修。當時慈禧已是「中國第一人」，重修的時候，她的陵墓規格就比慈安高，所用的材料更好，做工也更精緻。

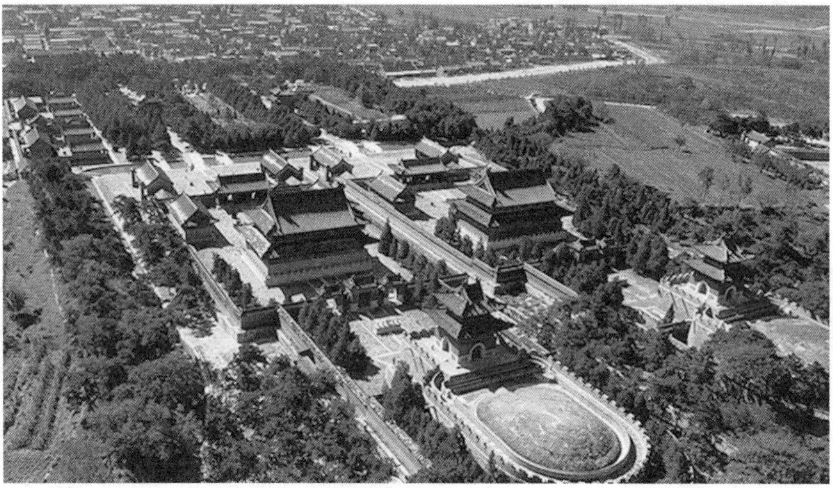
慈禧陵和慈安陵

慈禧病逝後，紫禁城如同安葬一位神祇，為她操辦了一場盛大得有點缺乏真實感的葬禮。誰知二十年後，她的豪華陵寢慘遭劫掠，屍身被人丟在仰置的槨蓋上，左手反搭於背上，頭髮散亂，上身無衣，下身有褲有襪，遍身已發霉，均生白毛。

如此不堪入目的羞辱，豈是這位尊貴女人生前所能預料得到的？然而，此時她已喪失在陽間生殺予奪的權柄，只能眼睜睜看著盜墓者的瘋狂。她所擁立的宣統帝早已遜位，除了幾聲號哭和譴責，已無力保護祖宗亡靈不受侵擾。從無上榮光到無限淒涼，這幕落差到極致的悲劇成為慈禧留在人世間的最後寫真。

慈禧生前奢侈無度，珍珠、玉石等寶貝捨不得撒手，陪葬品之豐富令人咋舌。據時人估計，不計文武百官、皇親國戚的私人敬獻，僅宮中檔案入帳的陪葬品價值就達五千萬兩白銀。僅按銀價每克四元計算，折合人民幣就達一百億元，而實際價值遠遠不止這個數目。

據當年參與盜墓的一位連長回憶，「當時將棺蓋揭開，見霞光滿棺。兵士每人執一大電筒，光為之奪，眾皆駭異。俯視棺中，西太后面貌如生，手指長白毛寸餘。有兵士大呼，速以槍桿

慈禧陵貼金大殿

橫置棺上，防殭屍起而傷人，但亦無他異。霞光均由棺內所藏珠寶中出，乃先將棺內四角所置四大西瓜取出。瓜皆綠玉皮紫玉瓤，中間切開，瓜子作黑色，霞光由切開處放出。西太后口中所含大珠一顆，亦放白光。玉枕長尺餘，放綠光。其他珠寶，堆積棺中無算。大者由官長取去，小者各兵士陰納衣袋中。眾意猶未足，復移動西太后屍體，左右轉側，悉取布滿棺底之珠寶以去。於是司令長官下令，卸去龍袍，將貼身珠寶，搜索一空。乃曰：『不必傷其屍體。』棺中珠寶盡，再索墓中各處殉葬之物。棺底掀轉，現一石洞，中儲珍寶亦盡取之。搜畢，由孫殿英分配，兵士皆有所得。貴重大件，用大車裝走」[13]。

王魯湘：其實是慈禧陵的奢華隨葬品惹來軍閥的垂涎，但過去很多人從宿命論的角度說慈禧陵被盜是一種報應。這顯然是因為我們對中國那段屈辱的歷史刻骨銘心，將所有責任一股腦兒都推到這個老婦人身上。現在看來，這樣評價慈禧似乎有欠公正，這麼詛咒她也不太對。

王道成：過去大家都認為慈禧是個徹頭徹尾的壞人，落得這樣一個下場是報應。其實，當時不僅盜了慈禧陵，乾隆陵也被盜了。

王魯湘：盜墓者選擇他倆的墓下手，主要是猜測裡面的陪葬品比較多，並非對慈禧懷有特別的仇恨，而是出於貪婪。您怎樣評價慈禧這個人？

王道成：我覺得還是一分為二吧。慈禧生在那樣一個歷史條件下，也做了一些改革，比如洋務運動，對中國歷史的發展還是有意義的。雖然她把維新變法鎮壓下去，「戊戌六君子」喋血菜市口，但後來清末新政搞的那些東西還是戊戌變法時提出來的，甚至搞預備立憲和第一部憲法。儘管這些舉措的核心條件還是清皇室要牢牢掌握政權，所謂「大權統於朝廷，庶政公諸輿論」，但畢竟比過去有所前進。有些問題目前還沒有人談，比如左宗棠收復新疆，大家只講左宗棠，少數人提到文祥[14]的支持，但文祥只是大學士，相當於副總理，有他支持還不行，恐怕還得有慈禧的支持才行。

王魯湘：最高決策離不開慈禧。

王道成：這個問題現在大家都不講，談洋務運動也不怎麼講慈禧，大概是因為她名聲不好。我認為對慈禧應該一分為二地看，她有錯誤的、罪行的一面，也對中國歷史的發展有一定推動作用，不能一筆抹殺。

王魯湘：歷史選擇了這個女人，這個女人也影響了歷史。有些決策可能和她的主觀意志有關，但有時她也只不過是歷史的一個傀儡、一顆棋而已。

王道成：對，不能把中國淪為半殖民地的責任全部推到慈禧頭上。她上台的時候，清王朝已經是個爛攤子了。她在那兒收拾殘局，拼命撐著，但歷史潮流浩浩蕩蕩，她無能為力。

王魯湘：這個歷史大結局並不是她一人造成的，她也是這個大結局的一部分。

慈禧出身之謎

慈禧統治中國近半個世紀，她的身世記載理應很詳盡，然而事實並非如此，至今她的童年經歷仍是一個謎。關於她的出生地就流傳著六種說法：北京說、安徽蕪湖說、山西歸化說、浙江乍浦說、甘肅蘭州說和山西長治說。史學界一般認為慈禧生於北京，而二十世紀九〇年代開始流行的「山西長治說」破綻百出。

王道成：最近比較流行的是「長治說」，說慈禧出生在山西，是漢人，原本姓王，因為家裡很窮，被賣給潞安知府惠徵做丫鬟。慈禧有一次給惠征夫人洗腳，夫人說你要注意，我一隻腳的腳底板有顆痣，你不要碰壞它。慈禧說，我兩隻腳都有痣。惠征夫人認為慈禧將來必大富大貴，就把她收為義女……我覺得這些傳說都不可靠。

王魯湘：尤其是「慈禧為王姓漢家女」這個說法。

王道成：因為它不符合清制。清朝是「滿不點元[15]，漢不選妃」，漢族人不能參加選妃。為了保證皇室血統的純度，清朝選妃審查很嚴格。選妃程序一般是先由皇帝下發諭旨，然後從八旗女子中選秀女，參選的秀女一般都是有一定級別的官員之女，比如慈禧是以父親為四品道員的資格參選。參選秀女的人報名之後，要經過嚴格審查，然後匯總到中央，最後決定選秀女的日期，選的時候還要幾經篩選，根本不可能像他們說的那麼簡單，一介義女居然可以冒充親生女兒參選秀女，而且進宮之後還一直往上爬。

王魯湘：清朝選秀女的記載中有沒有冒充事件？

王道成：沒有，如果出現這種情況，肯定會被殺頭。

王魯湘：這個風險沒人敢冒，因為很容易查出來。

王道成：對。

慈禧出身滿洲鑲藍旗，後因兒子載淳繼承皇位，被尊封為聖母皇太后，娘家被抬入滿洲鑲黃旗[16]。慈禧生長於中等官宦人家，曾祖父吉郎阿、祖父景瑞均官至從五品員外郎，父親惠徵官至正四品道員。惠徵監生出身，初任京師部院衙門筆帖式，後任吏部主事、員外郎、郎中等職，道光二十九年（1849）升任山西歸綏道，咸豐二年（1852）調任安徽寧池太廣道。[17]惠徵從未擔任過潞安知府，在這一關鍵點上出紕漏，「山西長治說」不攻自破。

慈禧內侄曾孫葉赫那拉．根正[18]說，家譜曾記載慈禧出生於北京西四牌樓劈柴胡同[19]，可惜家譜在「文化大革命」期間被燒毀。[20]不過，咸豐五年的選秀女「排單」明確記載，慈禧胞妹[21]就住在這個巷道。慈禧出生時，惠徵仍在京師任筆帖式，因此慈禧出生在北京的可能性最大。據聽過慈禧聲音的乾清門侍衛說：「她滿口是京腔字韻，嗓音厚重，暗地裡老公[22]們皆說這是『觀音大士真聲』。」[23]若非從小在京師長大，慈禧怎會滿口京腔呢？

另外，據一九八四年親手整理過慈禧遺骸的清陵專家介紹，慈禧遺骸長一五三公分，生前身高應該不低於一六〇公分，左腳的襪底長十九．五公分，繡花鞋的鞋底長二十一公分，說明她是天足。[24]孝莊文皇后曾於順治元年（1644）下諭：有以纏足女子入宮者斬。如果慈禧是纏足的漢人，根本不可能蒙混過關。

王魯湘：關於慈禧入宮，還有一種說法說她最初只是一介宮女。宮女和秀女有極大差別，宮女進去是做事的，實際上就是奴婢，而秀女進去是做主子的。慈禧入宮時，到底是宮女還是秀女？

王道成：慈禧是秀女。清朝的宮女和秀女最初都叫秀女，但來源不同。有一種進去當使女的，叫作使令女子，就是幹活的；而參選皇后、妃嬪的都是八旗官員的女兒，父親都有一定的品級。慈禧以父親是四品道員的身分參選，所以一選進去就是貴人。清朝後宮有皇后、皇貴妃、貴妃、妃、嬪、貴人、常在、答應八個品級，慈禧入宮時的地位並不算很低，被封為蘭貴人。她於咸豐二年五月初九日入宮，在入宮前一天，伺候她的四名宮女已經就位。這說明慈禧不僅不是宮女，而且有四名宮女伺候她。

王魯湘：她地位還蠻高的。

清人筆記傳說：「惠徵嘗為徽寧池太道，其女生長南中，少而慧黠，嫚艷無匹儕。雅善南方諸小曲，凡江浙盛行諸調，皆琅琅上口，曲盡其妙。於咸豐初年，被選入圓明園，充宮女。是時英法同盟軍未至，園尚全盛，各處皆以宮女、內監司之。那拉氏乃編入『桐陰深處』[25]。已而洪楊之勢日熾，兵革遍天下，清兵屢戰北，警報日有所聞。文宗[26]置不顧，方寄情聲色以自娛，暇輒攜嬪妃遊行園中，聞有歌南調者，心異之。越日復往，近『桐陰深處』，歌聲又作，因問隨行內監以歌者何人，內監以蘭兒對。蘭兒者，那拉氏之小字也，宮中嘗以此名呼之。文宗乃步入『桐陰深處』，盤坐炕上（凡園中各處皆設炕，備御座也）曰：『召那拉氏入。』略詰數語，即命就廊欄坐，令仍奏前歌。良久，文宗喚茶，時侍從均散避他舍，那拉氏乃以茶進。此即得幸之始也。」[27]

這則筆記有如目睹，實則全憑臆想。作者以惠徵曾在安徽蕪湖任道員的經歷，推斷慈禧在南方長大。其實，惠徵於咸豐二年二月初六日調任安徽時，慈禧正在京師參選秀女。咸豐元年正值選秀女之年，禮部於年底將符合條件的八旗秀女名單上呈咸豐帝，恭請擇期選閱秀女。咸豐二年二月初八日、初九日，咸豐帝遍賞群芳，選定心儀女子。兩天後，咸豐帝讓敬事房傳旨，宣布六名當選秀女分三批進宮的日期。其中，貞嬪（即慈安）位列第一批之首，規定於四月二十七日進宮，而蘭貴人（即慈禧）位列第二批之首，於五月初九日進宮。

清宮上自皇后，下至宮女，均從旗人女子中挑選。旗人有八旗（滿洲八旗、蒙古八旗和漢軍八旗）和內務府三旗（鑲黃旗、正黃旗和正白旗）包衣之分，前者政治地位較高，後者只是清皇室的奴僕。清宮「從不揀擇天下女子，惟八旗秀女，三年一選，擇其幽嫻貞靜者入後宮，及配近支宗室，其餘者任其自相匹配。後宮使令者，皆係內務府包衣下賤之女，亦於二十五歲放出，從無久居禁內者」[28]。出身決定地位，八旗秀女的身價遠高於使令女子。

順治年間規定：八旗官員凡有十三歲至十六歲的女兒，除殘疾不堪入選者外，均須參加三年一度的秀女選拔，如因故不能參選，下屆補行送閱，未經閱看便私相聘嫁者，都統、參領、佐領、族長及本人父母均要受處分。隨著八旗人口的增長，嘉慶年間抬高了應選秀女的門檻，父親官職達到一定級別者才有資格參選。[29]外任旗員的女兒須如期抵京參選，咸豐元年惠徵正在歸綏道任上，慈禧可能是從山西歸化城（今中國內蒙古呼和浩特市）進京參選秀女。

選秀女是清皇室舉辦的一場大型相親活動，才貌最出色或者最有背景的八旗女子才可能成為皇帝的后妃，稍遜一等者被指婚給王公貴族，「剩女」則回家自行婚配。這是關係到清皇室宗族繁衍生息的頭等大事，選秀女的手續不能不繁雜，審核不能不謹慎，閱看不能不仔細，不符合條件者豈能蒙混過關？從慈禧晚年那張衰老的臉上，我們很難想像她少女時代的倩影，不過，缺乏顯赫家世背景的她能夠打敗諸多佳麗，自然是才貌出眾。

清朝規定皇后、皇貴妃各一位，貴妃二位，妃四位，嬪六位，貴人、常在、答應俱無定位。這些所謂「內廷主位」是主子，手下各有數額不等的宮女供使喚：「皇太后宮十二名，皇后宮十名，皇貴妃位下八名，貴妃位下八名，妃位下六名，嬪位下六名，貴人位下四名，常在位下三名，答應位下二名。」[30]慈禧以貴人身分進宮，自然有四名宮女供她使喚。至於她為何被封為蘭貴人，至今仍是懸而未決的謎題。最流行的說法是她小名叫蘭兒，故封蘭貴人。但據葉赫那拉．根正的說法，慈禧小名叫杏兒，大名叫杏貞，取「幸福貞潔」之意。[31]

母以子貴，天命所歸

秀女進宮只是第一步，獲得皇帝的久寵不衰才是關鍵。咸豐帝身邊僅名正言順的嬪妃就有十幾位，慈禧能打敗眾多情敵，必有過人之處。她晚年曾跟人透露得寵祕訣：「入宮後，宮人以我美，咸妒我，但皆為我所制。文宗專寵我，迨後皇子生，我之地位更鞏固矣。」[32]除了有心機和謀略，如願為咸豐帝生下皇長子，成了蘭貴人平步青雲的最大資本。

王道成：在慈禧生載淳之前，麗妃[33]已經生了一個女兒，但當時咸豐帝最想要的是兒子。慈禧生下載淳之後，咸豐帝非常高興。當時慈禧在紫禁城儲秀宮生子，咸豐帝在圓明園提筆寫了一首詩，開頭兩句是：「敬感天恩祖考人，佳音臨至抱麟子。」意思是說，感謝上天和祖先，現在傳來一個好消息：我生兒子了！他馬上把慈禧由懿嬪晉封為懿妃。這年春節，慈禧又升一級，晉封懿貴妃。這個兒子對她來說非常重要。

王魯湘：母以子貴。

王道成：因為有這麼個兒子，後來她當上了皇太后。

能否為皇室生下繼承人，除了要靠運氣，還要靠后妃的努力。據清宮醫案記載，慈禧年輕時患有婦科疾病，不加以調理會影響生育能力。咸豐年間，御醫為慈禧開過一味「懿嬪調經丸」，現代醫學專家認為「此方當係為經痛及帶下症而設」[34]。曾侍奉慈禧八年的宮女何榮兒[35]印證說：「老太后年輕的時候，有血分上的病，要長年吃益母膏。……老太后晚年也常吃這種藥，說是活血潤腸提氣的。」

經藥石調理，慈禧終於在咸豐五年六月懷孕，次年三月二十三日（1856年4月27日）生下載淳。幸運的是，這個皇子沒有遇到競爭對手，不必明爭暗鬥就能登上皇位。雖然咸豐八年玫貴人[36]生下一子，但這個皇子很快就夭折了。載淳是清皇室最後一位嫡出的皇子，後來繼位的光緒帝、宣統帝都由旁支入承大統。

有了寶貝兒子載淳，慈禧的地位蒸蒸日上。咸豐七年（1857）正月，慈禧晉封懿貴妃，地位僅次於皇后。雖然獲得咸豐帝的寵愛，但那畢竟不是專寵，慈禧眼中仍有兩大情敵：一是皇后慈安，二是寵妃麗妃。

王魯湘：麗妃和咸豐帝生了一個女兒，看樣子兩人感情不錯。後來麗妃是怎麼死的？有一種說法是和慈禧有點關係。

王道成：沒有關係。咸豐帝活著的時候，兩個女人當然會爭風吃醋。咸豐帝死後，慈禧成了皇太后，掌握著國家的最高權力，她要展現出領導者的寬容大度，所以對麗妃還是很尊重的，給她又晉級又改善待遇。麗妃活到五十四歲，並不像電影裡那樣手腳被砍斷，然後放進壇子裡。這是把呂后對待戚夫人的做法套到慈禧身上，其實不是那麼回事。

王魯湘：也就是說，慈禧迫害麗妃之事根本不存在，這完全是潑在慈禧身上的髒水。

王道成：對。

王魯湘：慈安和咸豐帝沒有生兒育女嗎？

王道成： 沒有。慈安進宮時晉升很快，但她沒有孩子，而且沒有文化。史料記載她「和易，無思慮」，說她平易近人，性格很平和，不愛動腦子。

王魯湘： 賢妻良母型。

慈禧太后

慈安太后像

慈安以貞嬪身分進宮，不到一個月就跳過「妃」這一級，晉封貞貴妃，一個多月後又跳過「皇貴妃」這一級，直接立為皇后。一般認為慈安以賢德獲寵，是否另有他因呢？《清史稿》記載慈安曾經「事文宗潛邸」[37]，在咸豐帝尚是皇子時就已在身邊侍奉。或許因為咸豐帝對她早有感情，並且欣賞她的賢德，才會如此快地下決心將後宮交給她管理。咸豐帝賜予慈安「貞」字封號，此字含有「正」之意，可能早就有立她為後的念頭。在新秀女分批進宮的諭旨中，慈安名列首位，可見地位不一般。不過，慈安進宮的時間可能早於諭旨規定的咸豐二年四月二十七日，因為清宮醫案早在四月初四日就有給她看病的紀錄[38]。

慈安是咸豐帝久寵不衰的女人，為何沒有生育子女呢？據清宮醫案記載，御醫曾於咸豐二年為慈安治療閉經問題。慈安的婦科病顯然比慈禧嚴重，經藥石調理也無法喜得貴子。慈安的不幸成了慈禧的大幸：假如慈安也誕育一子，她的皇后身分足以讓咸豐帝優先考慮立其子為皇太子，懿貴妃慈禧哪有出頭之日？但歷史沒有假如，慈禧就這樣被推上政治舞台。

咸豐十一年（1861），二十七歲的慈禧遭遇命運轉折點：咸豐帝病逝，幼子載淳繼位，慈安被尊封為母后皇太后，慈禧被尊封為聖母皇太后，孤兒寡母一起坐鎮江山。此時的大清國已被戰火燒得滿目瘡痍，第二次鴉片戰爭硝煙剛熄，太平天國運動仍未平息，一個六歲的小皇帝怎麼坐得住陣腳？

王魯湘：辛酉政變的起因是咸豐帝暴斃。咸豐帝是怎麼死的呢？

王道成：病死的，他身體一向不太好。咸豐帝繼位之後，中國開始出現內憂外患：太平天國運動興起，而且發展迅速，氣勢如暴風驟雨；緊接著英法聯軍打進北京，火燒圓明園，咸豐帝逃跑還簽訂了城下之盟。從臨終前的安排來看，咸豐帝是經過深思熟慮的：一方面，任命八大臣贊襄政務；另一方面，又給皇后慈安一枚「御賞」章[39]，也給兒子載淳一枚「同道堂」章[40]。

王魯湘：兒子的印章等於是在慈禧手裡。

王道成：對。印章雖說是給兒子，但兒子太年幼管不了，代行皇帝職權的是慈禧。要使兒子的皇位穩固，他必須讓慈禧出來掌權。

王魯湘：這是咸豐帝的精心安排。

王道成：有人說慈禧垂簾聽政違背了咸豐帝的遺志，這不對，其實是咸豐帝讓慈禧出來的。只有慈禧出來掌權，兒子的皇位才能穩固，但顧命八大臣不願讓她出來。

當英法聯軍兵臨城下，咸豐帝於一八六〇年九月倉皇「北狩」，帶著一批近臣和后妃逃往熱河避暑山莊。因無力應對內憂外患，他更加以酒色逃避現實，身體每況愈下。咸豐十一年七月十七日（1861 年 8 月 22 日），年僅三十一歲的他咯血殂於熱河行宮。前一天夜裡，他傳諭王公大臣到病榻前承寫遺囑，宣布立載淳為皇太子，並派載垣[41]、端華[42]、景壽[43]、肅順[44]、穆蔭[45]、匡源[46]、杜翰[47]、焦祐瀛[48]盡心輔弼，贊襄一切政務。

出於權力制衡的考慮，咸豐帝既賦予顧命八大臣贊襄政務的權力，又用慈安和慈禧手中的兩枚印章加以箝制。「御賞」和「同道堂」本是咸豐帝的兩枚閒章，而閒章一般不用於政治活動，此時卻升格為皇權的象徵。顧命八大臣以同治帝名義擬旨後，須請兩宮太后鈐印，起首處蓋「御賞」章，結尾處蓋「同道堂」章，否則無效。咸豐帝深知人性對權力的貪婪，同時指定八位大臣贊襄政務，避免權力過分集中於一人之手。他直接給慈安一枚印章，又間接給慈禧一枚印章，意在讓兩位后妃相輔相成而又相互制約，同時又約束顧命八大臣的權力。

咸豐帝自以為這種安排萬無一失，不料兩宮太后與顧命八大臣內鬥不已，這種垂簾、輔政並行的方式行不通。顧命八大臣不把兩宮太后放在眼裡，以為兩位年輕寡婦軟弱無能，只不過是任人擺布的鈐印工具罷了。他們最初提議奏章不呈覽，諭旨由大臣擬定後，兩宮太后只管鈐印，不得更改，結果遭到兩宮太后激烈反對。雙方爭執了四天，最終兩宮太后爭取到閱折權、批准權和否決權。

慈禧只是一介不出深宮的貴妃，咸豐帝為何安排她出來處理國家大事呢？原來慈禧文化素質較高，咸豐帝曾口授諭旨，讓她代筆批答奏章。有一次，咸

咸豐帝便裝像

豐帝在圓明園與后妃們宴飲，席間聞報英法聯軍攻陷廣州，頓時痛哭罷宴。慈安等后妃皆哭，唯獨慈禧鎮定地說：「事危急，環泣何益？恭親王素明決，乞上召籌應付。」[49]慈禧非同尋常的政治才能，令其他后妃黯然失色，卻也招來咸豐帝和肅順等人的猜忌。據說咸豐帝「晚年頗不滿意於慈禧，以其佻巧奸詐，將來必以母后擅權，破壞祖訓。平時從容與肅順密謀，欲以鉤弋夫人[50]例待之」[51]。

慈禧與肅順的矛盾由來已久，在咸豐帝死後更趨白熱化。肅順是咸豐帝的寵臣，也是顧命八大臣的實際領袖，在兩宮太后面前底氣很足。為保住兒子的皇位，也為滿足掌權的野心，慈禧一定要剷除肅順。若憑一己之力去對付手握實權的顧命八大臣，慈禧知道是在以卵擊石，她必須依靠兩個人：一是慈安，二是恭親王奕訢[52]。

王道成：慈安接見大臣時「吶吶如無語者」，話都說不出來。她不識字，所以有些奏摺要慈禧念給她聽。慈禧畢竟只是貴妃，要發動政變必須得到皇后的支持，所以她盡可能跟慈安搞好關係。咸豐帝剛死，兩人在禮節問題上有過一些矛盾：慈安認為我是皇后，在祭奠儀式上的地位應該高於慈禧；而慈禧認為我的兒子是皇帝，我也是皇太后。這是很枝節的問題，她們在生死存亡的大問題上利益是一致的。所以慈安後來跟慈禧站在一起，支持慈禧發動政變，除掉顧命八大臣。

王魯湘：實際上有幾個條件因緣巧合地在慈禧身上同時兼備，命中注定她要爬到權力的頂峰。其一，咸豐帝有過很多女人，只有慈禧生育的一子存活下來，這個獨子注定要當皇帝，而這決定了生母慈禧會成為皇太后。其二，皇后慈安又是個不識字的本分女人，聰明才智不如慈禧，本來給她一個掌權的機會，她卻抓不住。從這些條件來看，慈禧在辛酉政變中當主角是必然的。

兩宮太后的執政能力，時人看得很清楚：「天下稱東宮優於德，而大誅賞大舉錯實主之；西宮優於才，而判閱奏章，裁決庶務，及召對時諮訪利弊，悉中窾會。東宮見大臣，吶吶如無語者。每有奏牘，必西宮為誦而講之，或竟月不決一事。……西宮太后性警敏，銳於任事，太后悉以權讓之，頹然若無所與者。後西宮亦感其意，凡事必諮而後行。」[53]

據清宮太監回憶，慈禧確實很有坐鎮天下的腕力：「慈禧皇太后之威嚴，皆在眼神，平日直如日電，無人敢對其光，聲音亦宏亮。每朝見群臣時，霽顏寒暄，令大臣之心情有意外之感激。初見面，必問大臣家中日常之瑣事，如妻妾子女等，無不詳細動問，乃至姬妾孰賢，子女孰肯讀書。對於老臣之飲食起居，亦切切囑之以珍重。令大臣等幾乎忘記是在朝廷之上。言談之間，忽然辭鋒轉變，眼光灼耀，問某一件事情：『你們辦得怎麼樣？』此一問往往令人答之不及，不由汗透衣褂。所以，每一大臣覲見退朝時，差不多滿頭是汗，極道太后之聖明。袁世凱曾說：『余在萬軍之中，心極坦然，獨朝見皇太后時，不知汗從何處來，而如此之心怯也。』」[54]連人稱「奸雄」的袁世凱都俯首帖耳，還有誰不拜倒在這個女人的石榴裙下？

辛酉政變兵不血刃

王道成：發動政變前，慈禧派人叫奕訢來熱河。本來顧命八大臣叫奕訢在北京待著，不要來熱河，但奕訢說我是皇上的親弟弟，要去奔喪。奕訢到達熱河那天是八月初一，正好趕上殷奠禮，他就伏地痛哭，非常傷心。祭奠完咸豐帝，慈禧派人告訴奕訢，說要召見他。但顧命八大臣不讓他們見面，杜翰說叔嫂應當避嫌，況且皇帝剛死，皇太后居喪期間更不宜見面。但慈禧執意要見奕訢，奕訢就跟端華說：「你跟我一起進去吧。」端華看了看肅順，肅順說：「老六，你跟太后是叔嫂，你們談事，我們摻和做什麼？」於是奕訢獨自覲見兩宮太后，一起商量怎麼把顧命八大臣除掉。奕訢提議，要除掉顧命八大臣，必須先回到北京。慈禧擔心地問，如果我們搞政變，外國人的態度會怎樣？奕訢說外國人絕不會有意見，如出問題，唯我是問。商量好之後，奕訢趕緊回北京籌備。

恭親王奕訢是道光帝第六子，自幼天資聰穎，才華出眾，最受鍾愛。為避免皇子互相殘殺，清朝自雍正帝以後實行祕密建儲制。當年道光帝在皇四子和皇六子之間猶豫不決，密匣裡竟然有兩道諭旨，一道是「皇四子奕詝立為皇太子」，另一道是「皇六子奕訢封為親王」。一匣兩諭前所未有，反映出道光帝內心的矛盾掙扎，也說明奕訢確實很出色。不過，這也是在暗示兩位皇子：現在名分已定，從此各安本分，不要互相爭鬥。奕詝即位後封奕訢為恭親王，以「恭」字暗示「兄友弟恭」的古訓。

咸豐帝即位後，民間流傳「跛龍」說，因他當皇子時墜馬傷股，終身行路不便。他的體質比不上騎射刀法樣樣精通的奕訢，聰明才智亦有所不及。當年他在高師的指點下，刻意表現「仁孝」以博得道光帝好感，最終打敗鋒芒畢露的奕訢。然而，「仁孝」救不了大清國，咸豐帝最終落荒而逃，成為清朝入關以來首位逃出京師的窩囊皇帝。

出逃前一天，咸豐帝任命奕訢為欽差全權大臣，留守京師處理與英法聯軍的換約和好事宜。留京辦事大臣有軍機大臣文祥、大學士桂良[55]、戶部尚書周祖培[56]等，逐漸形成以奕訢為首的北京集團，與肅順等人的熱河集團遙相抗衡。善於處理洋務的奕訢頗得洋人好感，洋人甚至有擁立他為帝的想法。遠在熱河行宮的咸豐帝，一向對奕訢懷有戒心，臨終託孤時將這位能幹的弟弟排斥在權力核心圈外。

兩宮太后知道唯有借助奕訢之力，才有可能扳倒顧命八大臣。奕訢足智多謀，在宮中又結有權勢同盟，還可爭取到外國勢力的支持，是一個可以仰仗的實力派人物。兩宮太后擁有的只是虛銜，尚未培植自己的政治勢力，奕訢自然成為最佳合作對象。奕訢長期鬱鬱不得志，素來又與肅順集團矛盾重重，不惜鋌而走險大膽一搏。肅順集團對奕訢頗為輕慢，但他能屈能伸，表現得十分卑遜，使之放鬆了警惕。在熱河與太后兩次面商後，他迅速返回北京，祕密籌劃政變事宜。

此時北京集團正在醞釀恭請兩宮太后垂簾聽政的計畫，御史董元醇[57]將擬好的《董元醇奏請皇太后權理朝政並另簡親王輔政折》發往熱河。在這封向肅順集團發出的挑戰書裡，董元醇認為值此多事之秋，「宜明降諭旨，宣示中外，使海內咸知皇上聖躬雖幼，皇太后暫時權理朝政，左右並不能干預，庶人心益加敬畏，而文武臣工俱不敢稍肆其蒙蔽之術。俟數年後，皇上能親裁庶務，再躬理萬機，以天下養，不亦善乎！雖我朝向無太后垂簾之儀，而審時度勢，不得不為此通權達變之舉」[58]。

王道成：這道奏摺送到兩宮太后那兒，慈禧當然很贊成，但顧命八大臣不幹了。載垣、端華、肅順說，這不是奪我們的權嗎？太后垂簾聽政哪行呀？他們甚至跟慈禧吵了起來，雙方鬧得很僵。據說爭吵的聲音很大，把同治帝嚇哭了，而且嚇出尿來，把慈安的衣服都打濕了。慈安一看這個局面就說，今天不談了，明天再說吧。這件事就這樣壓下去了，但第二天顧命八大臣罷工了。

王魯湘：看你們兩個女人能不能玩轉這個國家。

王道成：對，看你慈禧怎麼辦。慈禧一看這樣僵持下去可不行，就說好吧，按顧命八大臣的意見辦。當然，肅順集團把董元醇批了一通。

王魯湘：慈禧這時候能屈能伸，女政治家的才幹已經展露出來了。

王道成：對。這樣一來，顧命八大臣就被麻痺了，以為慈禧不過如此而已，嚇她一下就馬上讓步了。

對這場短兵相接的大衝突，熱河有軍機章京透過密札向北京集團通風報信。董元醇的奏摺可能於八月初八日上呈太后閱覽，兩天後仍未下發，肅順等人便來索要。當太監傳旨說西太后留閱，怡親王載垣冷笑一聲。八月十一日，兩宮太后召見顧命八大臣，但未明確交代如何擬旨，意在試探他們的態度。顧命八大臣當然擬旨痛駁董折，但被太后扣下不發，隨後雙方發生激烈爭執。鄭親王端華怒形於色，其他人亦同聲頂撞，杜翰放話說「若聽信人言，臣不能奉命」，太后氣得手顫。次日，顧命八大臣用罷工手段迫使太后就範，將董折及駁旨下發，這才照常辦事，笑聲響徹遠近。[59]

這是一場關乎國家行政制度的大爭論，也是一場權力爭奪賽。如果確立垂簾聽政制度，意味著兩宮太后的權力至高無上，顧命八大臣現有權力將大打折扣，淪為執行太后懿旨的「哈巴狗」，因此他們極力阻撓。慈禧起初不肯讓步，後來聽從慈安的建議暫時隱忍。顧命八大臣低估了兩宮太后的手腕，尤其是頗有才幹的「鐵娘子」慈禧。慈禧背地裡以同治帝名義親筆起草了一道歷數顧命八大臣罪狀的密諭，交由妹夫醇郡王奕譞[60]潤色。慈禧親擬的密諭不到三百字，錯別字多達十幾處，用詞也偏口語化，但她非常敏銳地抓住要害所在，羅列的幾條罪狀足以置人於死地。[61]

在奕訢離開熱河之後，兩宮太后很快下令返京。同治帝和兩宮太后由間道先行，載垣、端華等大臣隨扈，咸豐帝的梓宮則從大路後發，由肅順、奕譞等人扈從。這種安排是政變計畫的一部分：分散顧命八大臣，前後布網擒拿。九月二十八日，兩宮太后抵達京郊後立即召見奕訢，次日回宮後再次召見，敲定發動政變的步驟。

九月三十日（11月2日），兩宮太后召見奕訢、周祖培、桂良、文祥等人，哭訴顧命八大臣的欺藐罪狀。周祖培說：「何不重治其罪？」太后說：「彼為贊襄王、大臣，可徑予治罪乎？」周祖培說：「皇太后可降旨先令解任，再予拿問。」太后說：「善。」[62]兩宮太后早有準備，當場拿出由慈禧草稿、奕譞修繕的《諭內閣解贊襄政務王大臣任並派奕訢等會議皇太后垂簾聽政事宜》，宣布解除載垣、端華、肅順的職務，將景壽、穆蔭、匡源、杜翰、焦祐瀛逐出軍機處。

顧命八大臣猝不及防，很快便束手就擒。一般認為載垣、端華等人先被捕，但據參與兩次抓捕行動的侍衛回憶，肅順被捕在先。發動政變前夕，奕訢從善撲營[63]精選八十名侍衛，命他們跟隨奕譞前去「守護」咸豐帝的梓宮，實際上是準備抓捕肅順。九月二十九日子時，奕譞率領百十名侍衛在京郊密雲古北口鎮[64]抓捕肅順，然後押送至京城宗人府天牢。這些侍衛隨後被帶到後海南岸的恭王府，奕訢讓他們在府裡休歇養神，待五更前往宮中捉拿端華等人。

由於兩次抓捕行動相距不到二十四小時，局外人很難確定誰先被抓。按常理推斷，端華等人比肅順先進宮，也就是早落入虎穴，先被擒拿似乎順理成章。不過，若從「擒賊先擒王」的邏輯來看，先抓捕肅順的可能性也是有的。肅順是顧命八大臣的主心骨，先被擒就使得肅順集團變成一盤散沙。此外，在宮中抓捕一群官員動靜很大，萬一走漏風聲，肅順會有所防備。肅順手中有一張王牌——咸豐帝的梓宮，萬一他以此為要挾，奕訢等人不能不有所顧忌。如果先抓捕肅順，一切問題迎刃而解。

辛酉政變速戰速決，猶如暴風驟雨，來得迅猛，去得也快。顧命八大臣在朝中掌權多時，竟然在一天之內垮台，這跟他們傲慢輕敵不無關係。比如咸豐十一年九月初四日，載垣、端華、肅順奏稱兼差太多，懇請酌量改派。這是歷代權臣以退為進的慣技，兩宮太后理應溫言慰留，誰知竟順水推舟「恩准」了：「載垣著開鑾儀衛、上虞備用處事務，端華著開步軍統領缺，肅順著開管理理藩院並嚮導處事務。」[65]這招打得肅順等人狼狽不堪，也是辛酉政變完勝的重要一步棋。嚮導處掌管皇帝出巡的準備工作，肅順被開缺後，在回京途中與前方失去聯繫，稀里糊塗成了階下囚。步軍統領肩負保衛京師的重任，端華被開缺後喪失兵權，顧命八大臣失去武力後盾。這個重要職務隨即被委任給奕譞，而他不負所望，為辛酉政變立下大功。[66]

辛酉政變最終以肅順、載垣、端華為血祭，受牽連的十六名大臣、太監按從犯處理，沒有大開殺戒。歷來宮廷政變株連極廣，辛酉政變後，官員人心惶惶。兩宮太后最得人心之舉，是將肅順家中查抄的信函付諸一炬，一時人心大定。兩宮太后博得仁慈美名，穩坐朝堂垂簾聽政。顧命八大臣擬定的「祺祥」年號被廢棄，改翌年為同治元年，寓意「兩宮同道而治」[67]。

王道成：辛酉政變兵不血刃就成功了。

王魯湘：以慈禧集團完勝告終。您覺得應該怎麼評價辛酉政變？如果是顧命八大臣勝了，慈禧敗了，結果會如何？

王道成：顧命八大臣會按照原來的方針辦事，他們屬於頑固派，而奕訢等人在跟外國人的接觸中了解一些世界形勢。

王魯湘：多多少少有了一些新思想。

王道成：從政變的性質來說，這是統治階級內部一場權力再分配的鬥爭，但從中國歷史的角度來看，辛酉政變的勝利推動了歷史的發展。

王魯湘：也就是說，統治集團內部那些對外部世界多多少少有所了解的人贏得政變的勝利。

王道成：對。慈禧垂簾聽政，奕訢任議政王，洋務運動從此興起了。

辛酉政變的第一功臣自然是奕訢，他接連被委任議政王、軍機大臣、宗人府宗令、總管內務府大臣等要職。兩宮太后的「恩遇」似乎不薄，但其中摻有水分。奕訢新頭銜中最耀眼的莫過於「議政王」，但這頂高帽好看不中用。「議」字言下之意是，奕訢只有參與商議政務的權力，沒有決策權。順治朝多爾袞是「攝政王」，「攝」字賦予他代皇帝處理政務的權力，可以像皇帝一樣總攬大權。說穿了，兩宮太后想讓奕訢當奴才，而不是主子。

當初慈禧親擬政變密諭時，擬回京後讓奕訢總理贊襄政務，大致相當於現在的國務院總理。不管這只是慈禧的一時之念，還是當初與奕訢達成的協議，總之政變後沒有賦予奕訢這麼大的權力，大清最高權力還是掌握在兩宮太后手裡。一八七三年同治帝親政前，兩宮太后既是名義元首，又兼國務院總理，一切政務均躬親裁決。同治四年（1865），她們甚至撤銷奕訢「議政王」的名號，警告他擺正奴才的位置。光緒十年（1884），慈禧一腳踢開奕訢，讓他居家「養疾」，並將軍機處樞臣全部換掉，從此大權獨攬。

「病鳳」慈安死於何因？

王魯湘：慈禧憑藉辛酉政變掌握了國家最高權力，此後是不是朝政基本上都掌握在她手裡了？

王道成：對。儘管兩宮太后同時垂簾聽政，但慈安不識字，又不願動腦筋，也不擅長言辭，權力自然落到慈禧手中。

王魯湘：清朝從康熙帝開始就習慣於乾綱獨斷，希望決策權在一人之手，不希望也不習慣分權。一旦朝廷缺少一個乾綱獨斷的人物，大家反而不適應。沒有一個男的，就推出一個女的，讓她乾綱獨斷。

王道成：咸豐帝臨終前沒給奕訢什麼名分，奕訢在政府裡沒地位。

王魯湘：當時清皇室男性成員都推不出來，也就沒辦法在親兄弟當中設攝政王。

王道成：是，只能由太后出來攝政。所以說，慈禧出來掌權是時勢造成的。

王魯湘：如果沒有這種形勢，她怎麼精心設計也不成。

王道成：對。

王魯湘：後來慈禧和慈安一直相處得還可以吧？

王道成：還可以。

王魯湘：慈安是壽終正寢吧？

王道成：是，她對慈禧沒太大威脅。

光緒七年三月初十日（1881年4月8日）夜裡，慈安在鐘粹宮遽然離世，終年四十五歲。關於慈安之死，最常見的是「病死說」和「被害說」。據清廷發布的訃告，慈安死於突發性疾病：「初九日，慈躬偶爾違和，當進湯藥調治，以為即可就安。不意初十日病勢陡重，痰湧氣塞，遂至大漸，遽於戌時仙馭升遐。」[68]因慈安從「偶爾違和」陡然病重身亡，難怪世人認定其中必有隱情，而幕後黑手自然就是「陰狠毒辣」的慈禧。

有一則清人筆記流傳甚廣：「相傳兩太后一日聽政之暇，偶話咸豐末舊事，慈安忽語慈禧曰：『我有一事，久思為妹言之。今請妹觀一物。』在篋中取捲紙出，乃顯廟手敕也。略謂：葉赫氏祖制不得備椒房，今既生皇子，異日母以子貴，自不能不尊為太后，惟朕實不能深信其人，此後如能安分守法則已，否則汝可出朕此詔，命廷臣傳遺命除之。慈安持示慈禧，且笑曰：『吾姊妹相處久，無間言，何必留此詔乎。』立取火焚之。慈禧面發赤，雖申謝，意怏怏不自得，旋辭去。十一日[69]，慈安閒立庭中，倚缸玩金魚。西宮太監捧盒至，跪陳曰，外舍頃進克食（滿洲語，牛奶餅之類），西佛爺食之甚美，不肯獨用，特分呈東佛爺。慈安甚喜，啟盒拈一餅，對使者嘗之，以示感意。旋即傳太醫，謂東聖驟痰厥。醫未入宮，而鳳馭上升矣。」[70]

慈安太后吉服像

這則筆記認為慈安曾經握有咸豐帝的「尚方寶劍」，結果慈禧知道後惱羞成怒，一為保全顏面而殺人滅口，二為保護自己而先下手為強，三為大權獨攬而剷除合作夥伴。此說的立論依據是「葉赫氏祖制不得備椒房」，故咸豐帝留遺詔以防慈禧圖謀不軌。因這種說法與事實不符，由此衍生的一切推論均站不住腳。況且所謂遺詔已被慈安焚毀，如此機密的內容豈容外人得知？即使當時身邊有宮女伺候，慈禧豈容宮女探頭窺視遺詔內容？她自己豈會將如此有失顏面的遺詔念出來？即使兩宮太后談話時語涉機密，但因為慈禧已閱過「手敕」，交談時沒必要把全部內容抖露一遍，只會蜻蜓點水地交換意見，那些宮女只會聽得模模糊糊，怎麼可能知道得如此清楚？

關於慈安之死，光緒帝師傅翁同龢[71]在日記中記載道：三月初十日早晨，「慈安太后感寒停飲，偶爾違和，未見軍機」。夜裡十一時許，忽然有宮中太監來家中報喪。他趕到宮中時已是次日凌晨，看了看御醫開的脈案和處方，只見上面寫著「類風癇甚重」，午刻慈安「神識不清、牙緊」，未刻「已有遺尿情形，痰壅氣閉如舊」，酉刻「六脈將脫，藥不能下」，「戌刻仙逝」。他和王公大臣們前往鐘粹宮哭臨，慈禧命「內臣去面冪令瞻仰」。[72]如果慈安身中劇毒而亡，「殺人兇手」慈禧允許王公大臣瞻仰遺容，難道不怕露出馬腳嗎？由於慈安死得太突兀，身為政治家的慈禧料想得到天下人會如何猜測，此舉正是為了洗刷自身嫌疑。

慈安身體一向不太好，咸豐初年「京中市井語有『跛龍病鳳掌朝堂』之謠，謂慈安善病也」[73]。慈安患有所謂厥症，患者「口不能言，眼閉手撒，喉中作酣聲，痰氣甚盛，有一日即死者，有二三日而死者」[74]。翁同龢日記中有過慈安兩次厥症發作的記載，一次是一八六三年，一次是一八七〇年。慈安臨終前的脈案寫著「類風癇甚重」，所謂風癇是癲癇病的一種，與厥症一樣會突然不省人事，伴有臉色發青發紫、肢體僵直、抽搐吐沫等症狀。現代醫學專家推斷，慈安患的是腦血管疾病，可能死於腦中風或腦出血。

慈安病逝前一段時間，慈禧病倒了。慈安以前喜歡躲在幕後，現在硬著頭皮出來處理國家大政，除了身體過度勞累，精神可能也很緊張，更容易誘發腦血管疾病。以光緒帝名義發布的訃告提到「常見動履康強，旰宵勤政」，雖有溢美之嫌，但不可能毫無事實根據，說明慈安病逝前確實在為國操勞。當時光緒帝年僅十一歲，這道「上諭」其實出自慈禧之意。「常見動履康強」是說慈安向來身體健康，遽然病逝出人意料。這句話恰好反映出慈禧心中無鬼：如果慈安真是死於非命，這樣寫豈不是自惹嫌疑？如果訃告說慈安一向體弱多病，遽然病逝豈不變得更合理？

據乾清門侍衛回憶，當年大內侍衛經常看見慈安一名娘家子侄往東宮跑，這個人曾在咸豐年間因倒騰鴉片被抄家。有位跟慈安同姓的侍衛說，慈安是位「食鴉片的娘娘」，中年早逝與此有關。他說慈禧當時也吸鴉片，自從慈安病逝後，便不再往煙袋裡放這種毒品，代價是溏洩多時。這位鈕鈷祿氏侍衛自己也吸鴉片，分析說：「這叫鴉片痢疾，要靠天命撐著。」[75]毒品對心腦血管的危害很大，如果慈安真有吸食鴉片的習慣，這恐怕也是她猝死的原因之一。

「穢亂宮闈」站不住腳

世人常說名義上是兩宮太后垂簾聽政，實際上是慈禧大權獨攬，在慈安死後更是成為無冕女皇，從此更加荒淫無度，土木遊宴之風盛行。據宮女何榮兒評價，慈禧是個很會享受生活的女人：「老太后就是講精氣神兒，一天到晚那麼多的大事，全得由老太后心裡過，每天還是悠遊自在，騰出閒工夫，又講究吃，又講究穿，又講究修飾，又講究玩樂，總是精神飽滿，不帶一點疲倦的勁兒。」[76]

甲午戰爭結束不久，慈禧不顧國家負債累累的慘淡局面，鋪張浪費地重修自己的陵寢。在這場大修計畫中，她有一個小小的舉動給後人留下口實。慈禧陵隆恩殿前的丹陛石[77]原先雕有壁虎，而壁虎舊稱「守宮」，是製作守宮砂的原料。傳說過去用硃砂將壁虎餵大，然後將其屍體搗爛後製成守宮砂，點在女童的手臂上，日後若顏色消褪，說明已喪失童貞。所謂守宮砂，就成為檢驗女子貞潔與否的「試金石」。民間傳言慈禧看到丹陛石上的「守宮」圖案時勃然大怒，認為這是在譏諷她不守婦道，於是命人換掉這塊石雕。其實，「守宮」圖案在清陵石雕上很常見，並非專門針對她而來。因新換的丹陛石上沒有「守宮」圖案，這才勾起世人的浮想聯翩。

慈禧陵隆恩殿前的丹陛石，圖案為「鳳在上，龍在下」

王魯湘：咸豐帝死的時候，慈禧才二十七歲。一個女人這麼年輕就守寡，手中又掌握著至高無上的權力，世間關於慈禧的感情生活就有很多傳言，比如說她和「鬼子六」奕訢有染，甚至說她和太監李連英[78]有染，最近又很離奇地傳說她有位英國情人叫埃蒙德．巴恪思[79]。到底慈禧的感情生活如何呢？

王道成：應該說慈禧並不像一些書上寫的那樣糜爛。過去有一本書叫《西太后全史》，說慈禧的父親和榮祿[80]的父親是好朋友，於是定了兒女親家，把慈禧許配給榮祿，而且還有信物。後來慈禧的父親死在安徽，因為家裡很窮，榮祿的父親看不起她家，就把婚約毀了。慈禧和榮祿因為有過這麼一段關係，後來就穢亂宮闈，鬧出很多亂七八糟的事。

王魯湘：這些傳聞有根據嗎？

王道成：沒有。蔡東藩[81]先生寫《慈禧太后演義》時就說，這些都是誣衊不實之詞。《西太后全史》出版不久就自動消滅了。

王魯湘：沒人信。

在男權社會裡，對一個女人的惡意中傷，最有效的武器莫過於說她不守婦道。慈禧的石榴裙下匍匐著四億臣民，再強悍的男人也要俯首帖耳，心懷不甘的大男人們只敢在背後捅刀子。讓慈禧以「蕩婦」的形象出現，既維護了男性的尊嚴，又發洩了男人的意淫。以小說筆法想像慈禧屢見不鮮，在英國人寫的《太后與我》（*Decadence Mandchoue The China Memoirs of Sir Edmund Trelawny Backhouse*）一書中可謂登峰造極，作者埃蒙德．巴恪思自稱是慈禧的老情人。慈禧竟然前衛地玩起「跨國戀」，此書一面世自然轟動無比。

在這本號稱「當代《金瓶梅》」的歷史小說中，慈禧是一個淫蕩無比甚至性心理變態的女人，一生擁有過無數情人，夜裡還跑到宮外的男同性戀場所看表演，六十九歲時與三十二歲的男同性戀者埃蒙德·巴恪思開始祕密情人關係，最後死在袁世凱的槍口下……一切都那麼荒誕不經，作者卻煞有介事地強調這是真實的「自傳」。這位人稱「北京隱士」的英國爵士，性格非常古怪，外表像個風度翩翩的紳士，行起騙來卻又得心應手。有位英國歷史學家一針見血地指出：埃蒙德·巴恪思根本無力分辨事實與杜撰，這本所謂自傳只不過是一部色情小說，是一個自閉的同性戀者的淫穢想像而已。[82]

埃蒙德·巴恪思說他第一次見到慈禧是在一九〇二年五月，此後又見過幾次面，一九〇四年八月八日接到李連英送來的短箋——「今晚來園，有要事」，當晚在李連英的安排下吃了春藥，像男妓一樣得到慈禧的「寵幸」，直到一九〇八年慈禧死後才終止情人關係。在他的筆下，慈禧性開放程度不亞於妓女。但據慈禧的御前女官德齡[83]觀察，慈禧思想非常保守，連袒胸露背的西式晚禮服都無法接受，說她看了很不舒服。慈禧說：這也算是文明嗎？我看外國樣樣都在後退。我們在男人面前手腕都不准露一下，外國人卻是另外一種想法。皇帝總要講革新，如果這種就是新法，我看還是守舊些好。[84]

儘管慈禧晚年經常接見外國使節，在洋人面前強顏歡笑，但她骨子裡很不喜歡洋人。她說：「外國人固然也很好，有他們自己的規矩，可是在禮法上講起來，他們總不如我們。我也許很保守，因為我尊敬我們的習慣。在我活著的時候，不願意看見人家來變更它。」[85]一九〇三年接見美國海軍提督夫婦時，她命人提前將寢宮陳設澈底變樣，將桌上的玉佛等玉器換成鐘錶，將她最心愛的梳妝台藏起來，以免這些聖潔之物讓「洋鬼子」褻瀆了，待客人走後立即恢復原樣。[86]這個連寢宮都不願讓洋人褻瀆的女人，會那麼放蕩地讓外國男人猥褻玉體嗎？

慈禧太后對鏡插花照

王魯湘：慈禧和安得海[87]也有一些傳聞，可信嗎？

王道成：不可信。傳說安得海是假太監，這是不可能的。同治年間，安得海擅自出宮，實際上是奉了慈禧的旨意，要去蘇州採辦龍袍。他一路招搖過市，被山東巡撫丁寶楨[88]抓了起來。

王魯湘：丁寶楨是宮保雞丁[89]的發明人。

王道成：對。丁寶楨把這件事上報朝廷，同治帝早就對安得海有意見，說這種人該殺。丁寶楨就把安得海殺了，而且暴屍三日。為什麼要把安得海的屍體示眾三日？其中一個原因就是為了闢謠，向世人證明安得海是真太監。

王魯湘：其實是為了給慈禧洗冤。

王道成：對。李連英也是真太監。

安得海聰明伶俐，深得慈禧寵信，得寵後納賄招權，肆無忌憚，連同治帝都不放在眼裡。有一次，同治

慈禧太后在頤和園樂壽堂與外國公使夫人合影

帝因事斥責安得海，結果被安得海告狀，害得他被慈禧責罰了一頓。同治帝從此更恨安得海，常以小刀砍斷泥人首，恨恨地說：「殺小安子。」[90]奕訢也說過：「非殺安，不足以對祖宗、振朝綱也。」[91]

同治八年（1869）七月，安得海在宮中待膩了，便以準備同治帝大婚用品為由，想出京玩玩，趁機斂點財。得到慈禧的允准後，他便登舟南下，一路招搖過市。鑑於明朝宦官專權的教訓，清朝自順治十年（1653）就明令禁止太監干政，而且規定太監不許擅出皇城。據說同治帝故意不加阻撓，並密諭山東巡撫丁寶楨伺機誅殺安得海。當安得海招搖進入山東境內，丁寶楨便派人把他從泰安押解至濟南。安得海囂張地說：「我奉皇太后命，誰敢犯者，徒自速死耳！」[92]丁寶楨置之不理，上折奏請如何處置安得海。軍機大臣、內務府大臣皆說罪不可赦，慈安說：「姑念其伺候西太后多年，貸以不死可乎？」諸大臣皆不吭聲，慈安便趁熱打鐵說：「然則就地正法可乎？」[93]諸大臣皆叩首稱是，慈禧不敢觸犯眾怒，只好忍痛割愛。

聽到安得海是假太監的傳言，宮女何榮兒大笑荒唐：「只要太監能進宮，那就是檢驗合格的太監，不合格的太監，絕對不許進宮。如果查出不合格的太監來，上至內務府的大臣，下至敬事房的總管，要挨著個地掉腦袋。大清國二百多年，宮廷裡最乾淨。……太監要一年一度驗身的，不僅僅是宮裡的太監，各王府的太監都要來這裡驗身，這是敬事房的規矩。不過有身分的老太監到這裡來說說話，喝喝茶，應個卯也就算了，因為他們已經驗過幾十次，不會出錯的。這兒也準備有刀兒匠，是刷茬用的，但全是太監充當，沒有普通郎中。」[94]讓太監們互相監督，出於見不得別人好的陰暗人性，蒙混過關的機率就更低了。

關於李連英半夜爬進寢宮給慈禧倒水喝的傳聞，何榮兒駁斥道：「那麼說老太后不就成了孤寡戶了嗎？沒人答理沒人瞧，夜裡咳嗽，連碗水全喝不上，那還稱什麼皇家太后呢？」[95]當年儲秀宮外面有六個太監值夜，儲秀宮內有五名宮女值夜，有時還多一兩個人。「只要寢宮的門一掩，不管職位多麼高的太監，不經過老太后的許可，若擅自闖宮，非剮了不可。」數名宮女在門口守衛，最得寵的那名宮女在臥室裡侍寢，「離老太后床二尺遠

慈禧太后寢宮儲秀宮內陳設

近，面對著老太后睡覺安不安穩？睡得香不香甜？出氣是否勻停？夜裡口燥不燥？起幾次夜？喝幾次水？翻幾次身？夜裡醒幾次？有無咳嗽？早晨幾點醒？都要記在心裡，保不定內務府的官兒們和太醫院的院尹要問」。[96]

關於慈禧與寵監有染的傳聞，看來是不知清宮規矩的人杜撰出來的。既然太監不是真男人，慈禧有沒有可能留宿外人呢？據說也不可能，就連七歲的男孩子都不許留在宮中過夜。夜裡宮門一上鎖，整個皇宮連皇帝在內只有八名男子，其中乾清門侍衛四名，奏事官一名，御醫兩名，均有太監監視。清宮門禁森嚴，就連最僻靜處亦不敢留男子住宿，因有連坐殺身之禍。明來不行，暗藏行吧？何榮兒說也不行：「老太后、皇后好比兩隻鳳凰，我們宮女好比一群麻雀，整天圍著鳳凰轉，最少也有十幾隻麻雀在後邊跟著。這是制度，是規矩，抬進一個大活人來，往哪裡放啊？」[97]

王魯湘：據您研究，慈禧跟其他男人有染的種種說法都查無實據？

王道成：對。

王魯湘：也就是說，作為一個女人，慈禧的感情生活相當貧乏。慈禧有點像維多利亞女王[98]，維多利亞女王以英國為丈夫，而她以朝廷為丈夫。

王道成：因為清代理學盛行。

王魯湘： 理學殺人。

王道成： 「一女不侍二夫」是程朱理學很重要的一條戒律。

王魯湘： 太后要母儀天下，更不能這樣。

一九〇四年，慈禧曾拿維多利亞女王作對比：「予乃最聰明之人，嘗聞人言英王維多利亞事，彼於世界關係，殆不及予之半。予事業尚未告成，亦無有能逆料者，或尚有可使外人震驚之事，或尚有迥異於前之事，均未可知。英為世界最強國，然亦非維多利亞一人之力。英多賢才，各事皆由巴力門[99]議定，彼惟畫諾而已。我國大事，皆予獨裁，雖有軍機大臣，亦惟贊襄於平時，皇帝更何知。」[100]慈禧未免太自信了吧？維多利亞女王統治出一個「日不落帝國」，她卻統治出一個「日落帝國」，國運日衰雖不是她一人的錯，但她身為晚清女主，自然難辭其咎。

如此心高氣傲之人，又備受世界矚目，慈禧的私生活應該是保有底線，「穢亂宮闈」的說法不合情理。不過，世人的種種猜測折射出一個現實：慈禧的感情生活是空虛的。何榮兒說：「依我看，老太后不是在享福，簡直是在受罪。」「老太后名義上是當了皇太后，實際上是二十六、七歲的小寡婦，吃的

維多利亞女王一家像（1846 年）

是山珍海味，穿的是綾羅綢緞，正在青春旺盛的時期，卻孤孤單單，守在身邊的是一群不懂事的丫頭，伺候自己的是一幫又奸又滑的太監。……再說上上下下，整天像唱戲一樣，演了今天演明天，媽媽兒子沒有真心話，婆婆媳婦沒有真心話，實際一個親人也沒有。最苦的是自己一肚子話，到死也不能吐出來，人和人說話像戲台上背誦編好的台詞一樣，絲毫不能走樣。」[101]

慈禧太后在頤和園仁壽殿前乘輿照
（前右為大總管李連英，前左為二總管崔玉貴）

慈禧一到寂寞難熬的時候，就用看奏摺來消磨時間。她看奏摺沒有固定的時間，通常是在皇帝和后妃覲見完之後，左手往後一背，一搖一擺地走進儲秀宮的靜室。這時所有宮女都退避出去，寵監李連英和崔玉貴[102]也低眉順眼地在寢宮門裡站著，隨時聽候差遣。慈禧這時候最愛發脾氣，所有人都格外小心地當差。她把奏摺翻來覆去地看，最後用拇指的指甲在折子上重重地劃幾道，有的劃豎槓，有的打叉，有的打勾，反正軍機章京明白。她把幾道奏摺一合，眼尖的崔玉貴早就踮著腳尖進來了，聽候吩咐幾句，就將奏摺交到軍機處去了。在這片刻工夫，她手指甲一動，便不知什麼人要榮陞了，什麼人要砍頭了，什麼人要流徙了。看見她大事處理完畢，全宮像雨過天晴一樣。[103]

儘管有朝廷作為「丈夫」，慈禧的心裡終究暖不起來，最不願意看到身邊人過美滿的夫妻生活，硬是拆散了光緒帝和珍妃這對愛侶，就連胞妹的幸福也要一手撕毀，硬將一個顏札氏女子賞給奕譞做妾[104]。一個不幸福的女人，別人的幸福就像一

奕譞與嫡福晉葉赫那拉·婉貞

珍妃與光緒帝

把刀子，扎得她心口疼。再怎麼剛強如男人，慈禧終究是個小心眼的女人，手中的權力讓她的嫉妒化成了毒藥。她經常給自己喜歡的人賞賜一段美滿姻緣，然後讓這些少婦進宮陪她打發寂寞時光，有的不出幾年也跟她一樣成了寡婦，沒留下一兒半女。

王魯湘：慈禧作為一個女人來講，其實蠻可憐的。她那麼年輕就守寡，帶著一個那麼小的孩子，生活在那麼險惡的政治環境裡，為保母子平安，不得不處心積慮發動一場政變。她後來雖然身居權力最高位，但內心一直是很焦慮的。這對她的身體健康一定會產生影響，今天我們說這種人肯定內分泌失調。從清宮檔案來看，慈禧的身體狀況如何？

王道成：她一直有病。從照片來看，她中過風，臉神經麻痺。

王魯湘：她的臉略往一邊歪，肯定中過風。

王道成：是。她的日子並不好過。

透過對清宮醫案的梳理，現代醫學專家認為慈禧中過面風：「西太后患面風多年，左側面部自眼以下連顴，時作跳動，時有反復，當為面神經痙攣無疑。光緒十四年，西太后五十三歲，面風已頗有進展。」[105]從光緒十四年（1888）到光緒三十二年（1906），御醫為慈禧開過很多藥方，比如「玉容散」、「牽正丸」、「正容膏」、「祛風潤面散」。直到臨終前兩年，慈禧的面風才有所好轉。

由於有御醫隨侍左右，再加上個人注重保養，慈禧邁過了「人生七十古來稀」的門檻。據說當時中國人的平均壽命為四十歲左右，慈禧享年七十四歲，已算是高壽之人。從晚年照片來看，她的皮膚和容顏都顯得比實際年齡年輕，有人說她「年七十餘，望之如四十許人，發無一莖白者」[106]。她一生愛美，有很多養顏祕方，比如喝人乳、服珍珠粉，還親自研製胭脂等化妝品。梳妝台是她最心愛的東西，她每天早、中、晚都在那裡消磨兩三個小時。她經常說：「一個女人沒心腸打扮自己，那還活什麼勁兒呢？」沒有男人欣賞，她也要孤芳自賞。沒有男人愛，那就自憐自愛。

王魯湘：聽說慈禧頭髮掉得很厲害，只有李連英能勝任梳頭太監。

王道成：李連英就是靠給慈禧梳頭起家的。有電影表現他給慈禧梳頭時發現有落髮，馬上把它藏在袖子裡。

李連英在同治年間給慈禧梳過頭，此前此後均有專人擔任梳頭太監。這個差使很不好當，一不小心就會觸怒慈禧。慈禧要求太監梳頭時不許讓一根頭髮掉下來，叫宮女們在旁邊嚴密監視著。有一天，平時替慈禧梳頭的太監病倒了，臨時代職的太監不會巧妙地把落髮藏起來。慈禧從鏡子裡看到他慌張的神色，問道：「有頭髮掉下了嗎？」太監恐懼地回答：「有。」慈禧大怒，叫道：「替我放回頭上，生牢它！」太監嚇哭了，慈禧叫他出去，等一會兒再責罰。早朝後，她告訴總管太監李連英，李連英就說：「為什麼不打死他？」慈禧便命人把那位太監帶進來責罰。[107]

給這位苛刻的晚清女主當梳頭太監，光手藝過關不行，還得會哄她開心。有位叫劉德盛的梳頭太監很得寵，每天早晨頭頂黃雲龍套包袱走進慈禧的寢宮，雙腿向正座請了跪安，把包袱從頭頂上請下來，向上一舉，由宮女接過去，然後清脆地喊一聲：「老佛爺吉祥，奴才給您請萬安！」侍寢的宮女在臥室裡替慈禧傳話：「進來吧，劉德盛！」劉太監進屋後磕頭，然後打開包袱，拿出簪子、梳子、篦子等工具開始梳頭。慈禧一般會說：「你在外頭有沒有聽到什麼新鮮事？說給我聽聽！」劉太監早有準備，將自己編造的龍鳳呈祥、風調雨順的故事娓娓道來，把慈禧哄得眉開眼笑。[108]

王道成：李連英對慈禧很忠誠，後來幫慈禧管財務，還當上總管太監，住在慈禧寢室旁邊。慈禧住在頤和園樂壽堂[109]，旁邊有個永壽齋，那就是李連英的住所。清朝規定太監最高不過四品，而李連英官至二品，可見慈禧對他的寵愛。不過，北京聯合大學有位教授寫過一篇文章叫〈李連英死因之謎〉，說「文化大革命」的時候，李連英的墳墓被打開之後，有個被打入「牛鬼蛇神」隊伍的教師下去清理時發現他身首異處，但碑文沒有提及他被殺。

王魯湘：碑文還寫得滿好的？

王道成：對。

王魯湘：這就是一個謎了。也就是說，慈禧身邊太親近的人，掌握了太多祕密，恐怕不會安然無恙地度過一生。

慈禧是個喜怒無常的女人，伺候她的人終日如履薄冰。她曾經說過，我能使人恨我甚於毒藥，也能使人愛我。幾十年來，她身邊的太監頻繁更換，唯有李連英久寵不衰。鑑於安得海因驕縱被殺，李連英一向處事謹慎、圓滑，在宮中服役半個世紀，為慈禧送完終才告老出宮。

儘管身分卑微，李連英卻成為慈禧的貼心人，為她掃去幾分孤寂和冷清。據清宮太監回憶，晚年這對主僕成了「老伴」，早晚起居都會問候對方：「進得好？」「吃得香？」「歇得好？」有時慈禧還親自到李連英的寢室說，連英啊，咱們散步去呀！李連英便陪她去玩，他倆走在前邊，其他人遠遠跟著。[110]當慈禧撒手人寰，李連英便失去保護神，最終未能逃脫慘死的命運。他的死因至今仍是一個謎，就像他生前的主子一樣，世人只能隔著一層紗遠望，一切都影影綽綽。

權力毒癮腐蝕了母性

慈禧顯然被過度妖魔化了，世人將一樁樁陰謀安在她頭上，將一盆盆髒水潑到她身上。然而，她真的是一個無辜的女人嗎？如果說她當年為了自保不得已發動政變，當同治帝、光緒帝相繼長大成人，該撒手放權時，她又做了些什麼？權力，這個有點像鴉片的玩意兒，已讓她欲罷不能。

王魯湘：同治帝是慈禧的親生兒子，年紀輕輕就死了。後來慈禧收養了光緒帝，光緒帝又比她早一天死掉。兩位皇帝之死都跟她有點關係吧？

王道成：如果說同治帝之死跟慈禧有關係的話，那緣於她在同治帝的教育和婚姻問題上處理得不太好。她就這麼一個兒子，把全部希望都寄託在他身上。她對兒子的教育很重視，要求很嚴格，恨鐵不成鋼。同治帝才六歲，她就為他請了四位師傅：李鴻藻[111]、祁寯藻[112]、倭仁[113]和翁心存[114]。這些人都是著名學者，比如倭仁是理學大師。

同治帝朝服像

她給同治帝安排的課程很多，要學滿文、漢文、蒙文、射箭、騎馬……

王魯湘：學三門語言呢！

王道成：這麼小的孩子就給他安排這麼多活動。慈禧要求這些師傅教授帝王之學，也就是儒家修身齊家治國平天下那一套東西，所以同治帝第一天學的就是《大學》的前兩節：「大學之道，在明明德，在親民，在止於至善。知止而後有定，定而後能靜，靜而後能安，安而後能慮，慮而後能得。物有本末，事有終始，知所先後，則近道矣。」給六歲的孩子講這些東西，他接受得了嗎？我認為這種教育是失敗的。讓小孩子學這些東西，他必感枯燥，必然厭學。從翁同龢的日記來看，同治帝學習時精神不集中，困倦，愛搞小動作。

王魯湘：因為教學不得法。

王道成：對，弄得同治帝太緊張了。十六歲快親政的時候，同治帝有些書還看不明白，寫文章錯別字很多，有些話也講不清楚。

以今天的標準來看，慈禧是一個不合格的母親。在同治帝最需要母愛的童年時期，她一心忙於國家大事，沒有給予太多情感上的關愛，再加上過於嚴苛，以致母子關係疏離。同治帝只好投向慈安的懷抱，在那裡尋求替代性的母愛。然而，母愛終究是難以替代的，同治帝的心理創傷已不可逆轉。醉心於權力的慈禧沒有意識到，自己實際上早已失去這個孩子。同治帝成年後，她又插手他的終身大事，呈現一個強勢母親對弱勢孩子的高壓態勢。

王道成：給同治帝選后妃，當時有不同意見：慈禧傾向於後來的慧妃[115]，慈安和同治帝傾向於後來的皇后阿魯特氏[116]。同治帝皇后是蒙古族狀元崇綺[117]的女兒，出生在這樣一個家庭，她的文化素養比較高。慈禧本來不同意立阿魯特氏為後，由於三人之中有兩人贊成，她只好放棄自己的意見，但她要求同治帝多關心慧妃。同治帝不太喜歡慧妃，被慈禧這麼一干涉，乾脆兩位后妃那裡都不去。奕訢的兒子載澂[118]是個花花公子，把同治帝帶壞了，同治帝就出去逛花街柳巷。

王魯湘：比如八大胡同。

王道成：按照正統的說法，同治帝死於天花，民間的說法則是死於梅毒。我認為死於梅毒的可能性較大，至少是與天花併發而亡。

王魯湘：還有一種陰謀論，說慈禧為了掌握國家最高權力，想推遲同治帝親政的時間，不讓同治帝表現出特別有能力，甚至不能特別健康，因此同治帝這種狀態是慈禧一手造成的。

王道成：這恐怕不符合事實。因為慈禧就這麼一個兒子，親生兒子終究比別人可靠。事實上，同治帝親政的時間並沒有推遲。

同治十一年（1872）二月，同治帝選定一后一妃二嬪，於九月舉行了大婚典禮。次年正月，十八歲的同治帝舉行了親政大典。一切似乎步入正軌，兩宮太后不再「牝雞司晨」惹人非議，同治帝也擺脫了傀儡的角色，大清國變成一個「正常」的國家。誰知悲劇開演，不到兩年時間，皇帝一命歸西，皇后隨之而去，兩宮太后再度垂簾聽政。

這位大清國最短命的皇帝，政績不足為人所道，死因卻讓人津津樂道。一八七四年十二月八日，同治帝開始發疹，次日被確診為「天花」。十二月十六日，兩宮太后召集軍機大臣、御前大臣到病榻前覲見同治帝。據翁同龢記載，「兩宮皇太后俱在御榻上持燭，令諸臣上前瞻仰」，只見同治帝手臂「花極稠密」。兩宮太后隨後單獨召見諸臣，說奏章「上既未能恭親，爾等當思辦法」，又說「上體向安，必尋娛樂，若偶以絲竹陶寫，諸臣諒無論議」。這時「諸王跪向前，有語宮闈瑣事，惇親王奏對失體，頗蒙詰責，諸臣伏地叩頭而已，反復數百言。皇太后調護過勤，焦憂過甚，不免流涕」。然後，諸王說「一切奏章及必應請旨之事，擬請兩宮太后權時訓諭」。兩宮太后表示同意，交代說「此事體大，爾等當先奏明皇帝，不可徑請」[119]。

同治帝患病後，這是諸臣第一次見到龍體。兩宮太后有意讓他們看同治帝病得很重，一時半刻好不了，需要由她倆暫時出來理政。這是一個政治意味很濃的舉動，反映出兩宮太后想重掌朝政的迫切心情。同治帝病倒後無力處理朝政，遂於十二月八日命李鴻藻代批答奏章，五天後又命奕訢等人代批閱滿文奏摺。閱折權和批折權是皇權的象徵，此時移交給外人，兩宮太后自然不肯坐視大權旁落。權力腐蝕了人性，在權力面前，親情都要打折。兩宮太后當然會為同治帝痛哭流涕，但很快理智戰勝情感，更關心皇權的歸屬。

關於同治帝的病情，從翁同龢的記述可以猜想一二。同治帝的病症似乎確是天花，但兩宮太后的舉動又令人生疑。天花是一種烈性傳染病，主要透過空氣中的飛沫或者直接接觸傳染。兩宮太后竟然親自在病榻前秉燭讓諸臣觀察病情，如此近距離地接觸患者，難道不怕被傳染嗎？除非這些人都得過天花，或者接種過天花疫苗。不過，他們人數不少，難道湊巧個個都有抗體？

討論病因時，兩宮太后認為必是同治帝「尋娛樂」得的，而且不是歌舞之類娛樂。有王爺大膽說起同治帝的「宮闈瑣事」，結果太后惱羞成怒，大加詰責。兩宮太后自欺欺人的矛盾心態，說明她們對同治帝真實的病情心知肚明。如果同治帝真的患天花，他們此刻討論的應該是治療方案，而不是與天花病因無關的宮闈之事。兩宮太后提到諸臣對同治帝的病情議論紛紛，如果真得天花，這種病怎會引來閒言碎語？大家可能都在猜測同治帝患的不是天花，而是見不得人的花柳病。堂堂一國之君，後宮美女如雲，居然得此不潔之病，豈不讓天下人笑話嗎？皇家的臉面豈不丟盡了嗎？為了掩人耳目，他們不得不編造謊言。

其實，同治帝行為不檢早已不是祕密。據清人筆記傳聞，同治帝「與貝勒載澂尤善，二人皆好著黑衣，娼寮、酒館暨攤肆之有女者，遍遊之」[120]。同治帝不僅出宮冶遊，還在宮中耽溺男寵。當時他身邊有位美男子叫王慶祺，「順天人，生長京師，世家子也。美豐儀，工度曲，擅諂媚之術。……寵冠同儕，無與倫比」[121]。在宮外逛遍妓寮，在宮中又搞同性戀，如此高風險的行為豈不容易得性病？

時人將矛頭直指慈禧，認為同治帝死於梅毒，完全是「惡毒」母親一手造成的。時人指責慈禧強迫兒子愛所不愛之妃，以致同治帝享受不到家庭的樂趣，「乃出而縱淫，又不敢至外城著名之妓寮，恐為臣下所睹，遂專覓內城之私賣淫者取樂焉，從行者亦惟一二小內監而已。人初不知為帝，後亦知之，佯為不知耳。久之毒發，始猶不覺，繼而見於面，盎於背，傳太醫院治之。太醫院一見大驚，知為淫毒而不敢言，反請命慈禧是何病症。慈禧傳旨曰：『恐天花耳。』遂以治痘藥治之，不效。帝躁怒，罵曰：『我非患天花，何得以天花治？』太醫奏曰：『太后命也。』帝乃不言，恨恨而已。將死之前數日，下部潰爛，臭不可聞，至洞見腰腎而死」[122]。

在同治帝早逝這件事情上，慈禧確實負有一定責任。她沒有付出足夠的母愛，又對同治帝求全責備，還橫加干涉宮闈密事，激起同治帝的逆反心理，以至於自甘墮落。不過，若說慈禧故意把同治帝送上黃泉路，明明有藥可治卻心狠手辣地讓兒子淒然死去，從情理上似乎說不過去。在同治帝病重期間，翁同龢數次看見慈禧痛哭流涕，群臣不忍直視。

當年同治帝的主治御醫是太醫院左院判李德立[123]和右院判莊守和，後來李德立親口告訴長子：同治帝死於梅毒。李德立為同治帝診脈之初，已看出是梅毒。為慎重起見，他約請一位有名的外科御醫會診，結果一致認定是楊梅瘡。若奏明慈禧，這位太后喜怒無常，萬一指責他有辱九五之尊，他必遭殺身之禍。但是，倘若隱瞞病情，將來他恐怕亦難逃罪責。他找莊守和商量，都認為反正是治不好的絕症，不如裝糊塗，既然宮中都說同治帝出水痘，那就照天花來治。就連王公大臣都對同治帝尋花問柳睜一隻眼閉一隻眼，他們何必戳穿自討苦吃呢？

據李德立後人描述，將病情定為天花是兩位主治御醫的主意，不是慈禧幕後指使的。當時每份脈案都要上呈兩宮太后過目，恭親王奕訢和帝師翁同龢有時還拿去斟酌一番，最後還要登記入檔。既然對外宣稱同治帝患天花，如用治梅毒的藥，豈不自相矛盾？因此，兩位御醫只用滋陰化毒的藥方勉強應付。倘若用劑加重，太后還會干預。李德立有一次提議用「白虎化斑湯」，結果太后馬上指出此乃虎狼之藥，應當慎用，他只得另擬藥方。[124]

同治帝死前一星期，略懂醫道的翁同龢建議用人參入藥，但兩位主治御醫說「恐風聲過大，且非兩宮聖意」[125]。此時同治帝已病入膏肓，兩宮太后還不放手讓御醫自主用藥，還在想方設法維護皇室的名聲，可見外界對同治帝病症的猜疑有多大。兩宮太后瞻前顧後的舉動說明必有隱情，天花又不是什麼見不得人的病，治療過程何必如此遮遮掩掩。翁同龢也覺察到兩位御醫有所隱瞞，盡說些浮而不實的話。對兩位御醫開出的處方，他有時大嘆不可解。

在眾人一片遮醜聲中，自作孽的少年天子慘然離世。從他身邊人所受到的處分，亦可看出端倪。首先受到處罰的自然是兩位主治御醫，均革職戴罪當差。在皇帝病故之後處罰主治御醫是慣例，如果同治帝真是死於天花，李德立、莊守和受到的處罰恐怕會嚴厲得多。雖然天花在當時是一種可怕的疾病，但並非每個患者都會被奪走性命。以前清宮也有皇子得過天花，比如康熙帝幼年已從天花的魔掌逃生，因此被順治帝選為皇位繼承人。同治帝的兩位主治御醫僅被革職，還可以在宮中當差，說明他們的醫術沒問題，兩宮太后也知道不是他們的過錯。

同治帝死後不久，有御史彈劾王慶祺素非立品自愛之人，與同治帝的醜聞已成街談巷議。兩宮太后立即將王慶祺革職，永不敘用。引導同治帝出宮治遊的太監，不久也被發配黑龍江為奴，兩位內務府大臣亦被革職。

這些人對同治帝的行為不端負有一定責任，如果同治帝真是死於天花，他們會受牽連嗎？

同治帝還連累了一個人——皇后，阿魯特氏在他死後不久就以自殺脫離苦海。阿魯特氏是慈安的表外甥女，一向不得慈禧歡心。據說這位皇后心高氣傲，不肯低眉順眼討好慈禧：「敬則可，暱則不可。我乃奉天地祖宗之命，由大清門[126]迎入者，非輕易能動搖也。」[127]慈禧恨得咬牙切齒，認為這是在譏諷她從貴人一步步爬上來。慈禧排擠阿魯特氏，可能還出於政治上的考慮：阿魯特氏是端華的外孫女，而端華是兩宮太后一手除掉的政敵。阿魯特氏的文化素質較高，一旦有機會掌權，說不定會成為「慈禧第二」，而且有可能為端華等人翻案。一向深謀遠慮的慈禧，怎麼可能讓阿魯特氏有出頭之日呢？

「天下第一毒婦」斷送清王朝？

王道成： 同治帝剛剛去世，慈禧馬上召集王公大臣開會，說皇位繼承人不能從年紀大的皇室成員裡面選，必須從年紀小的人裡面選。她提出的一個理由是「須幼者乃可教育」，年幼的人可塑性較強。她公開說，我和慈安已經商量好了，皇位繼承人就是載湉。慈禧為什麼選載湉？一是因為他年紀小，二是因為他是咸豐帝七弟奕譞之子，母親則是慈禧的妹妹。

王魯湘： 親上加親。

王道成： 慈禧認為載湉經過她一番特殊教育，可以成為理想的接班人。

在同治帝彌留之際，哭不能詞的慈禧，很快就收起母性的眼淚，展現精明女政治家的果斷：選立幼主，意在垂簾。剛年過四旬的她，不甘心將當年冒生命危險奪回來的皇權拱手讓人，也不甘於退居深宮頤養天年。同治帝在世時，為人母的她因過於強勢而欠缺溫情，最終失去自己唯一的孩子，眼前只剩下一群俯首帖耳的臣子，手中所能握住的也只剩下權力。因同治帝沒有子嗣，她就選一個不滿五周歲的孩子繼承皇位，再度給自己布一個垂簾聽政的局。

慈禧是光緒帝載湉的伯母兼姨媽，具有雙重血統關係。載湉的生父奕譞沒有多大政治野心，一直是慈禧的親信。兩宮太后不按常規出牌，沒為同治帝立嗣，改為咸豐帝立嗣，成為載湉的嗣母而不是祖母。若讓載湉承繼同治帝為嗣，阿魯特氏皇后就會被尊封為皇太后，兩宮太后則成為太皇太后，不能再出來掌權。兩宮太后顯然不想「退休」，於是讓載湉承嗣咸豐帝，再度「挾天子以令天下」。

光緒帝一生都是慈禧的棋子，與同治帝一樣是悲劇皇帝，因為他們同在一個強勢母親的陰影下。這個母親愛權力勝過愛兒子，兒子更多時候只是她掌控權力的傀儡。光緒帝雖然比同治帝多活了一倍歲月，但他的一生比同治帝還悲慘。同治帝性格叛逆，既然在宮中得不到快樂，就去外面的花花世界找樂子。光緒帝自幼體弱多病，再加上寄人籬下，一輩子鬱鬱寡歡。據說他性情暴躁、喜怒無常，太監們都不敢親近他。他常常夜間不睡，半夜三更起來批閱奏摺，遇到不順心的事就拍桌子罵混帳，嚇得太監們心驚膽戰。他最怕打雷，卻又最喜歡聽暴雨後下水道瀉水的聲音。雨水在心理學上是情緒的象徵，聽雨水流瀉是他宣洩憤懣情緒的方法。

光緒帝年紀漸長，慈禧不得不考慮歸政問題。一八八六年七月，她召見奕譞、軍機大臣等，宣布翌年將為光緒帝舉行親政典禮。深諳慈禧權術的奕譞知道，這只不過是一種政治試探。為保護親生兒子，他帶頭懇請慈禧在光緒帝親政後再訓政數年。其他大臣亦紛紛奏請，慈禧半推半就地允准了。為了使訓政制度化，諸臣還制定了訓政細則，條條都是遵循舊制。皇帝親政、太后訓政並行的體制，與過去的垂簾聽政並無多大區別，大權仍掌握在慈禧手中。

王道成：光緒帝親政初期，和慈禧的關係還比較融洽。有些小事光緒帝自行處理，稍大的事就跟大臣們一起討論決定，更大的事就請慈禧決策。兩人一開始關係還不錯，後來遇到攸關國家命運的大問題時，就產生矛盾了。中日甲午戰爭時，光緒帝主戰，慈禧起初也主戰。當時世界輿論普遍認為大清國一定能打勝仗，慈禧就指示跟日本交涉時不能有示弱語。那一年恰逢慈禧六十大壽，正在大張旗鼓地準備慶典，誰知爆發了甲午戰爭。慈禧開頭主張對日強硬，後來清軍在朝鮮戰場上失利，在黃海海戰中又受挫，她的態度就轉

慈禧太后與眾人合影
（右起：光緒帝皇后、德齡之母、容齡、慈禧太后、德齡、瑾妃）

變了。她認為這場仗不那麼好打，就轉而支持李鴻章的避戰求和方針。戰敗後，她讓李鴻章去跟日本人談判，簽訂了喪權辱國的《馬關條約》。

王魯湘：從此母子成為政敵。

王道成：兩人感情破裂。

光緒十三年（1887），慈禧為十七歲的光緒帝舉行了親政典禮，五十三歲的她繼續訓政。次年，她宣布將於光緒十五年（1889）正月為光緒帝完婚，屆時她將歸政。不管內心如何貪戀權位，慈禧終究礙於祖制和輿論，不得不擺出放權的姿態。在這一點上，她和呂后、武則天不同，始終以太后臨朝輔政自居，一旦幼帝長大成人，就自請歸政以堵住天下悠悠之口。慈禧沒有培植外戚勢力，也沒有稱帝的野心，只不過權力欲旺盛而已。她也不是激進的女權主義者，不像武則天那樣放肆包養男寵，身邊只有幾個貼心的太監。

在光緒帝的婚姻問題上，慈禧卻不肯放權。光緒十四年（1888）選妃，最後有五位人選：副督統桂祥[128]之女，江西巡撫德馨二女，禮部左侍郎長敘二女。當時慈禧坐上座，光緒帝在旁侍立，固倫榮壽公主[129]等人站在後面。清宮規定，選中誰當皇后，就授予鑲玉如意，選中妃嬪就授予紅繡花荷包。慈禧說：「皇帝，誰堪中選，汝自裁之，合意者即授以如意可也。」光緒帝說：「此大事當由皇爸爸主之，子臣不能自主。」慈禧堅持讓他自選，於是光緒帝手持如意走向德馨之女。慈禧大喊一聲「皇帝」，努嘴示意應選桂祥之女。光緒帝愕然，只好將如意授予她的侄女。慈禧不讓德馨之女進宮奪寵，就讓固倫榮壽公主將荷包授予長敘二女，選為珍嬪和瑾嬪[130]。

作為一個母親，慈禧是失敗的。當年同治帝公然違抗她，與慈安站在同一條陣線，選擇她所不喜歡的阿魯特氏為皇后，最終弄得家破人亡。現在沒有慈安的牽制，她要一手操辦光緒帝的婚事。慈禧的侄女是光緒帝的表姐，兩人都有葉赫那拉氏的血統。從皇太極開始，葉赫那拉氏的血液就在愛新覺羅家族流淌，到咸豐帝與慈禧生下載淳，近親繁殖的隱患加重了，同治帝、光緒帝、宣統帝都沒有子嗣。這似乎是慈禧的一大罪過，如果同治帝不是她親生的，如果她不自私地選胞妹的兒子當皇帝，如果她不立侄女為光緒帝皇后，或許愛新覺羅氏的皇室血脈會傳得更久。然而，這一切的根源似乎又不在她身上，誰叫咸豐帝看上葉赫那拉氏女子呢？

光緒帝乖乖接受了慈禧包辦的政治婚姻，葉赫那拉氏終於有人風風光光地從大清門被迎娶進宮。慈禧信守承諾歸政，只不過仍然遙控著光緒帝。光緒帝小心翼翼地做著皇帝，恭恭敬敬地供奉著老佛爺，兩人相安無事地處了幾年「溫情歲月」。甲午戰敗，「紙老虎」的真面目暴露無遺。國運衰頹，列強環伺，如何收拾殘局？光緒帝正當壯年，國恥激起雄心壯志，而慈禧年過花甲，只想安度晚年，不想傷筋動骨。兩人政見不合，嫌隙漸深。

一八九八年，光緒帝徵得慈禧同意後，開始戊戌變法，終因步伐太激進遭到反對。缺乏政治實力的維新黨人，企圖倚靠手握重兵的袁世凱來挾持慈禧，迫使她澈底放權給光緒帝，不料慈禧搶先一步發動政變，再度出來訓政。百日維新讓母子反目成仇，成為你死我活的政敵。戊戌政變後，慈禧將光緒帝幽禁於瀛台[131]，澈底解除他本來就少得可憐的權力，淪為一個道道地地的傀儡皇帝。光緒三十四年十月二十一日（1908年11月14日），光緒帝比慈禧早一天駕鶴西去。

王魯湘： 光緒帝之死到底跟慈禧有沒有關係？他是不是被慈禧毒死的？

王道成： 我認為是。過去對光緒帝之死有兩種說法，一種是根據清宮檔案記載，說光緒帝是正常死亡。有時檔案未必反映真實情況，因為宮廷那些陰謀詭計是不能拿出來見天日的。前幾年，有些人用現代方法檢測光緒帝的頭髮、衣服、骨頭，還對周圍一些土壤進行化驗，推斷光緒帝死於砒霜中毒。那麼，誰是兇手？過去有幾種說法：有人說是袁世凱，但我覺得他離光緒帝太遠，靠不近光緒帝的身體；有人說是李連英，但我覺得他沒那麼大的膽子；有人說是慈禧，我認為這種可能性最大。

王魯湘： 慈禧是最大的嫌疑人。

王道成： 現在還不能定案，只能這樣說。

王魯湘： 反正有一點是肯定的，光緒帝是非正常死亡，死於砒霜中毒，慈禧的殺人嫌疑最大。

王道成： 早在光緒帝死前四年，外務部侍郎伍廷芳[132]就跟日本公使內田康哉[133]有過一次談話，說現在社會上流傳這樣的話，我們也很擔心，希望千萬別發生這樣的事。四年後果然出現這樣一個局面：前一天光緒帝死了，第二天慈禧死了。

王魯湘： 光緒帝比慈禧早死不到二十四小時。

光緒三十年（1904），日本駐京公使內田康哉問伍廷芳，慈禧駕崩後光緒帝會怎樣？伍廷芳說：「亦如世間傳聞，誠為清國憂心之事，萬望無生此變。」內田康哉向日本外務省報告說：「伍話中之意，皇太后駕崩誠為皇上身上禍起之時。今圍繞皇太后之宮廷大臣，及監官等俱知太后駕崩即其終之時。於太后駕崩時，當會慮及自身安全而謀害皇上。此時，萬望能以我守備兵救出皇帝。」[134]

慈禧駕崩之日即是光緒帝暴亡之時，如此「大逆不道」的說法為何傳得沸沸揚揚？儘管光緒帝對「謀圍頤和園，劫制皇太后」的密謀可能並不知情，但慈禧仍然遷怒於他，從此母子恩斷義絕。戊戌政變後第四天，慈禧就以光緒帝名義廣招天下名醫，意在散布光緒帝病重的謠言，為廢黜乃至謀殺光緒帝製造輿論。慈禧將編造的脈案和處方傳示各衙門，大家都在猜測光緒帝恐將性命不保。

慈禧此舉引起國際輿論的關注，英、法駐華使節要求派法國醫生為光緒帝看病，卻一再遭拒。英、法使臣不得不給總理衙門施壓：「薦醫者非為治病吃藥，緣貴國此番舉動離奇，頗駭聽聞，各國國家商定驗看大皇帝病症，為釋群疑，已奉國家之電，不能不看。」[135]慈禧不敢得罪洋人，只好允准。

光緒二十四年九月初四日（1898 年 10 月 18 日），法國駐華公使館多德福醫生（Dr. Detheve）進宮為光緒帝看病。他認為光緒帝確實有病，但並非不治之症：「體質衰弱，明顯消瘦，精神不振，面色蒼白。食慾尚好，但消化緩慢，輕度腹瀉。排泄物呈白色，且未完全消化。頻繁嘔吐。氣悶導致呼吸不均勻，發作時更顯焦慮。肺部聽診未見異常。血循環不好，常出現紊亂。脈弱而頻數，頭痛，胸悶熱；耳鳴，頭暈，站立困難。除上述症狀，腿、膝部明顯發涼，手指觸覺不明顯，小腿痙攣，全身發癢，輕度耳聾，目光遲鈍，腰痛。尿頻最為關鍵。表面看，尿液白而透明，尿量不大；化驗未見蛋白，尿濃度減淡。陛下尿頻，量少，二十四小時內尿量低於正常尿量。陛下強調遺精，常發生在夜間，之後出現快感。這類夢遺，多由白日自覺勃起功能減退所致。經認真分析這些不同症狀，我確信此病係腎臟損傷引起，歐洲稱『腎炎』或『慢性腎炎』。」[136]

慈禧本想瞞天過海，不料洋人橫插一腳，以病重為由廢黜光緒帝的方案行不通。她聽從榮祿的建議，以光緒帝難以誕育子嗣為由，立端郡王載漪[137]之子溥儁[138]為大阿哥，準備讓光緒帝舉行禪位典禮。義和團運動擾亂了這個計劃，光緒帝雖然保住了皇位，但他至死都未再獲得大權，成為慈禧身邊一個孤獨落寞的影子。有位外國外交官看見三十出頭的光緒帝比實際年齡顯老，嘴角流露出悲傷、疲憊、略帶孩子氣的笑容，給人的印象是

「克制、冷漠、無趣、缺乏精力、疲憊不堪，整個人就像是半死不活的樣子。……就好像生活對他來說已經成為一種負擔，這樣的人必定在走下坡路」。[139]

在慈禧的高壓下，光緒帝如此消沉不足為奇。不過，有人認為他是在韜光養晦，待年邁的慈禧歸西後再大展宏圖。據德齡回憶，當年光緒帝經常向她請教英文單詞，兩眼奕奕有神，會大笑，甚至會開玩笑，但他一見到慈禧就變得嚴肅、憂鬱，甚至有些呆氣。他跟德齡說：「我沒有機會宣布我自己的主義或有所作為，所以外間都不知道。我知道現在我所處的地位，與傀儡無異，要是再有外國人問起我，你就告訴他們我現在所處的地位。我有許多關於復興中國的計畫，但是我不能實行，因為我做不了主。我不信太后有什麼力量能改變中國的現狀，就是有，她也不願意，我害怕現在離真正革新的時候還遠得很哩。」[140]

如此看來，外表死氣沉沉的光緒帝，內心可能暗燃火苗，暫時收斂鋒芒以求自保，等待機會東山再起。這點心思哪裡瞞得過慈禧？每逢外國使節來宮中拜訪，慈禧就派人監視光緒帝，害怕他跟外國人談論維新變法。政見不合是這對母子鬧矛盾的主因，慈禧不能不擔心死後會被光緒帝重翻舊案。德齡說：「太后生性剛毅，自信力極強，她以為對的事就一定要做。太后情感很重，但理智更重於情感。」[141]慈禧性格如此，又有殺人動機和作案條件，對光緒帝下毒手是極有可能的。

慈禧從未打算治好光緒帝的病，御醫一切遵照她的旨意行事。有位御醫一不留神說了句「舒肝順氣」，她頓時沉下臉說：「誰叫皇帝的肝不舒了？氣兒又怎麼不順了？」御醫嚇得連連叩首認罪。她說：「皇帝日理萬機，宵宿勤勞，哪能動不動就得『舒肝順氣』？那樣小心眼兒怎麼辦國事？」後來御醫們開的處方總是「和肝調氣」、「理肺益元」，甚至把肝的事硬挪到肺上。無論是御醫還是外省保薦的醫士，凡幹不長久的，多半是違背了慈禧的心意。世人所見到的那些脈案和處方，真實性自不待言。[142]

一九〇八年十一月十四日傍晚六點多，光緒帝崩逝於瀛台涵元殿。慈禧於次日下午兩點多病逝，比光緒帝晚死二十個小時。十一月二十九日，法國報紙 *Le Petit Journal*[143] 的畫報增刊封面人物是「並排躺在棺木中的慈禧太后與光緒帝」，文中明確指出是慈禧毒死了光緒帝。雖然光緒帝不是慈禧的親生兒子，但他們在一起生活了三十多年，多多少少存有母子情。七十四歲高齡的慈禧知道自己死期將至，竟提前將年僅三十八歲的光緒帝毒死，心腸可謂狠毒。國外媒體的報導，讓慈禧頓時成為具有國際知名度的「天下第一毒婦」。或許正是臨終前的這場陰謀，將她澈底推向供世人大肆妖魔化的境地。

一九三八年，光緒帝的崇陵[144]被盜掘，屍身和遺物暴露在棺外。一九八〇年重新封閉崇陵地宮時，有關人員對光緒帝的遺骨做過簡單檢測，未發現外傷痕跡，亦無中毒表現。光緒帝的若干頭髮、遺骨和衣服，被保存在清西陵文物管理處的庫房。二〇〇三年，中央電視台清史紀錄片攝製組、清西陵文物管理處、中國原子能科學研究院反應堆工程研究設計所和北京市公安局法醫檢驗鑑定中心有關專家組成「清光緒帝死因」專題研究課題組，在不可開棺檢驗的限制下，運用最先進的儀器檢驗保存在庫房內的光緒帝遺骨和遺物，五年後得出一個結論：光緒帝係砒霜中毒死亡。[145]

課題組專家認為，光緒帝死於急性胃腸型砒霜中毒。民間傳說砒霜中毒會七竅流血，但現代醫學發現並非如此，患者會出現嘔吐、腹瀉、腹部痙攣性疼痛等症狀，可在數小時乃至數天內死亡，有的患者拖五天之久才死亡。據此推算，光緒帝砒霜中毒的日期最早可追溯至十一月九日。[146]目前尚不知光緒帝確切的中毒日期，但可以肯定的是，他的死期是由慈禧的病情來定的。十月初十日（11月3日）是慈禧的七十四歲生日，此前她已有病在身，此後健康每況愈下。她預感此次兇多吉少，不能不考慮由誰來當接班人，她的決定攸關光緒帝的生死。

從慈禧臨終前一系列動作來看，光緒帝注定厄運難逃。清宮史官惲毓鼎[147]在《崇陵傳信錄》中記載道：「戊

並排躺在棺木中的慈禧太后與光緒帝

中秋，突傳聖躬不豫，徵京外名醫雜治之。請脈時，上以雙手仰置御案，默不出一言，別紙書病狀，陳案間。或有所問，輒大怒。或指為虛損，則尤怒。入診者僉雲六脈平和無病也。……十月初十日，上率百僚晨賀太后萬壽，起居注官應侍班，先集於來薰風門外。上步行自南海來，入德昌門。門罅未闔，侍班官窺見上正扶奄肩，以兩足起落作勢，舒筋骨，為拜跪計。須臾忽奉懿旨：『皇帝臥病在床，免率百官行禮，輟侍班。』上聞之大慟。時太后病泄瀉數日矣，有譖上者謂帝聞太后病，有喜色。太后怒曰：『我不能先爾死！』[148]

慈禧一生患過喘咳、痔瘡、面風、腸胃不和等病症，七十歲以後身體日衰，疾病纏身。她臨終前一年開始患慢性腸胃病，一直未見好轉，好在生活起居和政務活動未受多大影響。一九〇八年夏，她先是患腹瀉，後有並發症，兼及肝肺等臟腑，胃納漸減，病情日漸加重，但她不肯放權，堅持帶病理政，最終心力交瘁，胃不納食，衰竭而亡。[149]慈禧死於慢性病，有充裕的時間來考慮權力交接問題。她相信只要自己在世，光緒帝的存在就無礙大局，而一旦她覺得自己時日無多，就必須先除掉他。

慈禧自一九〇八年秋就動手籌劃，再次製造光緒帝病重的假象，最後用毒藥加速他的死亡。為了避嫌，她下的砒霜劑量可能不會立刻致死，但又足以讓人毒發身亡。在光緒帝臨終前一天，她以光緒帝名義發布上諭，宣布將醇親王載灃之子溥儀接入宮中撫養，並任命載灃為攝政王。光緒帝一死，她立即宣布由溥儀承繼同治帝為嗣，兼祧光緒帝，入承大統為嗣皇帝。她任命載灃為監國攝政王，但所有軍國政事均須秉承她的訓示。她此時還不放權，不料第二天死神就降臨了。次日一早，她自感不久於人世，下旨說以後軍國政事均由攝政王裁定，但遇有重大事件，必須請示光緒帝皇后。臨終前，她又將一個葉赫那拉氏女子推上政治舞台，只是她想不到正是這個女人親手埋葬了大清王朝。

王道成認為：「慈禧謀害光緒，並不僅僅是為了自身的安全，更重要的是為了大清政權的平穩過渡。戊戌政變使支持光緒的政治勢力受到了致命的打擊，八國聯軍入京又使得支持慈禧的政治勢力備受摧殘。而背叛光緒，以維新志士的鮮血染紅頂子的袁世凱卻在政壇崛起。即使光緒復出，也很難收拾殘局。為了使大清的政權能平穩過渡，就必須使光緒死去，以便在她撒手人寰之前將政權交到她選定的繼承人的手中。」[150]

不管是出於私心還是公心，慈禧結束了光緒帝的性命，也結束了一個新舊之爭的時代。無論生前享有多少榮光和特權，她必然要面對歷史無情的審判。這個自信滿滿的女人以為，只要按照她的計畫行事，這個世界就仍在她的掌控之中，死神也無法阻擋她插手人間。只不過，她臨終前留給那對孤兒寡母的是一座將傾的大廈，小風小雨尚能勉強藏身，一遇風暴瞬間垮塌。隨著大清王朝的匆匆謝幕，她生前身後的一切尊榮隨之黯然，就連最後一絲尊嚴都被盜匪撕碎。這個生前最唯美的女人，身後竟以最醜陋的姿態示人。

老佛爺慈禧（1835～1908）

「賈府」第一棟梁

聖人 曾國藩

曾國藩（1811～1872），初名子城，字伯涵，號滌生，湖南湘鄉白楊坪（今屬婁底市雙峰縣）人。一介農家子弟，二十八歲賜同進士出身，魚躍龍門入翰林院，十年七遷至二品侍郎。一朝改名「國藩」，中年臨危受命組建湘軍，果真成為「國之藩籬」。本是文弱書生，頭頂「曾剃頭」荊冠，率軍平定太平天國運動。對權位心懷恐懼，卻因功勳卓著封侯拜相，官至總督、武英殿大學士，封一等毅勇侯，追贈太傅，獲清朝文官最高謚號「文正」。既是傳統文化的捍衛者，又是洋務運動的開創者，位居「同治中興」四大名臣之首。立德、立功、立言三不朽，著述千萬言，後世輯有一千五百萬字《曾國藩全集》。

王魯湘：晚清是一個動盪的時代，持續上百年的康乾盛世落下帷幕，中國在內憂外患中走向衰落。經一批人傑才俊力挽狂瀾，晚清迴光返照，一度出現「同治中興」。曾國藩是這些功臣中的核心人物，也是近代史上最具爭議的人物之一，生前身後毀譽參半。

戴在曾國藩頭上的桂冠有：中興第一名臣、古今第一完人、「德埒諸葛，功邁蕭曹，文章無愧於韓歐」、中國傳統文化的集大成者、湖湘文化的傑出代表、中國近代化的先行者。戴在他頭上的荊冠有：曾剃頭、曾屠戶、劊子手、賣國賊。如何認識曾國藩，絕不僅僅涉及歷史人物的評價問題。

曾國藩其實一直沒有死，一直活在中國當代史裡。從戊戌變法到辛亥革命，從國民黨到共產黨，所有政治家都未能擺脫他的影響。要研究傳統中國，曾國藩是最鮮活的人物。

受訪嘉賓

唐浩明（1946～　），湖南衡陽人，現任嶽麓書社編審、湖南省作家協會主席，父親唐振楚曾任蔣介石機要祕書。著有《曾國藩》、《唐浩明評點曾國藩奏摺》、《唐浩明評點曾國藩家書》等，被譽為「中國研究曾國藩第一人」。

胡彬彬（1959～　），湖南雙峰人，現任湖南大學岳麓書院教授、中國村落文化研究中心主任，從事文物教學與研究工作。

太平京官十年七遷

嘉慶十六年十月十一日（1811年11月26日）夜裡，湖南長沙府湘鄉縣白楊坪一戶曾姓農家喜誕長房長孫。五、六百年來，曾氏家族從未有人與功名結緣。傳說這個孩子出世時，曾祖父夢見巨蟒盤旋空中，旋繞於宅，而後入室，蹲踞良久。聯想起有相似出生經歷的唐代名將郭子儀，曾祖父轉驚為喜：「是家之祥，曾氏門閭行將大矣！」

這個孩子就是曾國藩。和那個時代許多出身寒門的年輕人一樣，曾國藩要想光大門楣，只有寒窗苦讀這條路。他的祖父年少時不愛讀書，是個喜歡游樂的浪蕩子，中年脫胎換骨，對子孫課讀甚嚴。可惜曾家沒有神童，曾國藩的父親應試十七次，直到四十三歲才考中秀才，以教蒙童為業。曾國藩比父親稍微幸運點，考了七次，二十三歲中秀才。

儘管曾國藩後來創下豐功偉業，但他從來不是一個天才。梁啟超稱讚道：「曾文正者，豈惟近代，蓋有史以來不一二睹之大人也已；豈惟我國，抑全世界不一二睹之大人也已。」但他馬上筆鋒一轉：「然而文正固非有超群絕倫之天才，在並時諸賢傑中稱最鈍拙。」[151]的確，就拿李鴻章、左宗棠來比，曾國藩有些方面黯然失色：論機智圓滑，他不如李鴻章；論軍事才能，他不如左宗棠。

曾國藩資質中上，最終能成大事靠的是勤學苦練，屬於厚積薄發型人才。他二十四歲中舉，二十六歲第二次會試落第返鄉時，向一位當知縣的同鄉借了一百兩銀子，路過江寧（今南京）時全部用於買書，還當掉衣服湊齊書款。此後一年，他侵晨起讀，中夜而休，足不出戶，泛覽百家。二十八歲第三次北上會試，他向親戚借了三十二串銅錢做路費，抵達京師時僅剩三串銅錢。天道酬勤，這一次他考中貢士，隨後殿試位列三甲第四十二名，賜同進士出身。可惜「同進士出身」不等同於「進士」，就像「如夫人」不是「夫人」一樣，成為這位靠科舉起家的讀書人一生的隱痛。

雖然學業沒有拔得頭籌，曾國藩的官運卻很亨通。按規定，殿試一甲三名（狀元、榜眼、探花）可直接入翰林院任職，二甲、三甲進士朝考後擇優選為庶吉士，學習三年後參加散館考試，成績優秀者留在翰林院供職，次等者分發各部或出任知縣。曾國藩朝考一等第三名，試捲進呈道光帝閱覽後，被拔置第二名，選為庶吉士。這個無所依傍的農家子弟，終於闖入皇帝的視野，成為清廷的儲備幹部。

三十而立之年，曾國藩順利透過考試，授職翰林院檢討，成為一名從七品官員。在皇城根下，他只是一名微不足道的小官，在曾氏家族裡卻是光宗耀祖的大官。此後他仕途一帆風順，十年七遷，連升十級。

王魯湘：從曾國藩的履歷來看，命運之神很幫他的忙，仕途非常順利。

唐浩明：是。他在京城當了十二年太平京官，做得非常好。有一次他剛剛升了一級，心想下一次調級不會有他的份，就準備請假回家探親。他寫信徵求家裡的意見，家人不同意他回去，結果兩個月後連升四級。

王魯湘：要是回去，這個機會就沒了。

唐浩明：他後來可能就在瓜棚豆架下跟家人談年景呢！

王魯湘：他這個太平京官從七品「副處級」升至「副部級」，運氣真是好。因為他當年中的是三甲進士，不太可能點翰林，後來居然有機會進入翰林院。

唐浩明：對，他是同進士出身，所以他比較忌諱這種說法。他一輩子的運氣都很好，三十七歲就

唐浩明：要無愧於天地、父母所生。

王魯湘：他自詡的「完人」包含哪些方面呢？

唐浩明：他是以儒家心目中的聖賢作為榜樣，以天下蒼生作為關懷目標。假如有這個能力，他就要幹一番震驚天下的大業；假如沒有這種可能，他就做一個品德高尚的人。這可能是他當年對自己的要求和期待，沒想到後來真有一個契機讓他登上歷史舞台。

人生是一個不斷修煉的過程，曾國藩的人格是不斷打磨的結果。早年他和祖父一樣，有過一段輕狂的歲月。據說有位名叫大姑的妓女在湘鄉縣城頗有名氣，曾國藩與之關係密切，後來為她作一首「大抵浮生若夢，姑從此處銷魂」的輓聯。曾國藩在一封家書中透露，他三十五歲以後遍身癬毒，曾經疑為楊梅瘡。[155]雖然他二十一歲就改號「滌生」，取「滌舊而生新」之意，有時還是難抵人性貪圖享樂的本能。

翰林院是個適合治學修身之處，以讀書為主業的翰苑閒官生涯讓曾國藩受益匪淺。他遇到兩位很重要的人生導師——唐鑒[156]和倭仁，均是蜚聲遐邇的理學大師。唐鑒認為「靜」字功夫最要緊，不靜則省身不密，見理也不明。後來曾國藩養成一個習慣，哪怕是在戰火燃燒的歲月，他也經常抽空靜坐一會兒。倭仁則教給他一個修身要訣——研幾，認真對待瞬間念頭、細微小事，將其與修齊治平的大事聯繫起來。研幾的好辦法是寫日記，將一念之差、一事之失、一言一行皆記下，時刻解剖自己，淨化靈魂。縱觀他下半生的足跡，這兩位人生導師的教誨如影隨行。

一八四九年，曾國藩升任禮部右侍郎，躋身正二品大員，相當於副部長，比巡撫（相當於省長）高一級，與總督同級。從此，曾國藩結束了閒官時代，成為握有實權的大臣。此後三、四年，他兼署過兵部、工部、刑部、吏部侍郎。六部之中除了戶部，他均涉足其間，對晚清「賈府」的內幕知之甚多，而這自然影響了他後來某些決策。

書生掌兵「用恩莫如仁」

正當曾國藩平步青雲，母親去世的噩耗如晴天霹靂，讓他從雲端跌落谷底。咸豐二年六月，曾國藩奉旨出任江西鄉試正考官。清朝規定官員不能在原籍任職，鄉試考官亦不能主持本籍考試。當時曾國藩離家十幾年，從南昌回湘鄉僅十天路程，於是請假一個月，待主持完鄉試便回家探親。

此次主持江西鄉試，曾國藩不僅可以收羅一批門生，還能得到二千兩左右的路費和謝師銀，正好用來償還宿債。他的京官雖然當得順利，生活卻很清貧，經常入不敷出，家書滿浸拮据的無奈。可惜天不遂人願，當他抵達安徽太湖縣小池驛，突遭人生第一次重大打擊。他在那裡得知母親病逝，母子天人相隔的哀傷令他大慟。

王魯湘：對很多仕途中人來說，丁憂[157]是一個很大的挫折，因為機會讓給別人了。

唐浩明：所以有瞞著不報者。丁憂不像現在的請假，在那三年期間官職沒了，工資也沒了，期滿後還要等候相應的空缺。

王魯湘：等組織再給你分配。

唐浩明：對。官員極不願意遇到這種事，經濟上、仕途上都一蹶不振，官職有可能從此就沒了。

王魯湘：那樣的話，以前的書都白讀了。曾國藩丁憂期間正好趕上太平天國運動，朝廷就讓他協助湖南巡撫辦團練。

一八五一年一月，洪秀全在廣西桂平縣金田村發起太平天國運動。農民起義軍自廣西入湖南、湖北，順長江而下，經江西、安徽、江蘇，於一八五三年三月攻下江寧後定都，改名天京。清廷所倚仗的八旗兵和綠營兵衰敗不堪，紛紛潰敗。無奈之下，咸豐帝急命各地啟動地方武裝力量，加緊興辦團練。

所謂團練，是指由地方士紳結隊編團定時訓練的民兵，無戰事時幹農活，有戰事時拿刀槍械鬥以保衛鄉里。一八五二年，在湘桂交界處的全州蓑衣渡，江忠源[158]率領五百楚勇獲得清廷對陣太平軍以來的第一場勝仗。從湖南新寧縣招募來的楚勇，因此獲得「善戰」之譽，引起清廷的重視。湘鄉縣學界名流羅澤南[159]，亦牽頭招募湘勇對抗太平軍。[160]此前一年，曾國藩的父親作為湘鄉頭號鄉紳，已應知縣之請在興辦團練，協助官兵維持地方秩序。

自咸豐二年十一月起，清廷在江南各省相繼委派四十三位幫辦團練大臣，命他們協助地方官員訓練鄉勇。第一道諭旨便是發給湖南巡撫張亮基[161]，命他傳旨讓曾國藩幫同辦理本省團練鄉民、搜查土匪諸事務。收到上諭後，曾國藩擬了一道《懇請在家終制折》，準備請張亮基代奏。清朝規定二品以上的官員才能直接向皇帝上奏摺，此時曾國藩在籍守制已形同平民。做事謹慎的他反復修改奏稿，正欲派人送往撫署，恰好張亮基打發人送來親筆信，說近日武漢三鎮失守，省城人心惶惶，請早日奉旨前來商辦大事。次日，好友郭嵩燾[162]特地從湘陰老家趕來，勸他以桑梓為重，理應墨絰出山。咸豐二年十二月十七日（1853 年 1 月 25 日），曾國藩在母親墳前焚燒奏稿，四天後抵達長沙，開始軍旅生涯。[163]

王魯湘：辦團練是曾國藩事業一個很大的轉折點。沒有這件事，他入閣拜相的可能性也有，只不過是太平宰相而已。

唐浩明：生命沒這麼精彩。

王魯湘：頂多和曹振鏞[164]這種「磕頭宰相」一樣。

唐浩明：對，這種宰相多著呢。

王魯湘：丁憂辦團練，曾國藩的人生格局完全變了。

唐浩明：當這個大擔子放在他肩上時，他四十二歲，正年富力強，各方面條件都非常好。清廷兩個月內在東南一帶任命了四十三位團練大臣，曾國藩是第一人選，最後成事也就他一人。

王魯湘：唯有曾國藩的湘軍成了，您認為主要原因是什麼？

唐浩明：一個很重要的原因是曾國藩看準了機遇，體現了他的過人之處。朝廷叫他們辦團練，他知道這樣不能成事，綠營也不能成事，必須建立一支新的軍事武裝力量。他看準這是一個好機會。後來他實際上辦的不是團練，而是軍隊，完全是軍事編制——發軍餉，穿軍裝，住營房。另外一個原因是，湘軍士兵是湖湘文化熏陶下的湖南人，而湖南人是最好的兵源——吃得苦、霸得蠻、不怕死、有血性，最適合上戰場。

王魯湘：「無湘不成軍」這種說法是在湘軍出現之前還是之後呢？

唐浩明：之後。有一個比較好的統帥，有這麼多好的士兵，兩廂結合造就湘軍這支近代軍隊。如果光有好的統帥，士兵卻來自溫柔富貴鄉，不可能是這個樣子。

以往團練大多局限於縣、鄉一級，曾國藩則打破這種格局，在省城長沙組建一個大團。抵達長沙的第二天，他便奏報省城兵力單薄，要招募各縣鄉勇前來操練，既可以剿捕土匪，又利於防守省城。為了早日平定社會動盪，清皇室不得不暫時收起戒心，讓他悉心辦理。此時羅澤南所募三營湘勇抵達長沙，曾國藩以此為基礎組建大團，以戚繼光束伍成法操練，並親自制定訓練章程。

這支臨時招募的隊伍迥異於清朝的正規軍——八旗軍和綠營。當時清軍積弊深重：「首先，部隊兵額不足，軍官們向上級報告的是人數，而非名冊上的士兵姓名，這就使得上級無法查驗核實。於是政府要為並不存在的軍人支付薪酬。其次是疏於訓練，使實際服役的兵員極為缺乏戰鬥力。第三是軍官們將現役士兵當僕從使喚，盜竊了士兵們部分應得的薪俸與津貼，迫使他們與盜匪勾結。第四，經常從流氓無賴中招募兵員，形成一種環境，其效果等同於剝奪他們的薪俸，或至少加重了他們的腐敗與無能。第五，由於許多士兵缺乏訓練，缺乏射箭或使用火器的知識，沒有一般的作戰技能，於是臨陣怯懦，遇敵即逃。此外，還有士兵僱人替代，這些替代者更無責任感，一有機會就開小差。」[165]

唐浩明：綠營一個很大的弊端是世兵制，兵是父傳子子傳孫，將是臨時從別的地方選調來的。

王魯湘：彼此不熟悉。

唐浩明：兵不知將，將不知兵，兵相互不知。這裡調一百人，那裡調一百五十人，組合成一支部隊，然後調一個將過來統帥，打完仗各回原地。這樣就造成勝必爭功、敗必不救。有鑑於此，曾國藩就利用血緣、地緣、人緣來組建湘軍。

王魯湘：利用宗法制。

唐浩明：除了宗法，還利用地緣、人緣，比如同學、師生、同行。這幾根紐帶把大家扭合在一起，克服了世兵制的弊端。

王魯湘：曾國藩想要的諸將一心、萬眾一氣，就透過這幾根紐帶做到了。湘軍在戰場上不會出現敗不相救的情況，因為那些人都是他的親人、同學或同鄉。

唐浩明：是從小一起長大的哥兒們。

王魯湘：哥兒們受傷了，能不相救嗎？這樣戰鬥力就提升起來了。

曾國藩深諳「將與將不相習，兵與兵不相知，勝則相妒，敗不相救」的制度性弊病，將湘軍編練成一支新式軍隊。湘軍採用「兵員自募、權歸主將」的做法，兵員由將領親選，將「兵為國有」變為「兵為將有」。一旦某個將領戰死，所統兵勇會被解散，由新將領挑選兵勇進行重組，入選者改換門庭，餘者遣送回籍。為了免遭遣散，湘軍各護其主的風氣盛行，兵勇對自己的將領萬死不辭。[166]

傳說朝廷的命令無法調動湘軍，而曾國藩只要一紙手令，部屬便為之千里驅馳。這與曾國藩的帶兵之法不無關係：一方面，他嚴整軍紀，對作息、操練、紮營、行軍、服裝、號令等都有明確要求，嚴禁抽鴉片、賭博、姦淫等不良習氣；另一方面，他尊重士兵，增加軍餉，據說湘軍士兵的月餉是綠營兵的三、四倍。曾國藩一手柔一手硬，既誘之以利，又束之以劍。

王魯湘：曾國藩帶兵真是活學活用儒家那套東西，我特別欣賞他的「帶勇之法，用恩莫如仁」。仁就是「己欲立而立人，己欲達而達人」，將領對待士兵要像對待自己的子弟一樣。

唐浩明：曾國藩確實把儒家這套東西運用得非常好。儒家是一種親情文化，建立在血緣關係的基礎上。他為什麼在湘軍可以搞這一套呢？因為湘軍本來就是子弟兵，他可以不加任何修改就把這套理論搬過來用。

王魯湘：人人習而知之。

唐浩明：對待部屬，他有兩句話說得很好：「揚善於公庭，規過於私室。」部下有什麼優點就在大庭廣眾之下表揚，有什麼過失則單獨叫到密室批評，這都是從仁出發。打仗本來很殘酷，整天處於刀光血火之中，但他居然把仁運用得那麼好，實屬難得。過去講仁，除了「仁卹」，還有「仁弱」之義。朱元璋不喜歡太子朱標[167]，說太子仁弱。心太仁是懦弱，你就是不行。

王魯湘：你鎮不住手下強悍的人。

唐浩明：你就治不了天下。朱元璋說太子不像他，擔心這個擔子交給太子之後，太子管不了。很多時候仁會導致弱，曾國藩居然把仁和強結合得那麼好。過去是「慈不掌兵」，他則是「慈又掌兵」，很值得研究。

統率湘軍「以衛吾道」

憑藉對時代機遇的把握，以及經世致用的學問根底和程朱理學的道德勇氣，曾國藩成功地從一介文人轉型為軍事統帥。當年他的一個不同尋常之舉，就是將政治思想教育貫徹於湘軍的平時訓練與臨陣作戰之中。一八五八年湘軍與太平軍相戰甚酣時，他在江西建昌大營作《愛民歌》，令軍中習誦之：

三軍個個仔細聽，行軍先要愛百姓。
賊匪害了百姓們，全靠官兵來救人。
百姓被賊吃了苦，全靠官兵來做主。
第一紮營不要懶，莫走人家取門板。
莫拆民房搬磚石，莫踹禾苗壞田產。
莫打民間鴨和雞，莫借民間鍋和碗。
……
愛民之軍處處喜，擾民之軍處處嫌。
我的軍士跟我早，多年在外名聲好。
如今百姓更窮困，願我軍士聽教訓。
軍士與民如一家，千記不可欺負他。
日日熟唱愛民歌，天和地和又人和。

兩江總督曾國藩

當時清朝正規軍軍紀敗壞，曾國藩早就痛恨軍營的不良習氣，自編練湘軍伊始就注重軍紀教育，使得湘軍聲威大震。湘軍兵勇基本上是農家子弟，文化素質不高，他就用《愛民歌》之類通俗易懂的軍歌來訓導。從這個意義上說，曾國藩不僅是湘軍的總司令，還是湘軍的總政委。後來毛澤東作《三大紀律八項注意》，或許正是以此為藍本。蔣介石當黃埔軍校校長時，也常用《愛民歌》訓導學生。

湘軍對陣太平軍，表面上是官府與農民起義軍的政權之爭，其實背後是兩種文化信仰在中華大地上的生死博弈。正是看到這一點，曾國藩才打出捍衛孔孟之道的旗號，以此作為思想武器，不僅讓湘軍將士作戰時具有來自文化信念的勇氣，也讓讀書人意識到平定太平天國運動的終極意義。

王魯湘：太平軍其實也是一批農民，幾乎沒受過什麼訓練，直接就給拉到戰場上，而受過正規訓練的清軍卻不是他們的對手。我覺得一個很重要的原因是，太平軍是一支有信仰的軍隊。

唐浩明：對。

王魯湘：中國化的基督教信仰灌輸到這些農民身上，他們成立了拜上帝教，在軍中互稱兄弟姐妹，號稱為上帝而戰、為天國而戰。一支有信仰的部隊和一支沒有信仰的部隊，戰鬥力完全不同。如果稱太平軍為一支有信仰的天兵，可不可以說湘軍是一支有文化的儒軍？

唐浩明：湘軍是衛道之師，捍衛中華道統，即孔孟之道。

王魯湘：曾國藩當時就說，他與太平軍作戰主要不是為了拯救一個異族建立的朝廷，而是因為太平天國的主張是對中華道統的毀滅。這屬於「天下興亡，匹夫有責」的事情，而不是君臣之間關於社稷存亡的事情。

唐浩明：社稷存亡是個政權問題。

王魯湘：天下興亡則涉及道統，所以匹夫有責。

唐浩明：這是我們的文化，是我們的命根子。

王魯湘：所以必須起來「衛吾之道」。曾國藩把這種使命感和道統意識灌輸給將士，從這個意義上說，湘軍是帶著一種文化使命上戰場的。

咸豐四年（1854）正月，曾國藩奉旨出兵援鄂。出師前夕，他起草並發布了《討粵匪檄》：「……自唐虞三代以來，歷世聖人扶持名教，敦敘人倫，君臣、父子、上下、尊卑，秩然如冠履之不可倒置。粵匪竊外夷之緒，崇天主之教，自其偽君偽相，下逮兵卒賤役，皆以兄弟稱之。謂惟天可稱父，此外凡民之父皆兄弟也，凡民之母皆姊妹也。農不能自耕以納賦，而謂田皆天王之田；商不能自賈以取息，而謂貨皆天王之貨；士不能誦孔子之經，而別有所謂耶穌之說、《新約》之書，舉中國數千年禮義人倫、詩書典則，一旦掃地蕩盡。此豈獨我大清之變，乃開闢以來名教之奇變，我孔子、孟子之所痛哭於九原！凡讀書識字者，又烏可袖手安坐，不思一為之所也……」

唐浩明：曾國藩的思想非常清晰，他將「以衛吾道」的宗旨寫進這篇檄文。他說，現在太平軍把我們幾千年的詩書禮義、孔孟之道掃地以盡，天下讀書人能袖手旁觀嗎？我們難道不應該起來捍衛道統嗎？他首先把知識分子吸引到身邊，然後透過他們灌輸給普通百姓。在老百姓心目中，孔孟有很高的位置，太平軍不但把孔孟的東西砸掉，還把岳飛像、關公像搗毀。

王魯湘：破偶像。

唐浩明：這些東西在老百姓心目中很神聖，所以神人共憤。曾國藩就用這種東西讓大家同仇敵愾，矛頭一致指向太平軍。

曾國藩抓住太平軍反中華文化、崇信洋教的做法大發議論，將湘軍標榜為中國傳統文化的捍衛者。他為檄文找到了振聾發聵的立足點，但他沒有意識到，這傳到清皇室耳朵裡或許是另一種味道：湘軍是衛道之師，未必是勤王之師，難保不圖謀推翻異族統治以捍衛漢室江山。當咸豐四年八月收復軍事重鎮武昌的捷報上達清廷，咸豐帝重賞曾國藩「署湖北巡撫」一職。此前被勢如破竹的太平軍震懾住了，咸豐帝暫時忘記「非我族類，其心必異」的祖訓，喜形於色地說：「不意曾國藩一書生，乃能建此奇功。」有軍機大臣提醒道：「曾國藩以侍郎在籍，猶匹夫耳。匹夫居閭里，一呼蹶起，從之者萬餘人，恐非國家之福也。」[168]咸豐帝默然變色，七天後下旨收回成命，改賞曾國藩兵部侍郎銜。署湖北巡撫相當於湖北代省長，比兵部侍郎銜有實權，對於終日為籌軍餉愁眉不展的曾國藩來說更有用。湘軍是一支體制外的軍隊，中央不給撥款，軍餉全靠曾國藩四處籌措。湘軍主要靠優厚的餉銀募勇，籌餉卻很艱難，經常拖欠軍餉，影響軍心的穩定。為了籌集軍餉，曾國藩不得不賣官鬻爵，到處設卡徵收釐金，弄得怨聲載道。

湘軍脫胎於團練，卻又不同於團練。清廷對團練懷有戒心，既利用又防範。咸豐帝在諭旨中規定，團練的職責是保衛鄉里，經費由當地紳耆籌辦掌管，團丁不得遠行徵調。然而，京官出身的曾國藩從一開始就不按規矩辦事，他實際上辦的是「官勇」而非「團丁」。在這位標榜忠君愛國的傳統士大夫心裡，他或許更傾向於視湘軍為游離於體制外的官軍，而不僅僅是他的私家軍。但在清廷眼裡，這支軍隊只能充當前線炮灰，不能養虎為患。

這支為朝廷效力的軍隊，一直遭到正規軍的歧視和嘲笑，一直受到清皇室的冷遇和戒備，一直忍受軍需短缺和欠餉之苦，因此每次打完勝仗，將士們姦淫擄掠、吃喝嫖賭，完全與《愛民歌》背道而馳。眼看湘軍暮氣日重，曾國藩痛心疾首，卻無可奈何。咸豐帝一直對他懷有戒心，遲遲不肯授以實權，致使他處處受掣肘。手中沒有地方實權的統帥，只是寄人籬下的賓客，哪有呼風喚雨的本事來滿足部屬？平時將士們吃那麼多苦頭，打勝仗再不讓他們犒勞自己，恐怕眾怒難犯，曾國藩只能縱容。

回想太平京官時代的扶搖直上，從軍路上的曾國藩九曲迴腸。他以一介文弱書生臨危受命，手無縛雞之力，卻整天冒著槍林彈雨，兩次兵敗自殺未遂，沒有功勞也有苦勞，卻遲遲得不到清廷的信任。正如湘軍「非官非民」的地位一樣，他的身分同樣非常尷尬，滿腔苦楚無處訴說。別的先不說，單提仕途就讓他唏噓不已。從軍這麼多年，他拿命換來的仍是侍郎銜，而付出的血汗無疑比太平京官時代多得多。直到咸豐十年（1860），清廷才扔給他「兩江總督」的餡餅，由他督辦江南軍務，「客寄虛懸」的尷尬才得以緩解，仕途也從此柳暗花明。

此前曾國藩不是沒有爭取過地位，卻碰了一鼻子灰。三年前父親病故，軍事進展不順的他趁機甩手不幹，未等朝廷批准就跑回家守制，惹來官場一片噓聲。丁憂期間，他收到墨絰出山的諭旨，便趁機上呈《瀝陳辦事艱難仍籲懇在籍守制折》一吐苦水，赤裸裸向朝廷伸手要權：「以臣細察今日局勢，非位任巡撫有察吏之權者，決不能以治軍。縱能治軍，決不能兼及籌餉。臣處客寄虛懸之位，又無圓通濟變之才，恐終不免於貽誤大局。」他本想以退為進，誰知咸豐帝順水推舟，讓他在家好好待著，不許干預軍務。

辛酉政變後，以慈禧為首的新領導班子對曾國藩似乎更放心，讓他統轄江蘇、安徽、江西、浙江四省軍務，這四省巡撫、提鎮以下各官均歸他節制。兩江總督原本管轄江蘇、安徽、江西三省，清廷現將閩浙總督管轄的浙江軍務劃歸他管，此乃罕見的殊遇。這四省是朝廷賦稅重地，幾乎占中央財政收入的一半，可謂「半壁江山」。將此重任委以漢臣曾國藩，可見慈禧非同一般的膽識。據說慈禧這麼信任曾國藩，是因為從肅順家查抄的私人信函中，唯獨不見他趨炎附勢。慈禧感嘆道，曾國藩乃第一正人。

一八六四年七月十九日，曾國荃率領湘軍吉字營攻陷天京，歷時十四年的太平天國運動宣告失敗。一支由正統書生率領的農民軍，打敗了一支由異端書生率領的農民起義軍，似乎預示著封建王朝氣數未盡。衛道之師打敗了太平軍，挽救了搖搖欲墜的清王朝。湘軍就像一棵大樹，儘管後來被砍斷枝幹，卻已播撒下種子。湘軍培養了一批像李鴻章、左宗棠那樣的風雲人物，成為晚清政壇舉足輕重的角色，改變了世紀之交的中國政治格局。

唐浩明：湘軍造成的後果是，軍隊不是國家的軍隊，變成私家軍，開啟了後世軍閥林立、軍閥混戰的局面。如果追溯源頭，就是曾國藩的湘軍。

王魯湘：若不是這種轉變，清王朝一時半刻推翻不了。

唐浩明：軍事格局變了，政治格局也就變了。晚清地方行政格局是設總督、巡撫、布政使、按察使四位官員，各自聽命於中央。

王魯湘：總督和巡撫其實是軍職，總督類似於現在的大軍區司令員，巡撫類似於省軍區司令員。布政使管錢糧。

唐浩明：按察使管刑事和社會治安。

王魯湘：相當於省公安廳廳長。

唐浩明：對。朝廷會單獨給他們一些指令，彼此並不完全聽從誰。這是為了讓他們互相牽制，以平衡地方政權。湘軍起來後，這個格局被打破了：巡撫和總督是地方最高長官，布政使和按察使一定得聽他們的。這是戰爭決定的，因為打仗不能有所牽制，必須一人說了算。你不聽我的，我就參你一本，另選副手。至於我選什麼人，朝廷一定會同意——你不同意，我就擺爛。朝廷沒辦法，只能同意，權力就漸漸集中於一人之手。

王魯湘：有點像唐代的藩鎮。

唐浩明：這就造成外重內輕的政治格局。中國的政治一旦外重內輕，國家就亂了。到了清末，中央再也無法控制地方。辛亥革命一聲槍響，一個月之內，全中國十八個省份中有十五個省宣布獨立。這是一個很奇怪的現象：你的官職是由中央任命，你怎麼就獨立了？這下清王朝就土崩瓦解了。

其實，晚清外重內輕的糟糕局面，是抱有儒家政治理想的曾國藩所不願看到的。一八六一年接到節制四省軍務的諭旨後，他就上折籲請朝廷收回成命，「在朝廷不必輕假非常之權，在微臣亦得少安愚拙之分」。深謀遠慮的曾國藩意識到，「非常之權」可能會給他帶來「非常之禍」，也可能給朝廷招來「非常之變」。清廷稱讚他謙卑遜順，有古大臣之風，仍將大權授予他。他再次上折提醒朝廷：「臣一人權位太重，恐開斯世爭權競勢之風，兼防他日外重內輕之漸。」然而，此時清廷已不得不飲鴆止渴，倚靠「外重」來挽救岌岌可危的中央政權。

封侯拜相，自釋兵權

面對國運江河日下，晚清棟梁曾國藩即使活得再久一些，恐怕也無力回天。不過對於個人命運，他一直力求掌握在自己手中。作為孔孟傳人，他標榜道德，卻得過很不悅耳的綽號，比如「曾剃頭」、「曾屠戶」。當年他奉旨到長沙幫辦團練，在寓館設有審案局。這個機構可以隨意抓人、審人、殺人，用刑非常嚴酷，被審訊者很少生還。但他毫不心慈手軟，認為多事之秋當以威猛救時，欲純用重典以鋤強暴，拼卻名聲亦在所不惜。

太平軍的主力部隊撤離湖南後，湘軍便主要用來維護社會治安。許多不滿官員壓迫和土豪盤剝的人趁亂活躍起來，曾國藩斷然採取高壓政策，哪怕是冤假錯案，也要殺雞儆猴。他在湖南上空電閃雷鳴，哪裡照見匪情，立即趕赴彈壓。「曾剃頭來了！」成為大人嚇唬小孩的撒手鐧。五個多月後，嚴刑峻法奏效，湖南境內看似風平浪靜。然而，一場硝煙正在他周圍燃起，燒得他幾無立錐之地。

當時曾國藩僅是一介在籍守制的前侍郎，已非朝廷二品大員，卻經常越過湖南巡撫等地方官員行事。他早年性格褊急，湖南官場看不慣他的囂張跋扈，不太願意配合他，讓他在長沙的日子很不好過。他還強令駐守長沙的綠營兵與湘勇一起操練，結果引來紀律廢弛已久的綠營兵強烈不滿。後來兩軍差點火併，他只好移駐衡州府，在那裡籌建湘軍水師。

曾國藩雖以軍功成名，軍事才能卻並不出色。他對此頗有自知之明：「鄙人教練之才，非戰陣之才也。」「行軍本非余所長，兵貴奇而余太平，兵貴詐而余太直。」統帥的性格決定部隊的風格，謹小慎微的曾國藩用兵很少出奇制勝，湘軍可以說沒打過堪稱經典的戰役，每一場勝仗都不算太完美。具有諷刺意味的是，每次他親臨戰場，那場仗必敗。湘軍在江西戰場一度進退維谷，在他守父喪期間，竟在胡林翼[169]的指揮下風生水起。種種外界刺激讓他大悔大悟，性格平和了許多，不再剛愎自用。

唐浩明：亂世當用重典，曾國藩於是採用嚴刑峻法，所以人家批評他是「曾剃頭」。他當時毫不留情，雷厲風行，大刀闊斧。他有一句話叫「用霹靂手段，顯菩薩心腸」，菩薩心腸是以霹靂手段來實現的。這是法家那一套。咸豐七年守父喪期間，他領悟到這些年為什麼遇到很多挫折，就是因為法家的東西用過頭了，所以他後來由申韓之學轉為黃老之學。

王魯湘：道家。

唐浩明：曾國藩藏剛於柔，以柔克剛，最終事業大成。儒、法、道三家在他身上圓融，可謂爐火純青，與時俱進。

王魯湘：從這一點來說，曾國藩是中國文化的集大成者。

唐浩明：對。攻下天京後，很多人勸他造反，像趙匡胤一樣黃袍加身。當時如果他猶豫不定或者輕舉妄動，歷史上就沒有「曾文正公」了。

《易經》曰：「窮則變，變則通，通則久。」「一生三變」是曾國藩的真實寫照，他正是在這種不斷轉變中得以善始善終。他早年由辭賦之學轉向程朱理學，樹立儒家修齊治平的人生觀，此乃第一變。丁母憂時在籍任幫辦團練大臣，他大行霹靂手段，由程朱理學轉向申韓之學，此乃第二變。丁父憂時在家反省從軍經歷，他悟出以柔克剛的道理，由申韓之學轉向黃老之學，此乃第三變。儒、法、道三家思想的圓融貫通，使他成為中國傳統文化培養出來的罕見典型。

曾國荃像

曾國藩像

曾國藩思想的多變，反映出性格的複雜。人的性格擺脫不了家庭的影響，曾國藩也不例外。他的父親是曾家第一個秀才，但資質平庸，性格懦弱，一生乏善可陳。相反，他的母親勤快能幹，性格剛烈要強。他身上集合了父母矛盾的性格，一生都在這趟渾水中掙扎。他自卑又自負，時而謙抑退讓，時而爭強好勝。內在性格的衝突讓這位立志做完人的男人糾結不已，他時時用理學來自我調節，在鋼絲繩上顫顫巍巍地朝目標前行。他與常人一樣有性格缺陷，過人之處在於他有一顆時刻反省的心。

曾國藩不是能征善戰的將領，但他憑藉早期在建軍和治軍方面的成就，一直是湘軍的精神領袖。當石達開率部圍攻糧餉重地浙江時，清廷不得不調兵遣將馳援。雖然曾國藩不是咸豐帝的第一人選，但咸豐帝最終還是納諫，決定起用這位聲威素著的湘軍統帥去解圍，因為援浙將領均係其舊部。被清廷冷落一年的曾國藩終日閉門思過，一接到諭旨立即精神大作，顧不上為父守喪三年的禮制，三天後急匆匆起程。他一面調兵遣將，一面遍訪長沙官員，希望捐棄前嫌。黃老之學消弭的不是他的事功之心，而是他的驕矜之性。他贏得長沙官場的寬怨，每月兩萬餉銀不斷地從湖南解往前線，為他提供了強有力的支援。[170]

戰功一直以來都是建立在鮮血之上，湘軍統帥曾國藩也不例外。他是曾家長子，除四弟在鄉主持家務外，其餘三個弟弟均從軍，其中兩人歿於軍中，曾家獲得咸豐帝「一門忠義」的褒獎。九弟曾國荃戰功最大，一八六四年率軍攻陷天京，獲封一等伯爵，曾國藩獲封一等侯爵。滿人入關後，為酬勞立下大功的明朝降將，封吳三桂等五人為王。康熙十二年（1673）下令撤藩後，引發三藩叛亂。歷經八年平亂，康熙帝立下規矩：永不封漢人為王，並慎封漢人五等爵位。此後僅有四位漢人因軍功卓著封公封侯，曾國藩是第五位。

一等毅勇侯爵位來之不易，對曾國藩來說是莫大的榮譽。兄弟同日封侯封伯，在當時亦屬罕見的盛事。一向對大權大位心懷恐懼的曾國藩，對此賞賜已是感恩戴德，而不知天高地厚的曾國荃卻牢騷滿腹：他率軍在天京城下堅守兩年，捱過瘟疫襲擾，受過多少嘲笑，承受多大壓力，拼死才立下首功，原以為能封王封侯，哪知出生入死只換來三等爵位，與官文[171]、李鴻章同等待遇，簡直不是獎賞而是侮辱。

在論功行賞這件事情上，清廷確實有負於曾氏兄弟。當初咸豐帝曾當眾宣布：誰滅太平軍，就封誰為王。有親王提醒道：祖制規定非滿蒙者不得封王，若是漢人滅了太平軍，那怎麼辦？君無戲言，這位親王便給咸豐帝出了一個主意：在天京附近設重兵，由清廷正規軍駐守，委派滿人統領，讓湘軍和其他部隊在上游與太平軍死拼，最終率先攻入天京的必是駐紮在附近的正規軍，到時封王的便是滿人。[172]這個如意算盤打得太精了，誰知滿人氣數已盡，清廷設在天京附近的江北大營和江南大營被太平軍擊破，最終還是倚靠湘軍奪回半壁江山。然而，江山坐穩了，清廷對封王一事卻裝聾作啞。

洞悉清皇室對漢人根深蒂固的戒心，曾國藩自然更能釋懷，也更加誠惶誠恐。當年數千土裡土氣的散兵游勇，如今已壯大為數十萬大軍，其中不乏精兵強將。曾氏兄弟手握重兵，對心懷隱憂的清廷來說是一大威脅。飽讀詩書的曾國藩深知「飛鳥盡，良弓藏」、「敵國破，謀臣亡」，盛名之下必遭猜忌。剿滅太平軍一個月後，他便主動提議裁撤湘軍，自釋兵權。他還勸說曾國荃急流勇退，以養病為由開缺回籍暫避風頭。

王魯湘：曾國藩遣散湘軍是不是也受了道家思想的影響？

唐浩明：是。翰林出身的曾國藩非常清楚歷代很多建大功、立大名、處高位的人末路不善，認為古今除了郭子儀，沒有第二人善始善終。他時時警誡自己不要像韓信、袁崇煥那些人一樣。這種觀念還來自他對人世間大道理的參悟。他認為宇宙的規律是「日中則昃，月盈則虧」，人生最好的境界是花未全開月未圓，保持一直在慢慢上升的態勢，不達到頂點。

王魯湘：現在很多人這麼迷曾國藩，喜歡讀他的東西，可能就是因為其中有這種大智慧。不是積極進取的事功之心，而是取得事功之後如何保泰惜福，這種智慧令很多人著迷。

唐浩明：這裡頭的深意越咀嚼越有味道。人一生能有一個完美的句號不容易，有多少人晚節不保、英雄末路啊！

王魯湘：五十八歲的時候守不住。

唐浩明：還有「五十九歲現象」，令人扼腕嘆息。

曾國藩是一個很有憂患意識的人，或者說是一個缺乏安全感的人。平步青雲的太平京官時代，他生活很安逸，卻以盈滿為戒，將書房取名「求闕齋」。他認為「處大位大權而兼享大名，自古曾有幾人能善其末路者？總須設法將權位二字推讓少許，減去幾成，則晚節漸漸可以收場耳」。他在寫給曾國荃的信中說：「平日最好昔人『花未全開月未圓』七字，以為惜福之道、保泰之法莫精於此。」他認為天道常假手於人來顯形，所以對一切充滿敬畏之心，故而能在艱險世道安然度過一生。

洋務運動第一個推門人

與同時代很多大臣相比，曾國藩更早洞悉中國因為閉關鎖國而遠遠落後於世界潮流，國家存在深重的危機。當年他在兩江總督署專門闢出一室，用於擺放中國第一個大型地球儀。他的女兒曾紀芬[173]在《崇德老人八十自訂年譜》中收錄了一幅《侍文正公看地球圖》：曾國藩坐在太師椅上，與一對兒女端詳著地球儀。這樣睜眼看世界的情形，在當時的清朝高官中可謂鳳毛麟角。這幅畫不僅讓人看到他教子的苦心，更讓人嗅到他興辦洋務的決心。

唐浩明：洋務運動的開創者其實是曾國藩。現在史學界公認揭開洋務運動序幕的標誌性文獻，就是曾國藩於咸豐十年十一月初八日上呈咸豐帝的奏摺。

王魯湘：他為什麼寫這道奏摺呢？

唐浩明：當時俄國大使向清廷提議，說俄國可以出兵幫清廷攻打太平軍，還可以出輪船把南方的糧食運到北京。太平天國運動興起後，漕運就斷了。曾國藩為此給咸豐帝上了一道奏摺，說俄國人派兵幫我們打仗，這一點要斷然拒絕，至於幫我們運輸東西這件事，我們

侍文正公看地球圖

可以接受。他進一步向朝廷建議，我們藉助俄國人的幫忙只是權宜之計，最主要是把洋人的科學技術學過來。咸豐帝當時三十歲，正是血氣方剛的年紀，覺得這個建議很好，便在一個月內連下兩道聖旨：一是在京城新設一個衙門叫總理各國事務衙門，這是中國第一個專門辦理涉外事務的衙門，後來改成外務部，再後來變為外交部；二是同意曾國藩派人去外國購買機器、洋槍洋砲，用來學習。第二年，曾國藩就在安徽建立安慶內軍械所，這是現代意義上的兵工廠。

王魯湘：中國近現代軍事工業是從曾國藩的湘軍開始的。

唐浩明：對，從此一種迥異於中國傳統手工業的東西出現了。

咸豐十年十月，兩江總督曾國藩接到密旨：俄羅斯使臣會見恭親王奕訢時稱，太平軍在江南等地橫行，俄國願出兵三、四百名，在水路與中國陸軍聯合作戰，並從南方採辦米糧運抵京津。咸豐帝舉棋不定，特發六百里快遞徵求曾國藩等大臣的意見。咸豐十年十一月初八日（1860 年 12 月 19 日），曾國藩上呈《遵旨復奏借俄兵助剿發逆並代運南漕折》，認為俄國出兵助戰一事應「獎其效順之忱，緩其會師之期。……許其來助，示以和好而無猜，緩其師期，明非有急而來救。自古外夷之助中國，成功之後，每多意外要求」。軍事與政權關係太密切，他警惕外國人的狼子野心。至於經濟事務，他認為可以暫時藉助洋人之力，但他提醒「將來師夷智以造炮製船，尤可期永遠之利」。

「師夷長技以制夷」的思想出自魏源的《海國圖誌》，可惜魏源人微言輕，難以引起當政者的重視。兩江總督曾國藩一句「師夷智以造炮製船」直達聖聽，成為洋務運動發軔的標誌。一八六一年，曾國藩創辦安慶內軍械所，自主製造洋槍洋砲。次年，科技專家華蘅芳[174]的開花炮試製成功，與徐壽[175]合作研製的中國第一台蒸汽機亦獲成功，一八六五年便造出中國第一艘蒸汽輪船「黃鵠」號。

一八六三年，曾國藩與容閎[176]商議辦機器廠事宜，並委派他出國購買機器。一八六五年，李鴻章在上海創辦江南機器製造總局，容閎從美國購買的機器全部安裝在那裡。一八六八年，該局造出第一艘木質明輪兵船，由曾國藩命名為「恬吉」號。在軍工企業的帶動下，各式各樣的民用企業相繼開辦。開礦山、修鐵路、架電線、辦學堂等洋務運動，給昏昏欲睡的大清國注入一劑興奮劑。

王魯湘：對於曾國藩的洋務思想、自強思想，現在學術界有一些批評性的看法，說他固守中國的傳統文化和政治制度，對西方的學習局限於堅船利炮之類東西。

唐浩明：學習西方技術方面的東西。張之洞最準確地將其概括為「中體西用」，「體」仍是中國這一套，「用」則是西方那一套。

王魯湘：當時江南機器製造總局設有一個翻譯處，翻譯的可不僅僅是技術方面的文章，還有大量所謂西學的東西。不管推門的人初衷如何，門一旦打開，進來什麼東西就由不得他了。

唐浩明：古往今來皆如此。

王魯湘：從這個意義上說，我們應該高度評價那個所謂「第一推動力」，對第一個推開門的人不能太苛求。

曾國藩患有嚴重的眼疾，晚年幾乎看不見文字，但這並未遮蔽他心靈的眼睛。除了興辦眼前急需的實業，他還把目光投向遙遠的未來。同治十年（1871），他和李鴻章聯名上呈《擬選聰穎子弟赴泰西各國肄業折》，奏請派遣幼童赴美留學，待十餘年後學業有成，再召回國委以重任。面對這項「中華創始之舉，古今未有之事」，清廷不得不膽大而又心細，複議一個多月才批准。

一八七二年八月十一日，第一批幼童起程赴美。此後，清廷每三年派出三十名幼童，前後共派一百二十人赴美留學。這些人是官派留學生的先鋒，其中有五十多人就讀於哈佛大學、耶魯大學、哥倫比亞大學、麻省理工學院等著名學府。老態龍鍾的大清帝國顫顫巍巍地邁出第一步，為近代中國培養了一批新式人才，其中就有詹天佑、唐紹儀等著名人物。

君子之澤，五世不斬

濟世興邦之餘，曾國藩認為君子有三樂：「讀書聲出金石，飄飄意遠，一樂也；宏獎人才，誘人日進，二樂也；勤勞而後憩息，三樂也。」第二樂印證了他的識人之明。他認為「山不能為大匠而生奇木，天亦不能為賢主更生異人」，人才需要被識別和體察，然後加以培養和造就，但凡有志者都應鼓勵其成就大事。

唐浩明：曾國藩有很多識別人才的方法，這主要來自他的學問、閱歷，而且他會看相。他記在日記裡的識人祕訣是：斜正看鼻眼，真假看嘴唇，功名看器宇，事業看精神，主意看腳跟，若要看條理，全在言語中。

當年為了出師有名，曾國藩給湘軍鍍上「衛道之師」的金粉，其實是一群烏合之眾。咸豐四年四月初二日（1854年4月28日），他親率兩千湘勇在湖南靖港與太平軍交戰，結果先是陸師潰逃，接著水師棄船奔逃，氣得他投水自盡。事後他痛罵湘勇喪心昧良，應募時偽造姓名以備將來逃之夭夭，未敗前盜走軍需物資溜之大吉，潰敗時爭相棄械逃命，打勝仗分完戰利品便遠走高飛。

曾國藩下決心整頓湘軍，將表現惡劣的軍營全部裁撤，重新募集隊伍。這回他主要招募老實樸拙的種田人，要求營官驗看投軍者的手掌，長滿老繭者便是務農之人，凡舉止油滑、目光游移者，多為江湖老手。選將領時，他要求一要「才堪治民」，二要「不畏死」，三要「不急名利」，四要「耐辛苦」。他主張多從士人群體選拔將官，因為他們知道禮義廉恥，懂得捍衛名教。[177]

曾國藩一生延攬眾多幕僚，其中成就最大者當屬李鴻章。這位淮軍統帥落拓不羈，有時缺乏誠信。一八七○年李鴻章接任直隸總督，曾國藩問他以後如何與洋人打交道，他答道：「我想與洋人交涉，不管什麼，我只與他打痞子腔。」（編按：李鴻章是安徽合肥人，痞子腔是合肥俗語，即耍無賴、油腔滑調之意。）曾國藩捋鬚良久，徐徐開口說：「呵，痞子腔，痞子腔，我不懂得如何打法，你試打給我聽聽？」機靈的李鴻章一聽語氣不對，急忙改口說：「門生信口胡說，錯了，還求老師指教。」曾國藩說：「依我看來，還是用一個誠字。誠能動物，我想洋人亦同此人情。聖人言忠信可行於蠻貊，這斷不會有錯的。我現在既沒有實在力量，盡你如何虛強造作，他是看得明明白白，都是不中用的。不如老老實實，推誠相見，與他平情說理，雖不能占到便宜，也或不至過於吃虧。無論如何，我的信用身分，總是站得住的。腳踏實地，磋跌亦不至過遠，想來比痞子腔總靠得住一點。」李鴻章晚年感慨道：「古人謂一言可以終身行，真有此理。要不是我老師的學問經濟，如何能如此一語破的呢？」[178]

在曾國藩的故交中，另一位叱吒風雲的人物是左宗棠。左宗棠在投靠曾國藩之前，是兩任湖南巡撫的謀士，其實是湖南軍政大計的幕後操盤手。當年曾國藩擅離職守奔父喪，心直口快的左宗棠破口大罵，引來官場齊聲附和，讓曾國藩無地自容。咸豐八年曾國藩奉旨復出，親自登門拜訪這位布衣師爺，希望兩人和好如初。不久，左宗棠因鼓動湖南巡撫駱秉章[179]參劾永州鎮總兵樊燮[180]，反被湖廣總督官文告上朝堂。傳說當年咸豐帝曾想痛下殺手，後來在曾國藩、胡林翼等人力保下，左宗棠才倖免一死。

唐浩明：湖廣總督說湖南巡撫被「劣幕」把持，此「劣幕」就是左宗棠。

王魯湘：據說當時朝廷下旨，一旦查明屬實，就地正法。後來是曾國藩救了左宗棠一命。左宗棠是一介沒有官銜的幕僚，竟然當著巡撫的面打正二品武官的耳光。

唐浩明：他還用腳踢人家，罵道「王八蛋，滾出去」，確實太飛揚跋扈了。我有時候開玩笑說，左宗棠只不過是一個打工仔，不是朝廷命官，竟敢如此狂妄，很少見。

王魯湘：打工仔把自己當主子了。當時如果沒有曾國藩力保，也就不可能有後來左文襄公的一番事業了。

唐浩明：攻下天京後，曾、左不合，原因是左宗棠向朝廷打小報告，說天京城放走了幼天王和李秀成，所以曾氏兄弟很恨左宗棠踹他們一腳。一直到曾國藩去世，兩人八年間沒有私人往來，但是公事照辦，而且曾國藩一點也沒有為難左宗棠。左宗棠到西北打仗時，曾國藩向朝廷稱讚左宗棠是西北用兵的第一人選，不要再選別人。而且，曾國藩的兵源、糧餉源源不斷地供應給左宗棠，沒有任何刁難，後來感動了左宗棠。

王魯湘：曾國藩被稱為「聖人」，就是因為他公私分明。

唐浩明：絕不以私害公。

王魯湘：軍國大事和利害所在分得清清楚楚。

唐浩明：這就是所謂「君子」，不以個人恩怨妨礙國家大事。

《左傳》曰：「太上有立德，其次有立功，其次有立言，雖久不廢，此之謂三不朽。」立德、立功、立言是中國士大夫的最高人生理想，真正能夠達成者寥若晨星，而曾國藩當屬其中一顆耀眼的明星。他率軍平定太平天國運動，挽救清廷於大廈將傾之時，結束國家南北分裂的局面。他匡救時弊，整肅政風，興辦洋務，為晚清「同治中興」出大力。他克己唯嚴，著述千萬言，將君子之澤綿延後世。「三不朽」的士人理想，在曾國藩身上完美實現了。

這個十九世紀下半葉中國最忙碌的人，有十幾年時間是在戰火中度過的，竟然在戎馬倥傯之餘筆耕不輟，將他的思想、學問、心路歷程記錄下來，留下奏摺、文稿、日記、家書千萬言。他在幕府裡安排多位抄寫員，不僅諭旨、奏章等公文要謄抄，就連家書、日記等私密文字亦如此，以防散失或損毀。他曾經專門派兩個善走之人，定期將這些副本背回湘鄉老家收藏。[181]當年他的靈柩運回湖南時，一起抵達的大部分是他保存在衙署裡的檔案資料和書籍。這些東西連同先前陸續運回的文書，被他的後人珍藏於宅邸富厚堂。

文如其人，曾國藩留下的文字不僅是治家圭臬、官場實用寶典，更是修齊治平大智慧的結晶。身處文化雜糅、信息爆炸的現代社會，浮躁不安的人們總想從本土文化培育出的成功人士身上求取終南捷徑。碰到曾國潘這樣一個古今難得的「完人」，現代人自然不會放過。於是，官場士林、商界軍營乃至市井百姓，皆以閱讀曾國藩的文字為時髦。湖南湘潭市韶山毛澤東紀念館典藏著光緒年間刊刻的《曾文正公家書》四卷，裡面可見毛澤東密密麻麻的紅筆圈點、句讀和著重號。毛澤東說：「愚於近人，獨服曾文正。」

王魯湘：曾國藩留下的文字作品中，最精華的應該是家書。

唐浩明：他的家書被士大夫奉為治家圭臬，主要有兩方面原因：一是內容本身很好，不但道理說得很透澈，還把具體的操作方法告訴你。元好問有兩句很有名的詩：「鴛鴦繡了從教看，莫把金針度與人。」意思是說，我只給你看繡品，至於它是怎麼繡出來的，我不會輕易告訴你。曾國藩則把金針度與人，大到治國經邦，中到讀書寫字，小到晒皮衣之法、木器刷漆、藥方子，可謂包羅萬象。好好讀通他的書信，受益良多。二是他傳授的人個個成才。所謂良師出高徒，高徒襯良師，相得益彰。他的子弟都成就了一番大事業，而且綿延後輩，家有餘氣。他的家書被大家看重，主要是出於這兩個原因。

王魯湘：在《唐浩明評點曾國藩家書》這本著作裡，您是從多少封家書裡挑出一部分來評點的？

唐浩明：我從一千四百多封家書裡選了三百多封。

王魯湘：您在序言裡有一句話說得非常好：中國文化包羅萬象，典籍浩如煙海，不如找到一個人，把他的東西讀透。應該說，曾國藩就是這樣一個難得的研究對象。

唐浩明：對。有句古話叫「一經通，百經通」，佛家說「一花一世界，一葉一菩提」，都是說一個小的東西，你只要嚼得很深很透，就可以領悟到一個大的東西。

王魯湘：物理學上有所謂全息理論，任何一個局部撕下來，整體的所有信息都包含在裡頭。應該說，曾國藩是中國歷史、文化、哲學、美學、文學等薈萃於一身的全方位人物。

唐浩明：曾國藩把「八本」[182]作為傳世家訓，可以看出他的思維能力很強，能把事物最主要的一點抓出來。他不給你講很高深、很晦澀的東西，只要你把最粗淺的一點做到就行了。他等於搭了一座橋梁，你可以用它通向高深的彼岸。

王魯湘：這就是所謂「極高明而道中庸」。曾國藩軍政事務那麼繁雜，為什麼還如此關心子弟，寫那麼多家書呢？我們現在隨便寫封信都覺得很為難，有時打個電話都嫌麻煩，頂多發個訊息。但他每封信都寫得很長，什麼事情都交代得很具體。

唐浩明：事無鉅細。

王魯湘：他為什麼這樣做呢？

唐浩明：第一，他有很強的責任心。他是曾家長房長孫，對家族負有挑大梁的責任。

王魯湘：光前裕後。

唐浩明：第二，他希望子弟成才。他有一肚子學問、思想，希望藉助書信傳授給子弟，希望他們繼承這些東西。後來證明他的心血沒有白費，幾個弟弟都在他危難之際帶兵出來，幫了他很大的忙。他的兒子、孫子、重孫代代有人才出，可以說「君子之澤，五世不斬」。

曾國藩晚年封侯拜相，卻勸誡子弟一心讀書，不可從軍，不要做官。他在寫給弟弟曾國潢[183]、曾國荃的信中說：「吾不望代代得富貴，但願代代有秀才。秀才者，讀書之種子也，世家之招牌也，禮義之旗幟也。」他給九歲兒子曾紀鴻[184]寫信說：「凡人多望子孫為大官，余不願為大官，但願為讀書明理之君子。……凡富貴功名，皆有命定，半由人力，半由天事。惟學作聖賢，全由自己作主，不與天命相干涉。」

對於缺乏安全感的人來說，外在的一切都靠不住，唯有內在的自我才能把握。曾國藩久經官場，深感富貴功名掌握在別人手中，一道聖旨可以讓你雞犬升天，另一道聖旨可能讓你人頭落地。他在外征戰十幾年，嘗盡為人賣命卻不得好報的委屈，終日「打脫牙和血吞」充好漢。咸豐十一年（1861），他在寫給曾紀澤[185]、曾紀鴻的信中坦言：「爾等長大之後，切不可涉歷兵間，此事難於見功，易於造孽，尤易於詒萬世口實。余久處行間，日日如坐針氈，所差不負吾心，不負所學者，未嘗須臾忘愛民之意耳。近來閱歷愈多，深諳督師之苦。」兩個兒子很聽話，曾紀澤當了外交家，曾紀鴻成了數學家。

曾國藩將修身養性排在人生的首位，因為這是唯一可以自主掌控的事情。與人打交道，難免受制於人；與己打交道，一切自我做主。早年在京師修習理學，他就給自己制定了十三項功課——主敬、靜坐、謹言、養氣、保身、早起、夜不出門、讀書不二、讀史、習字、寫日記、日知其所亡、月無忘所能，一生都圍繞這個課程表在修行。他三十歲前嗜好吸水煙，煙癮很重，後來立志戒煙，將水煙袋捶碎。經過兩個月「心神徬徨，幾若無主」的痛苦煎熬，他終於戰勝煙魔。他把生活中的點點滴滴視為修行的契機，例如把戒水煙拉到立地成佛的高度，認為若「不能立地放下屠刀，則終不能自拔身」。

然而，曾國藩畢竟是人不是神，再如何勤加修煉，終究難以擺脫人性的弱點。他口口聲聲勸子弟不以做官為念，卻又將子侄輩的排名由「甲、乙、丙、丁」改為「甲、科、鼎、盛」，而那個時代明明就是「學而優則仕」，他內心難道不是希望曾家多出官宦嗎？他的功名心並不亞於他人，每次一升官，便急忙向家人報喜。當年曾國荃孤軍圍攻天京兩年無果，清廷命李鴻章前去助戰，強硬蠻橫的曾國荃當然不讓外人插手，一向以大局為重的曾國藩此時也難掩私心，不願門生李鴻章去搶功。他打算前往天京坐鎮，如果李鴻章率淮軍助攻，將來功勞還是曾氏兄弟占大份；如果李鴻章不來，他就離開天京大營，讓弟弟曾國荃獨占首功。聰明的李鴻章知趣地藉故不去助戰，曾國藩也就不用跑去給弟弟撐腰。

作為中國傳統文化的結晶體，曾國藩身上自然烙有這種文化基因的缺陷。中國文化向來不太尊重生命，草菅人命、踐踏人權比比皆是，曾國藩在這方面並未能超脫。聞知蘇州殺降[186]，他大贊李鴻章「眼明手辣」，絲毫沒有意識到誠信、人道問題。五十一歲時，他在安慶軍營中牛皮癬復發，遂買一名二十二歲的陳姓女子為妾，說是替他爬搔。陳氏妾侍奉他一年多就病逝了，他表現得很冷漠，當天照常批閱文件、寫信、讀書、下棋，下葬時也沒去，後來也沒將她遷葬至湘鄉祖塋。[187]五十九歲時，他又想買一小妾服侍起居，可能是迫於家人的阻力才作罷。

曾國藩並不完美，可貴之處在於他心中有標杆，一直在朝那個最高點奮進，雖然很多時候的表現並不盡如人意。他是曾家最早出人頭地的人，家族責任感驅使他在修己身的同時，不忘以身作則來點化族人。民諺傳唱：「一代苦二代富，三代吃花酒，四代穿破褲，五代宿街頭。」這種「君子之澤，五世而斬」的現象，是無數轟然倒下的「賈府」之血淚寫照。可惜歷史規律終究敵不過人性的弱點，至今難得幾家能逃脫宿命。與他同時代的「同治中興」將帥們，自兒女那一輩就不努力，孫輩和曾孫輩吃喝嫖賭、抽大煙、遊手好閒，最後窮困潦倒，丟盡祖宗的臉。當年的風雲人物，兒孫賢肖的家庭並不多，代代出才俊僅曾家。[188]曾國藩「有福不可享盡，有勢不可使盡」的諄諄教誨，一百多年前播種，至今仍在開花結果，蔭庇後代。

王魯湘：曾國藩的字極其端正，可以說太端正了。他說他的書法理論極其高妙，如果他的理論能夠實現的話，他應該會成為一代書法大家。可惜他的書法大概受儒家精神的影響，並沒有把那些東西融合進來。

唐浩明：他很喜歡劉墉的書法。劉文清公有一部很有名的字帖叫《清愛堂帖》，曾國藩認為劉墉的書法含雄奇於淡遠之中。這不僅是曾國藩的書法想要達到的境界，為人處事、帶兵作戰也要如此。

王魯湘：可惜他大概沒太多時間練書法。

唐浩明：他的書法沒達到那個境界。

王魯湘：不過，已經相當不錯了。

唐浩明：他的書法比較剛勁，結構謹嚴。有人批評他的書法過於拘謹，這跟他的為人有很大關係。

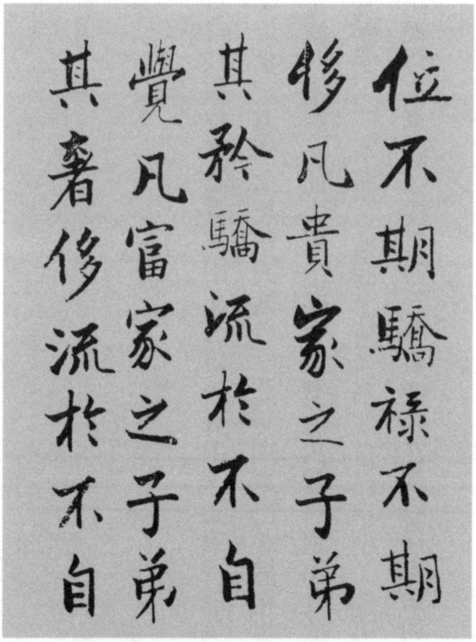

曾國藩家書手跡（局部）

完人是聖徒也是囚徒

同治四年（1865），五十五歲的曾國藩接到赴山東一帶督兵剿捻的諭旨，兩江總督一職由李鴻章署理。他很快又接到攜帶欽差大臣關防星夜出省的命令，此後四天又接到三道催他起程的諭旨。此時湘軍已裁撤殆盡，僅存數千人，湘軍統帥之帽變得輕飄飄。他早已厭倦軍旅生涯，不想出征山東，遂上折歷陳萬難迅速出兵的理由，並附片密奏自己「精力日衰，不任艱鉅，更事愈久，心膽愈小」。然而，他的命運並不在自己手中，他再次被朝廷推上前線。一年半後，他以剿捻無功告終，回任兩江總督。李鴻章接替他的軍職後，在剿捻過程中如新星冉冉升起，數年後光芒蓋過老師。

同治七年（1868），曾國藩調任直隸總督。在晚清八大總督中，直隸總督位居首位，其次是兩江總督。直隸總督的無上榮譽，對於五十八歲的曾國藩來說，不啻晚年仕途的一抹夕陽紅。他進京陛見時，一連三天受到同治帝和兩宮太后召見，可謂聖眷隆厚。同治八年正月初一，他以武英殿大學士的身分位列百官之首，率領群臣進宮恭賀新年之禧。在正月十六日皇帝宴請百官的宴席上，倭仁為滿員首席，曾國潘為漢員首席，一時榮耀無比。[189]可惜不久後，在他瀕臨人生大結局之際，「有勢不可使盡」一語成讖，花全開後凋零一地。

同治九年（1870）四月，曾國藩因目光昏蒙、眩暈日重，請假在保定直隸總督署養病，一個多月後接到赴天津查辦重大教案的命令。此前天津發生多起兒童失蹤事件，民間傳言外國教堂拐騙兒童，並剖心挖眼作為藥材。據拐匪武蘭珍口供，有一個叫王三的教民給他迷藥誘拐兒童，此事與法國望海樓天主堂[190]有關。五月二十三日（6月21日），天津民眾包圍望海樓天主堂，與教堂人員發生爭執。法國駐天津領事豐大業（Henri Victor Fontanier）要求三口通商大臣崇厚[191]派兵鎮壓，但未得到滿意答覆。在前往教堂的路上，豐大業憤怒開槍打傷天津知縣一名隨從，結果連同祕書一起被民眾群毆致死。隨後，民眾又殺死教堂人員、法國領事館人員、法俄僑民、中國信徒等數十人，燒毀望海樓天主堂、法國領事館等多處場所。

崇厚一看事態嚴重，立即奏請朝廷派員前來會商辦理。自從中國被迫允許洋人在華傳教，凡是民眾與教民發生衝突，官府總是偏袒教民，民間積怨甚深。如何平息民憤，又如何向洋人交代呢？曾國藩身為父母官，明知這塊硬骨頭不好啃，無奈只能拖著病軀前去處理。他留下一封遺書，抱著「斷不肯吝於一死」的決心悲壯前行。抵達天津後，他連日調查教堂拐殺兒童是否屬實，結果發現純屬謠言。豐大業先開槍傷人是有過錯，但天津民眾因此燒殺搶掠洋人則屬不當。這樣一來，他無法袒護國人聚眾滋事的過錯，只能根據洋人的要求酌情辦理。

天津教案發生後，法國政府提出強烈抗議，並以調集兵船出戰相威脅，英、俄等國吶喊助威，提出讓天津地方官以命抵命、所有凶手立即正法、賠銀五十萬兩等要求。面對氣勢洶洶的國際公憤和洋槍洋砲，深諳清政府外強中乾的曾國藩決意不讓戰火燃起，只好向朝廷獻上委曲求全之計。天津教案最終處死十六人，數十人獲罪流放，天津道員開缺，天津知府、知縣被發配黑龍江，清政府賠銀四十六萬兩，崇厚赴法賠禮道歉。

面對涉外群體性事件，歷來任何政府都頭疼，何況是衰弱不堪的清政府。十年前英法聯軍的砲聲猶在耳旁，同治帝和兩宮太后都嚐過逃亡的滋味，驚弓之鳥豈敢再逞強？此次教案中國理屈，一旦多國部隊聯手進軍，清政府哪有招架之力？曾國藩認為「中國目前之力，斷難遽啟兵端」，「兵端決不可自我而開，以為保民之道」，必須力保和局。時人認為他處理此案過柔，不該捉拿那麼多人償命，不該懲罰無辜的地方官員，媚外求和喪失了民心，於是給他扣上「賣國賊」的帽子。

其實，從今天的眼光來看，這頂帽子扣得不太理智。天津教案緣於誤會，當教堂拐殺兒童的謠言滿天飛時，天津地方官員未能及時調查澄清，以致民怨越積越深，最後鬧得不可收拾。在這起排外事件中，天津地方官員並非無辜，應承擔失責之過。天津民眾毆斃豐大業尚屬情有可原，後來殃及無辜則說不過去。從三十年後的庚子事變來看，盲目排外帶來一時的快感，換來的卻是長久的痛苦。民族主義有時是毒藥，狂熱的情緒讓人喪失理智，最終不是愛國，而是誤國。假如曾國藩當年不顧一切以卵擊石，可能八國聯軍的鐵蹄就提前踏進國門了。

不管是是非非如何，「賣國賊」這頂大帽子最終把曾國藩提前送進棺材。臨終前一年，他活在「外慚清議，內疚神明」的折磨中，終日鬱鬱寡歡。對一個視忠君愛國為政治理想的儒士來說，還有什麼比「賣國賊」的辱罵更令他難過？他滿腹苦水只能倒給兒子聽：「吾此舉內負疚於神明，外得罪於清議，遠近皆將唾罵，而大局仍未必能曲全，日內當再有波瀾。吾目昏頭暈，心膽俱裂，不料老年遭此大難。」天津教案接近尾聲時，因兩江總督馬新貽[192]遇刺身亡，曾國藩第三次就任兩江總督。年過花甲的他病魔纏身，再加上內心自戕，早已不復當年意氣風發。

王魯湘：很多書信記載曾國藩一焦慮或者戰事不順，左右為難時就舌焦心躁，晚年則心悸舌蹇。

唐浩明：他不能多說話，說幾句就提不上氣。

王魯湘：五十多歲就開始失明。

唐浩明：右目完全失明，左目僅見微光。

王魯湘：他還患有皮膚病。所有症狀綜合來看，這像是嚴重的糖尿病併發症。

唐浩明：有道理。曾國藩天生體質較弱，三十歲曾大吐血，幾於不治。

王魯湘：他以這樣一副病累之軀肩負這麼大的重任，一手拯救了清王朝，而且振興了大清國。

唐浩明：做到這一點很不容易。他曾經說過，人的精神好比井裡的水，越汲越有，不汲就沒有。

王魯湘：他完全把自己的一口氣出在事業上。

唐浩明：鞠躬盡瘁，死而後已。

王魯湘：他在兩江總督署後花園和曾紀澤散步時，突然腳麻，抬進去不久就去世了。

唐浩明：年譜記載他端坐三刻而亡。

同治十一年二月初四日（1872年3月12日），曾國藩吃完晚飯後在內室小坐，然後與曾紀澤在西花園散步。花園很大，他走遍滿園，忽然腿腳前屈。曾紀澤問：「納履未安耶？」他說：「吾覺足麻也。」曾紀澤與隨從急忙攙扶他，叫來座椅後把他扶上去，抬入客廳。家人環繞身邊，他已不能說話，端坐四十五分鐘溘然而逝，終年六十二歲。

曾紀澤

巧合的是，曾國藩的父親同是二月初四日逝世。臨終前幾天，曾國藩預感自己大限將至，就問夫人當年他父親病逝情狀，然後說：「吾他日當俄然而逝，不至如此也。」[193]這位曾經叱吒風雲的人物，似乎想與死神鬥一斗，讓死神乖乖聽他的話。看來他贏了，死神沒有折磨他，不到一小時就把他帶走了。從病逝前的症狀來看，他應該是死於中風。

六年後，曾紀澤奉旨出任駐英兼駐法公使。出國前，慈禧召見他時曾談及教案，感嘆辦洋務甚不容易。曾紀澤說：「辦洋務難處，在外國人不講理，中國人不明事勢。中國臣民當恨洋人，不消說了。但須徐圖自強，乃能有濟，斷非毀一教堂殺一洋人，便算報仇雪恥。現在中國人多不明此理，所以有雲南馬嘉理一事[194]，致太后、皇上宵旰勤勞。」慈禧說：「可不是麼，我們此仇何能一日忘記，但是要慢慢自強起來。你方才的話說得很明白，斷非殺一人、燒一屋就算報了仇的。」

慈禧接著說：「明白這道理的少。你替國家辦這等事，將來這些人必有罵你的時候，你卻要任勞任怨。」曾紀澤說：「臣從前讀書到『事君能致其身』一語，以為人臣忠則盡命，是到了極處了。近觀近來時勢，見得中外交涉事件，有時須看得性命尚在第二層，竟須拼得將聲名看得不要緊，方能替國家保全大局。即如前天津一案，臣的父親先臣曾國藩，在保定動身，正是臥病之時，即寫了遺囑，分付家裡人，安排將性命不要了。及至到了天津，又見事務重大，非一死所能了事，於是委曲求全，以保和局。其時京城士大夫罵者頗多，臣父親引咎自責，寄朋友的信常寫『外慚清議，內疚神明』八字，正是拼卻聲名以顧大局。其實當時事勢，捨曾國藩之所辦，更無辦法。」慈禧說：「曾國藩真是公忠體國之人。」她接著補了一句：「也是國家氣運不好，曾國藩就去世了。」[195]

兒子一句「拼卻聲名以顧大局」，道出曾國藩當年忍辱負重的心聲，讓清皇室第一掌權人知曉他的委屈和功勞。慈禧一句「曾國藩真是公忠體國之人」，替他摘掉那頂沉重的「賣國賊」帽子。精明的慈禧豈會不知誰有幾分公心和私心？曾國藩這棵大樹倒下後，李鴻章成為她倚靠的另一棵大樹。李鴻章為她背負了更多千古罵名，但她是在他死後才賜封一等侯爵，予謚「文忠」，比「文正」次一等。「文正」乃宋代以來文官最夢寐以求的謚號，看來曾國藩在慈禧心目中的分量比李鴻章重。或許是因為立志做完人的曾國藩，比李鴻章少了許多私心雜念。在任何時代，大公無私都令人敬重。

在華生活過二十年的美國歷史學者黑爾[196]這樣評價曾、李二人：「曾國藩的衣缽落到了李鴻章手中，李鴻章在後來的生涯中有許多時刻跟外國人打交道，以至於在西方人的記憶中幾乎掩蓋了對其老上司的記憶，但事實

曾國藩墓

上在中國人眼中，兩人是不能相提並論的。李鴻章與左宗棠在曾國藩去世後取得了很大的成就，但是在中國人的眼中，他們並未從曾國藩的花圈上取走一片葉子。曾國藩是忠誠的，死時貧窮；李鴻章以身居高位獲利而著稱，離世時非常富有。除此以外，李鴻章從未找到曾國藩幕僚群那種類型的助手。有些人說這是因為李鴻章太激進，也有人說他寧願由庸才輔佐，這樣就能彰顯他的英明。不論原因何在，直到十九世紀八〇年代末一直由曾國藩那些經歷過太平天國時代的老領導主宰的行政管理，在下一代人手中迅速地滑坡，直到一九一一年的革命把清朝整個地掀下權力的寶座。」[197]

曾國藩死後初葬於長沙南門外金盆嶺，兩年後與夫人歐陽氏合葬於今長沙市岳麓區坪塘鎮桐溪寺後伏龍山。湘軍初創時期，曾國藩在離桐溪寺不遠的湘江練兵，與住持寶月和尚交好。兩人常談經論道，也談些風水之事。這座古寺興建於唐代，寺前流水潺潺，寺後桐林茂密，數次遭毀又重建。曾國藩看出這是一處風水寶地，就向寶月和尚表示自己百年後希望下葬於此。寶月和尚說，護寺之地非常人所能葬。曾國藩後來護國保天下，自是非常人，得以葬在寺後山坡上。

曾國藩與寶月和尚都相中的這塊寶地，風水到底有多妙呢？桐溪寺所倚靠的小山狀似獅子，叫作獅子山。寺左邊有一座小山形同臥虎，叫作白虎山。獅子山後面有一座更為高聳的山，叫作伏龍山。湘江邊上有座山與獅子山南北相望，叫作象王山。在龍虎獅象環繞的山沖中間有座小山，叫作金盆嶺。金盆嶺雖形狀似盆，實則有三足，稱為「金鼎嶺」更貼切。

王魯湘：曾國藩墓地有兩棵羅漢松相當大，應該上千年了。桐溪寺朝南，山衝的口子也朝南。

胡彬彬：從這裡望過去，可以發現它明顯呈U形。

王魯湘：對，就是風水學上所講的結穴之地。當年寺廟選址的時候，已將這塊穴地占了。

胡彬彬：中國傳統建築是「人居窩，墓居坡」，墓地在坡上。

王魯湘：各得其所。

胡彬彬：曾國藩墓遭受過兩次比較大的破壞：第一次是二十世紀五〇年代初合作社時期，除墓柱、墓塚未遭破壞外，其他基本上都被破壞了，現在還能見到很多散落在墓道的石雕構件；第二次可能是在「文化大革命」期間。

王魯湘：神道碑已斷成三節，上面刻著「太傅大學士毅勇侯曾文正公神道碑」。

胡彬彬：碑文由李鴻章撰寫。

有戶周姓人家世代為曾國藩守墓，如今已傳到第四代，對墓地保護得很好。由於繞著金盆嶺的山腳走，曾國藩墓的神道彎彎曲曲。神道的起點是一個石牌樓，後面有一條弧形的道路繞到桐溪寺後面，通往曾國藩的墳墓。曾國藩墓的神道不同於一般神道，就在於它呈弧形。

王魯湘：作為守墓人，您對曾國藩墓最了解，您覺得這個墓的建制有什麼文化內涵和象徵意義？

守墓人：它是儒家文化容納了佛家文化的一種體現。墓以圓的形式出現，這是佛家文化的體現，因為佛家文化講究圓融。蜿蜒曲折的神道，則是曾國藩人格的一種體現。

曾國藩已離世一百多年，其間滄海桑田，時代背景迥異於今。在那個伴君如伴虎的年代，臣子的頭上永遠懸著一把劍，一不小心就會人頭落地，甚至株連九族。曾國藩懷揣一顆敬畏之心，頭套一個「完人」的金箍，把自己包裹得很嚴實。他以理學來修煉自我，靠超強的自我來克制本我的衝動，靠塑造完人形象來實現超我。這是一把枷鎖，因為誰都知道人無完人，明知是幻影卻仍拼命追逐，終將變成囚徒。曾國藩並非完人，也有私心雜念，也會患得患失，內心的明鏡照見這一切，令他經常陷入自責的泥潭。他過著囚徒般的人生，雖是一介統帥卻不瀟灑，身居高位卻不敢得意忘形。換一種角度看，他給自己套上的枷鎖，使之得以獨善其身，恩澤子孫後代，惠及芸芸眾生。

有人抽離時代背景，將曾國藩放在審判台上，用今天的標準丈量他，然後貶得一文不值。黑爾早在一九二六年就看出這種邏輯有問題：「年輕的中國有一股甚囂塵上的聲浪，指責曾國藩擁戴異族人的清王朝，支持絕對專制的君主政體。曾國藩的確如此。君主政治和任何形式的帝國主義，如今在中國和在歐洲一樣不受歡迎。然而，曾國藩作古以後，經過了整整一代人，他的同胞們才有了共和理想，如果用這種理想來裁判一個早已逝去的大英雄，是不是有失公允？我們是否應該設身處地，把自己放在曾國藩曾經生活和工作過的環境之中，聽一聽他代表全國人的普遍信念而發出的聲音？這些年輕的批評家除了將對專制政治的厭惡提前了許久，還沒有考慮到，如果當時沒有一個強大而忠誠的人物捍衛帝國的完整，這個國家完全有可能在內戰中分裂成多塊碎片，最終落入外國人手中，因為當時列強們正在打造各自的帝國。中國一直保持著統一和獨立，直到對西方國家採取了另一種態度，這是太平天國運動和其他造反運動被成功鎮壓下去的結果，而這種結果是曾國藩及其能幹的合作者們帶來的。」[198]

聖人曾國藩（1811～1872）

堂堂外交家，惶惶裱糊匠

東方俾斯麥　李鴻章

李鴻章（1823～1901），本名章銅，字漸甫、子黻，號少荃，謚文忠，安徽合肥人。二十四歲點翰林，三十九歲率淮軍，四十一歲封伯爵。天津教案成雲梯，一步登上直隸總督，兼任北洋通商大臣，「坐鎮北洋，遙執朝政」二十五年，練就大清第一外交大臣。成也外交，敗也外交，一生譽毀馬關。庚子事變後再重用，嘔心瀝血含憾死，追贈太傅，晉一等肅毅侯。洋務運動的領袖人物，「同治中興」四大名臣之一，被慈禧譽為「再造玄黃」之人，被西方人稱為「東方俾斯麥」。後世輯有二千八百萬字《李鴻章全集》。

王魯湘：一九五八年，在全國一片大煉鋼鐵的口號聲中，安徽合肥市大興集的人民公社為了興辦鋼鐵廠，挖開一座「賣國賊」的墳墓。據說棺槨被打開時，裡面的遺骸全身裹著黃袍馬褂，屍骨未腐，面色安詳。隨後，這位死於半個多世紀前的老人遭遇車裂之厄。人們用繩子拴住他的屍體，掛在拖拉機後面遊街，直至屍骨散盡。

這位最終落得粉身碎骨之人，就是大名鼎鼎的晚清重臣李鴻章。他是中國近代史上最具爭議的人物之一，對於他的是非功過，一直都是毀譽交加。有人罵他是劊子手、賣國賊、慈禧走狗，有人贊他是洋務運動的領袖、中國開放第一人，各種說法交錯繪製出一個複雜而神祕的李鴻章。

受訪嘉賓

翁飛（1954～　），祖籍江蘇常熟，翁同龢家族後裔。中國人民大學清史研究所博士畢業，現任安徽歷史文化研究中心主任，兼任安徽省李鴻章研究會副會長、安徽省文史研究館館員等職。著有《李鴻章與淮軍的創建》、《李鴻章官場藝術與人際權謀》等。

千年變局之旋渦中人

王魯湘：翁先生是不是從小在合肥長大？

翁　飛：算是吧。我家本來在上海，一九五八年來這裡支援安徽建設，我四歲時跟著父母過來。

王魯湘：您小時候聽說過李鴻章這個人嗎？

翁　飛：聽過。

王魯湘：那個時候李鴻章肯定是一個反面人物。

翁　飛：對。我是「文革」老三屆初中生，當時教科書裡提到《馬關條約》，就說是李鴻章簽訂的賣國條約。

代表清政府簽訂《馬關條約》、《辛丑條約》等喪權辱國的條約，是很多中國人認識李鴻章的起點。李鴻章的名字，似乎與「恥辱」、「賣國」等字眼聯繫在一起。隨著中國近代史面貌的日漸清晰，越來越多的人發現這位留著山羊鬍子的晚清重臣有著另一面：積極尋求變革以自強，費盡心力與列強抗爭。曾經被歷史車輪徹底碾碎的李鴻章，又在歷史車輪的前進中悄然復原。

王魯湘：改革開放以來，史學界對李鴻章的評價經歷了哪些變化？

翁　飛：第一次李鴻章專題研討會於一九八八年召開。著名歷史學家陳旭麓[199]先生在會上非常鮮明地提出：李鴻章是向中國近代化邁出第一步的代表人物。

王魯湘：這是從未有過的評價。

翁　飛：此論一出，引起史學界熱切關注。

一九八八年十月十日，在安徽合肥召開的「李鴻章與近代中國經濟學術討論會」上，陳旭麓提出評價李鴻章時應搞清楚愛國、誤國、賣國三者的關係。他認為「李鴻章有愛國之處，有民族思想，但不能否認他確有不少誤國之處」，然而「過去把他的誤國一概說成賣國，罵過頭了」。李鴻章代表清政府與列強簽訂的不平等條約，「很難給他扣上賣國的帽子，因為在當時的形勢下，不管誰去談判，都無法扭轉局面」。「誤國」這頂帽子，無疑比「賣國」輕了許多。李鴻章身上的污泥，有很多是被人不分青紅皂白塗抹上去的。剝掉這些污垢之後，陳旭麓認為李鴻章是向中國近代化邁出第一步的代表人物。中國要實現近代化，首先面臨「走出中世紀」的問題。近代中國「是被人家用洋槍大砲轟出中世紀的。當然，轟了以後，還是要靠自己走。可悲的是，經過一次二次鴉片戰爭，人家重重地轟了兩次，很多人還不肯走。可貴的是，李鴻章在開步走，是努力認識世界、走向世界的。……所以，洋務運動作為中國近代化的第一步，是由李鴻章帶頭邁出的」[200]。

李鴻章是晚清政壇一顆耀眼的政治明星，光芒穿越了閉塞的大清國，在國際外交舞台上閃閃爍爍。一八九六年，七十三歲高齡的他出訪歐美八國，一言一行無不成為媒體津津樂道的談資。某個夏日的下午，李鴻章出現在英國下議院裡：「他個頭極高，一臉和善的表情，作為一個來自另一世界的陌生人，穿著一身藍色的袍子，顯得光彩奪目，步態與風度頗有尊嚴，嘴角掛著謙和的微笑，表明他對見到的一切都很欣賞。就外表特徵而言，很難想像這一代或上一代的任何人能夠親近李鴻章，並不是因為他給了你功勳卓著或大權在握的印象，而是因為他的風采中散發出一種高貴的人品，如同半神半人的自我滿足和超然物外，而又老於世故，向勞苦大眾屈尊降貴。」[201]

在當時的西方人眼中，李鴻章是大清國第一外交大臣，是古老帝國與世界溝通的重要信使，因此難免有溢美之詞。更確切地說，李鴻章猶如暮氣沉沉的帝國裡一盞探照燈。陳旭麓認為從走向世界的角度講，李鴻章稱得上是一個開放性的人物。從當時的歷史條件和社會環境來看，李鴻章開始走出這一步很不容易，像他這樣的人並不多。就拿對世界的認識來說，李鴻章比曾國藩、左宗棠要快要多。曾、左、李各有所長，但在認識世界和近代化實踐中，李鴻章的貢獻確實大一些。

李鴻章一生歷經道光、咸豐、同治、光緒四朝，自一八六二年以淮軍統帥的身分署理江蘇巡撫算起，執掌晚清大權將近四十年。他「權傾一時，謗滿天下」，始終是一個富有爭議的焦點人物。一九八八年召開的專題研討會小心翼翼地避開政治思想、外交策略等敏感話題，以新時代關注的經濟話題為切入口，將一個較為完整的李鴻章形象呈現在世人眼前。這就像揭開一個密閉的罐子，從此新鮮空氣不斷進來。人們逐漸認識到，李鴻章在中國近代史上扮演著複雜的角色，一兩個簡單的定性不足以概括全貌。

王魯湘：中國現代化已有一百多年的歷史進程，可以追溯到十九世紀中葉。當時可以說是中國第一次面臨來自西方列強的強大挑戰，既有軍事的、經濟的挑戰，又有政治的、文化的挑戰。這樣一種全面的挑戰，用李鴻章的話來說就是「三千年未有之大變局」。

翁　飛：李鴻章生活的時代是中國歷史發展的分水嶺，或者說是十字路口。那是個大動盪、大分化、大轉型的時代，處在古今、中外、朝野、滿漢等多重矛盾衝突的十字路口。

王魯湘：他恰好又是十字路口各種矛盾交織的一個焦點人物。

翁　飛：他是旋渦中心的人物，是中國近代史上的關鍵人物。

不做閒翰林，從軍欲封侯

道光三年正月初五日（1823年2月15日），李鴻章出生於安徽廬州府合肥縣東鄉磨店。他的祖先本姓許，明末從江西湖口縣遷至安徽合肥縣。八世祖許迎溪娶本地人李氏為妻，因妻弟李心莊膝下無子，就將次子慎所過繼給他。許慎所改姓李，李家世代耕讀為生，家境十分清貧。直到李鴻章高祖那一輩，李家才勤儉致富，有田二頃。道光十八年（1838），李鴻章的父親李文安[202]與曾國藩同年考中進士，李家從此成為當地名門望族。據說這是因為李家搬到一口名叫熊磚井的古井邊，獲得了神奇井水的運氣。井水是否真有神奇功效我們無從判定，不過從井欄被井繩磨出的一道道印痕看得出，這口井供養著世世代代居住在這裡的村民。

王魯湘：李鴻章的出生地現在叫群治村，當年叫什麼？

翁　飛：祠堂郢。這個地方是吳頭楚尾，楚地的村莊叫作郢。李家明末搬到這裡，宗祠在這裡，所以叫祠堂郢。

王魯湘：熊磚井的年代比李家遷到這裡還要早。

熊磚井

翁　飛：這應該是一口明代的井。傳說原先的住戶姓熊，是不是熊廷弼[203]那一支很難說，但熊氏確實在明代出了一位兵部侍郎，相當於現在的國防部副部長。李家老六房一個大家族搬過來，聽說這裡出了一位大官，希望喝這口井的井水沾點運氣。

王魯湘：有水的地方就有靈氣。這口井的青苔長得好，水也很清澈。

翁　飛：李老媽是有名的李大腳，臉上還有麻子。當時李氏家境貧寒，娶老婆不計美醜。不過，李老媽很有見識[204]。她雖沒什麼文化，但生育能力強，生了六男二女。李家雖是有田二頃的中小地主，但分到李文安這一房手裡的土地並不多，何況要養活這麼一大家子。李文安兄弟四個，他排行老四，一天到晚讀書，不太理家務，全靠李老媽操持。傳說三月驚蟄時節，李老媽栽秧時被一個東西咬了一下，一看是隻烏龜。烏龜本來不咬人，人家說這是要早生貴子。後來她懷孕了，懷胎十個半月，於次年正月初五民間迎財神爺的日子生下李鴻章這位「小財神」。李家就是靠李鴻章發達，金玉滿堂。

傳說李鴻章的出生不同凡響，當年剛過正月就有春雷鳴響，附近還有仙鶴翔舞。李鴻章長大後身材頎長，因官居一品，有些江湖術士便吹捧他有仙鶴之相，還送他「雲中鶴」的雅號。探訪李鴻章故居的當天，我們巧遇一隻野鶴在李家的田埂上徘徊，頗感幾分神奇。傳說歸傳說，當年李鴻章能從一介草根走向權力高位，除了不同凡響的相貌和氣質，天生聰慧也是一個重要因素。

王魯湘：李鴻章從小是天才，脫口能對對聯，是吧？

翁　飛：有位桐城派的老先生叫周菊初，有一天到塘裡洗澡，把衣服一脫往柳樹上一掛，吟道「千年古樹為衣架」，李鴻章就接道「萬里長江作浴盆」。老先生把這件事說給李鴻章的爺爺李殿華聽，李殿華不相信。後來對詩的時候，上句是「風吹馬尾千條線」，李鴻章脫口而出「日照龍鱗萬點金」，大哥李瀚章[205]卻對不出來，比較愚鈍。

王魯湘：李鴻章很會讀書，是丁未科進士二甲第三十六名。

翁　飛：道光二十七年（1847），他中進士的時候年僅二十四歲，已經相當於今天的研究生了。他被欽點翰林院庶吉士，成為安徽省最年輕的翰林公。他比郭嵩燾小很多歲，比同房師兄沈葆楨小三歲，而沈葆楨[206]還落後他三名呢！丁未科進士當中出了一大批「同治中興」名臣。

李鴻章（左）與李瀚章（右）合影

李文安中進士之前，在家鄉以開館授學為生，李鴻章自幼在家館棣華書屋讀書。道光二十三年（1843），他考選為廬州府學優貢生，可入京師國子監讀書。時任京官的李文安來函催他入都，準備翌年的順天府鄉試。久居鄉間的李鴻章很興奮，躊躇滿志地作《入都》詩十首，其中一首豪情壯志：「丈夫隻手把吳鉤，意氣高於百尺樓。一萬年來誰著史，三千里外欲封侯。定須捷足隨途驥，那有閒情逐野鷗。笑指蘆溝橋畔路，有人從此到瀛洲。」「雲中鶴」名利心重，豈甘做閒雲野鶴？

道光二十四年（1844），李鴻章順利中舉。次年會試，他銳氣受挫，榜上無名。然而，這一年在他的一生中很有分量。他入都前就發宏願要「遍交海內知名士，去訪京師有道人」，這一年在父親的引薦下，拜會了命中貴人曾國藩。李文安雖然資質平平，卻能慧眼識人。他早就看出同年進士曾國藩具有雄才偉略，便有意與之交好。一八四五年，曾國藩時任翰林院侍講學士，只是一介無實權的從四品京官，有幾個人能預料到他會封侯拜相？或許李文安一生中最成功之舉，就是穿針引線讓兒子拜在曾國藩門下。時年二十二歲的李鴻章，以年家子身分受業於曾國藩。這位江淮才俊憑藉詩文和才學，深受曾國藩賞識。

一八四七年，李鴻章再次參加會試，考中進士後被選為庶吉士。三年後散館，他被授任正七品翰林院編修，而後歷任武英殿纂修、國史館協修。李鴻章素懷鴻鵠之志，太平京官的生活令他深感英雄無用武之地。聞知老師曾國藩在湖南大辦團練，他也躍躍欲試。據說他去找時任工部侍郎的同鄉呂賢基[207]，慫恿他回鄉辦團練。

翁　飛：呂賢基是道光帝非常寵愛的股肱之臣，可以跟曾國藩相提並論。呂賢基很喜歡李鴻章這位同鄉後輩，因為李鴻章的文筆非常好，進京前所作的《入都》詩十首在仕子中廣為傳唱。據《異辭錄》記載，李鴻章跟呂賢基說了一大通，然後呂賢基說，那你幫我起草一個奏章。因為李鴻章官階不夠，自己不能直接上奏摺，於是就幫呂賢基代筆。呂賢基那天晚上可能要跟一幫文人清客下棋，李鴻章就洋洋灑灑代他寫了一道奏摺。李鴻章的老師曾國藩是一個非常入世、關心民間疾苦的人，離京前上呈《備陳民間疾苦疏》，說明他是想要施展一番抱負的。李鴻章知道曾國藩在籍辦湘軍，就把老師辦團練的心得寫了一通，用呂賢基的口吻說他也要在家鄉拉起一支隊伍。咸豐帝一看奏摺，馬上把呂賢基喊來，說你寫得好，你就回家辦團練吧。呂賢基乃一介書生，哪裡想過真要回鄉練兵。李鴻章跑去看他的時候，呂家上上下下哭成一團。呂賢基一把抓住他說，你小子害我，我要你跟我一塊回去！然後，他倆就回到安徽舒城，還沒拉起多少人馬，胡以晃[208]就大軍壓境，呂賢基只好投水自盡。李鴻章也準備投水自盡，被一個名叫劉門齋的家僕拽住，叫他趕緊回磨店老家拉隊伍，於是他就跑了。李鴻章這種品行，有人頗有微詞，但那實在是明智之舉。

咸豐三年（1853），李鴻章回安徽廬州募勇數百名，協助清軍抗擊太平軍。舒城兵敗逃回老家後，他應新任安徽巡撫江忠源之邀，招集殘部繼續作戰。一八五四年一月，廬州城被太平軍攻破後，江忠源投水自盡，由福濟繼任安徽巡撫。福濟是丁未科會試副主考，也就是李鴻章的座師。次年二月，李鴻章配合清軍攻下安徽含山，因功賞知府銜。七月猛攻巢縣之際，他忽聞在籍辦團練的父親暴病身亡。不能不說他真是個幸運兒，因為在他離軍奔喪之後，清軍在巢湖全軍覆沒。庸碌一生的父親，至死都像福星一樣，用自己的死訊挽救了兒子的性命。

因軍情緊急，李鴻章不能在家服喪，被福濟催回前線。一八五五年十一月，李鴻章襄助福濟奪回廬州城，升為記名道府。次年，他又因攻克安徽無為、巢縣、和縣等地有功，賞加按察使銜。功高震主，福濟的胸襟不像曾國藩那麼寬廣，他要剪掉門生的鋒芒。一八五七年十月，福濟向朝廷奏報李鴻章丁憂，打發他回家為父親補行守制。李鴻章將近五年的團練生涯，就此畫上不算圓滿的句號。後來李宅遭太平軍焚毀，走投無路的李鴻章於一八五九年年初來到同樣處於人生低谷的曾國藩身邊，開始了兩年多的幕僚生涯。湘軍以湖南人居多，門戶觀念深重，皖人李鴻章寄人籬下難免受閒氣。儘管日子過得不太順心，他還是很快就展露出機敏靈巧的才幹。

翁　飛：李鴻章寫了一封信，想請曾國藩收留他。當時有幕僚說李鴻章志大才高，把他收進幕府是大材小用。曾國藩說確實是這樣，但他還是希望李鴻章過來。當時曾國藩剛在安徽三河鎮大敗，六千五百名精銳全軍覆沒，湘軍悍將李續賓[209]和胞弟曾國華[210]陣亡，他急需臂助。他知道李鴻章的文筆特別好，曾經說過：「少荃天資於公牘最相近，所擬奏諮函批，皆有大過人處。將來建樹非凡，或竟青出於藍，亦未可知。」李鴻章剛來幾天，看見曾國藩案上放著一道奏摺。三河大敗讓曾國藩很愧疚，他就寫「臣屢戰屢敗，上負朝廷聖恩，下負三湘黎民之望」。李鴻章一看不妥，就斗膽一調，將「屢戰屢敗」改為「屢敗屢戰」。這一字之改，就將湘軍寧折不彎的勇氣和曾國藩的人格昇華了。

王魯湘：在這一點上，他比曾老夫子靈巧些。相較而言，曾老夫子太過迂實了。

翁　飛：對，曾國藩就說過「本人做事總是迂緩，不如少荃來得明快決斷」。他非常清楚這一點，在家書和日記裡都這麼說。他看中李鴻章這一點，用來補己之短。

經李鴻章修改過的奏摺上呈之後，清廷非但沒有怪罪曾國藩，反而大大表彰了他。這自然令曾國藩十分欣喜，也更加青睞李鴻章。不過，這位年輕氣盛的門生優缺點鮮明，曾國藩早就看在眼裡，對此自有訓誡之法。

翁　飛：李鴻章經常目中無人，而且愛睡懶覺。在湘軍幕府裡，曾國藩每天利用吃早飯的時間交代很多事情。四、五十個幕僚，有時上百個幕僚，最多時三百多個幕僚，大家都在大院裡蹲著，就著鹹菜喝粥——當時條件很困難，沒多少好軍需。李鴻章經常遲到，或者乾脆躲著睡覺，每次都得向他重複很多事情。有一次，曾國藩等得特別不耐煩，再三催李鴻章前來。李鴻章起初推託頭痛，最後沒辦法，還是得過來。曾國藩正顏厲色，他不動筷子的話，誰也不敢動。李鴻章進來之後，曾國藩用三角眼掃了他一眼，然後端起飯碗，一聲不吭。一片稀哩呼嚕的喝粥聲之後，幕僚們都走了。李鴻章也想溜，曾國藩就說，少荃，為師有話跟你說，進我門來唯有一個「誠」字，如果你再這樣下去，請你走人。從此以後，李鴻章每天像老師一樣早起，練練字，散散步。

王魯湘：好像就這麼一次就把他的性格改變過來了。

翁　飛：這個人很聰明，很有靈氣。「響鼓不用重敲」，關鍵是點撥他。

王魯湘：點撥一下就行。

曾國藩雖然欣賞李鴻章的才華，卻不喜歡他恃才傲物。善於相面的他看李鴻章面露精悍，認為似非長處。為了挫一挫這位門生的銳氣，他有時故意把李鴻章晾一邊。當初李鴻章要來投靠他，以為他會篤念故舊，誰知等了快一個月仍未見邀。英雄末路的李鴻章心急如焚，拜託時為曾國藩幕僚的同年進士陳鼐打聽消息。陳鼐跟曾國藩說：「少荃以昔年雅故，願侍老師，藉資歷練。」曾國藩說：「少荃翰林也，志大才高，此間局面窄狹，恐艨艟巨艦非潺潺淺瀨所能容，何不回京供職？」陳鼐說：「少荃多經磨折，大非往年意氣可比，老師盍姑試之？」[211]曾國藩這才答應讓李鴻章進幕府。

儘管師生二人有一些摩擦，曾國藩的學識和人格還是讓李鴻章受益匪淺。李鴻章生平最服膺的人就是曾國藩，開口必稱「我老師」。他晚年對親信說：「我老師文正公，那真是大人先生。現在這些大人先生，簡直都是秕糠，我一掃而空之。」「在營中時，我老師總要等我輩大家同時吃飯。飯罷後，即圍坐談論，證經論史，娓娓不倦，都是於學問經濟有益實用的話。吃一頓飯，勝過上一回課。他老人家又最愛講笑話，講得大家肚子都笑疼了，個個東歪西倒。他自家偏一些不笑，以五個指頭作把，只管捋鬚，穆然端坐，若無其事，教人笑又不敢笑，止又不能止，這真被他擺布苦了。」[212]

人與人相處難免有嫌隙，親密無間是一種幻覺。曾國藩、李鴻章個性不同，前者固執，後者圓通，在一起做事難免磕磕碰碰。一八六〇年，曾國藩升任兩江總督，將大營遷往安徽祁門。李鴻章認為祁門地形如在釜底，是兵家所謂絕地，應及早移營。在太平軍的圍攻下，祁門大營險象環生，營中人心惶惶。曾國藩認為李鴻章等人貪生怕死，便生氣地說：「諸君如膽怯，可各散去。」

不久，曾國藩舊部李元度[213]失守徽州，逃出城後在外遊蕩一段時間才回祁門大營，而後又徑自離去。曾國藩決定彈劾他，以申軍紀。李元度在曾國藩兵敗時曾勸阻他自殺，何況曾國藩明知他「才識足以謀事，而帶勇則非所長」，卻仍委以駐守徽州的重任，難辭用人不善之咎。李鴻章乃率眾人勸阻曾國藩：「果必奏劾，門生不敢擬稿。」曾國藩賭氣說：「我自屬稿。」李鴻章說：「若此，則門生亦將告辭，不能留侍矣。」曾國藩說：「聽君之便。」[214]李鴻章不久後離開曾幕，在江西南昌閒居了七、八個月。

在這場師生幾近決裂的紛爭中，曾國藩認為李鴻章是在祁門困厄之際藉故離去，憤然感嘆此人不能共患難；李鴻章則認為曾國藩不能從善如流、知人善任，不是他心目中的豪傑。一山不容二虎，當兩個將帥之才針尖對麥芒，繼續相處只會傷得更深，保持距離遙相呼應方為上策。後來曾、李各率一軍，各自為戰卻又互相配合，將彼此的才能發揮到極致。

李鴻章離開祁門後，胡林翼、郭嵩燾等人竭力轉圜，曾、李二人並未絕交。一八六一年五月，曾國藩從祁門移營。當時湘軍正在猛攻安慶，死傷慘重，曾國藩憂病交加，便於六月二十五日致函李鴻章，殷殷懇請李鴻章前來襄助。李鴻章為之感動，再度入曾幕。曾國藩優禮有加，軍國要務均與他籌商。

論眼界，淮軍統帥高於湘軍統帥

一八六一年九月，湘軍收復軍事重鎮安慶。太平軍陣腳大亂，在固守天京的同時，將目標轉向富庶的上海一帶。上海商人和士紳驚恐不已，派錢寶琛[215]之子錢鼎銘[216]去安慶求援。此舉給蟄伏多年的李鴻章帶來人生最大的轉機。年底，李鴻章奉曾國藩之命回鄉組建淮軍，次年展翅獨飛，告別「宛轉隨人蓋九年」的辛酸歲月。

翁　飛：上海有一批紳商買辦要求說，曾國藩身為兩江總督，是他們的父母官，應該派援兵來解救上海生民倒懸之苦。這些人有很強的經濟實力，願意一個月拿出六十萬兩餉銀。這是當時許的很大一個願，弄得曾國藩很心動。因為湘軍一直經費拮据，要就地籌餉。曾國藩先找老將陳士傑[217]，陳士傑說他不幹，那是絕地，去了會被圍困，而且他母親老了，他要在家為母親守孝。曾國藩就去找鮑超[218]，鮑超說他不能走，他要打攻堅戰。曾國藩又去找曾國荃，曾國荃說他攻陷天京就是首功，他不願去上海。

大家都不願意去，錢鼎銘晚上就跑去找李鴻章，說像你這樣的來一個就行。他看李鴻章氣宇軒昂，用兵之道侃侃而談。既然有這麼多餉銀，李鴻章就說，那你明天提出請求，我主動請纓。錢鼎銘第二天一早就去見曾國藩，說我跟少荃先生商量好了，少荃先生願意去。曾國藩也覺得李鴻章確實是最佳人選，無論從他的資歷還是當地的人望來看，拉起隊伍應該不成問題。於是曾國藩就保舉李鴻章，把皖、贛、浙、江四省最肥的缺給他。

曾國藩一邊讓李鴻章組建淮軍，一邊密保他出任江蘇巡撫。因為是帶兵作戰，統帥必須有地方實權，所以清廷同意讓李鴻章署理江蘇巡撫。

一八六一年是中國近代史上一個頗為特殊的年份，曠日持久的太平天國運動和剛剛結束的第二次鴉片戰爭，讓風雨飄搖的大清帝國深感內憂外患的痛楚。或許是無顏面對圓明園劫後餘灰，咸豐帝在熱河行宮撒手人寰，接班人是年僅六歲的同治帝。幾家歡樂幾家愁，亂世讓很多人窮途末路，也讓少數人飛黃騰達。李鴻章在曾國藩的大力提攜下，終於等來一飛衝天的機會。他立即在合肥附近招兵買馬，數月就組建了一支九千人的淮軍，成為他日後成就一番大業的基礎。

翁　飛：一八六二年三月四日，曾國藩出城巡閱李鴻章組建的軍隊，標誌著淮軍正式建成。三月下旬至四月上旬，淮軍用上海紳商僱來的七艘洋輪，分五批陸陸續續穿越太平軍的長江防區，甚至穿過天京抵達上海。他們是兩淮的老侉，布帕包頭，衣服前「淮」後「勇」，土裡土氣。這群土包子兵進上海，被江蘇巡撫薛煥和綠營兵笑話，但李鴻章說「軍貴能戰，待吾破敵懾之」。他叫大家不要命、不怕死，這是淮軍的營訓。

這支淮軍不全是安徽人，一大半是曾國藩從湘軍調撥給李鴻章的「嫁妝」。淮軍最初共十四營，其中一營留防安徽池州，其餘陸續入駐上海。一八六二年四月，首批淮軍從安慶起程。每名兵勇的船費是二十兩白銀，運輸淮軍總共耗資十八萬兩。上海紳商的大手筆，反映出他們對這支援軍寄予厚望。因第一仗關係到自己的聲望，李鴻章並不急於出戰。在整肅軍紀的同時，他把目光放到上海港口停泊的洋人砲艦上。

翁　飛：抵滬後，李鴻章三天三夜足不出戶，然後讓上海道台吳煦[219]陪他參觀英法聯軍的兵艦。這些兵艦剛打完第二次鴉片戰爭，火燒圓明園後停靠在上海。李鴻章上船一看，發現洋槍洋砲器械尖利、洋人隊伍雄整，就給曾國藩寫信說他下決心「虛心忍辱，學得西人一二祕法」。他認為中國一旦有火輪船、開花炮，西人就會斂手，不敢欺負我們。李鴻章成為唯武器論者就是從那個時候開始的。不到半年，他就下令改組淮軍。在船上考察的時候，吳煦、楊坊[220]兩位道台對洋人卑躬屈膝，而李鴻章在他們背後長身一立，有點像曹操化裝成侍者見匈奴使者一樣。下船後，英國海軍司令何伯[221]說道台不怎麼樣，但他們後面那個人目光如炬不得了。他看出此人便是即將接任江蘇巡撫的李鴻章。

一八六二年四月，三十九歲的李鴻章署理江蘇巡撫，相當於江蘇代省長，十二月轉正。他從一介幕僚躍升為封疆大吏，而且掌管著天下膏腴之地。初到華洋雜處的上海，他有王昭君入匈奴之感。在「島人疑謗，屬吏蒙混，逆眾撲竄，內憂外侮」相逼而來的壓力下，他理出「察吏、整軍、籌餉、輯夷」的頭緒。他作為一介空降司令，當務之急是在重要部門安插自己人，否則政令難行。當時江蘇吏治腐敗，主要由吳煦、楊坊等浙江人把持政局，控制著上海的人事、財政和外交大權。入滬前，曾國藩就叮囑過李鴻章：「不去煦，政權不一，滬事未可理也。」

李鴻章隱忍一段時間後，決定從懲貪入手。他宣布「關釐分途」，將原先由吳煦掌管的關稅和釐金分開，釐金由他任命自己人管理。他要求吳煦明定海關章程，並且每項收支都要做帳稟報。吳煦挪用公款慣了，只好開花帳，於是掉進李鴻章的圈套。據說有一天晚上，李鴻章喝了一點酒，來到吳煦的官署。他騙吳煦說，有人參劾你帳目不清，總理衙門要派人來調查，你實話告訴我帳目有沒有虧空，看在你接濟過淮軍的份上，我好幫你遮蓋。吳煦以為李鴻章酒後吐真言，便捧出帳本恭請他指教。李鴻章隨手翻了幾頁，說今天我喝多了，不如讓我帶回去仔細推敲。吳煦眼睜睜地看著他挾帳本揚長而去。李鴻章立即找來幾名精幹的幕僚連夜核對，抓住吳煦中飽私囊的大量把柄，隨後上呈劾章，輕易奪了吳煦把持十幾年的海關大權。[222]

李鴻章裁撤吳煦一些黨羽，保留有利用價值的人員。楊坊知道來者不善，主動提出辭去蘇松督糧道一職，李鴻章便向朝廷舉薦郭嵩燾。一八六二年十月，郭嵩燾赴滬上任，半年後被提拔為兩淮鹽運使，保證了湘軍和淮軍糧餉充足。吳煦、楊坊的權力被大大削弱，而且被迫退賠數十萬兩白銀，幾乎傾家蕩產。一八六三年，李鴻章找機會奏請朝廷將二人暫行革職，此後將權力完全掌握在自己手中。[223]

王魯湘：淮軍給人的印象是已經使用了很多熱兵器。

翁　飛：對，火砲火槍都用。淮軍在安慶進行的是冷兵器訓練，使用新武器時笨得要死。他們的衣服跟湘勇一樣，也是反襟，前「淮」後「勇」。這在大刀長矛的冷兵器時代利於識別，而在熱兵器時代就不行了，豈不是被人當靶子打嗎？淮軍在半年內全部換裝，改穿對襟衣服。一年後，淮軍的戰鬥力就非常強了。這是中國第一支近代化的熱兵器武裝部隊。

儘管曾、李二人有很深的師承淵源，李鴻章在接受西學方面卻比老師超前多了。他置身洋化氣息最濃的上海，眼界自然比曾國藩開闊。他認為「若駐上海久而不能資取洋人長技，咎悔多矣」，於是大刀闊斧地改革淮軍。淮軍最初以湘軍為模板，不久就聘請外國軍官當教練，改用西法操練。他先花重金購買西洋武器，然後購買造炮造槍的器具，招募外國匠人來製造武器。因果斷採用近代化武器裝備和軍事訓練，淮軍的戰鬥力迅速超過湘軍。經過精心準備，他帶著裝備齊整的淮軍走上戰場，戰績很快讓上海灘安下心來。

翁　飛：訓練成功之後，淮軍獨立打了三場大戰——虹橋之戰、七寶之戰、四江口之戰，尤其是四江口之戰把先進的洋槍隊、洋砲隊都用上，大獲全勝。接著，李鴻章從上海出征，常熟招降，蘇州殺降，攻堅常州。尤其在攻常州時，淮軍的洋槍洋砲發揮了巨大威力。因此，同治三年太平天國運動即將被平定時，李鴻章給總理衙門寫了一封信，說「天下事窮則變，變則通」，建議朝廷引進制器之器，培養制器之人，同時專設一科取士，給科技人才一定功名。這是中國人才改革的一個途徑。

王魯湘：這封信被評為「中國十九世紀最大的政治家，最具歷史價值的一篇文章」。

翁　飛：這是一封宣言，表明了李鴻章比較系統的洋務改革思想，即向西方學習。

李鴻章「講求洋器」之舉深得恭親王讚賞，奕訢隨即專函詢問。同治三年（1864）春，李鴻章洋洋灑灑寫了三千餘字《致總理衙門函》，藉機闡發自己的變法主張。這是一封變法以自強的宣言，核心是呼籲清廷改革科舉制度，專設一科以覓制器之人。李鴻章認為科舉制度扼制了科技人才的脈息，呼籲清廷另闢一條金光大道，以功名利祿吸引這種人才。他的變法步驟是小心翼翼的，並非徹底否定科舉制度，亦未涉及民主改革，但在當時已屬驚世駭俗之論。奕訢在當時算是開明人士，但他上奏朝廷時對此建議隻字不提，可見改革阻力有多大。[224]

一八六四年，李鴻章率淮軍一舉攻下常州，基本平定蘇南戰局，與湘軍一起形成對天京的合圍。就裝備和實力而言，淮軍的攻堅能力遠勝於湘軍，率先攻下天京的可能性很大，但李鴻章選擇了迴避：一來不敢得罪曾氏兄弟，二來為報答曾國藩的知遇之恩。功名心重的他，據說當時心有不甘，背地裡跟清廷打小報告，說是曾氏兄弟不願他去助戰。面對清廷的再三催促，他最終還是耍起了痞子腔，軟磨硬扛了數月，讓曾氏兄弟獨得首功。論功行賞時，李鴻章封一等伯爵，與拼死拼活攻下天京的曾國荃平分秋色。功成名就之後，李鴻章與老師曾國藩走向了不同的命運。

翁　飛：曾國藩一度是「長江三千里幾無一船不張鄙人之旗幟，幾無一君不喊鄙人之名號」，非常擔心功高震主，想抽身而退，所以扶持李鴻章，希望李鴻章幫他分擔壓力。尤其是攻下天京之後，朝廷一再嚴詞追查太平天國聖庫金銀財寶的下落，很多官員彈劾他的弟弟曾國荃船運不絕。曾國藩有這個焦慮，希望功成身退。最高統治者慈禧太后很懂得馭臣之術，需要一種政治上的平衡，「抑湘扶淮」便是一種手段。李鴻章看到大臣們都在喊裁軍，然而一旦國家面對外侮，要怎麼辦？他必須把軍隊留下來，為將來禦侮所驅策。

王魯湘：淮軍後來成為一支主要的國防軍。

翁　飛：後來裁湘留淮，把淮軍的精銳保留下來，成為沿江沿海的布防軍，充當國防軍主力。這說明李鴻章的眼光高於曾國藩，也跟他明了世界局勢和朝廷政局有關。

沒有外交部的「外交部長」

曾國藩是中國傳統文化凝練出來的謙謙君子，在與洋人打交道時患上不適應症。同治九年（1870），他因處理天津教案不力，引來國人一片臭罵。善於與洋人周旋的李鴻章，便成為清廷派去收拾殘局的最佳人選。湖廣總督李鴻章被調往天津，從此在直隸總督任上一待就是二十五年，成為炙手可熱的晚清重臣。他手捧曾國藩指點的「誠」字錦囊妙計，時而用痞子腔對付如狼似虎的洋人，居然撐起了大清國的外交門面。

翁　飛：李鴻章此前在上海和洋人打過多次交道，總結出一條最基本的經驗是洋人「論勢不論理」，洋人是崇尚實力的，洋人是很明了形勢的。他認為「與洋人交，略為參用痞子手段」。處理天津教案時，洋人說你殺了我二十一個人，你就要用二十一個人來抵命——首先是天津知府、知縣要抵命，然後兇手要抵命，一命抵一命，這是人權。曾國藩毫無辦法，這時候李鴻章來了。李鴻章當時有個助手，就是江蘇巡撫丁日昌[225]，人稱「丁鬼

直隸總督李鴻章

奴」，跟「鬼子六」王爺奕訢一樣很善於跟洋人打交道。丁日昌擺出一副窮搜厲索的樣子，天天審訊，劈裡啪啦打個不停，也不知道是打桌子還是打人，然後到死囚牢裡跟秋後問斬的人說，你們反正是死刑，不如為國盡忠去替死，朝廷會撫卹你們的家人。反正在洋人眼裡中國人長得都差不多，這幫死囚就「慷慨就義」了。

王魯湘：這是痞子手段。

翁　飛：事件平息了，天津知府、知縣被流放黑龍江。曾國藩、李鴻章從自己的俸祿裡拿出兩萬兩銀子給他們做盤纏，以示對得起下屬。曾國藩「外慚清議，內疚神明」，覺得這跟他的道德觀發生嚴重衝突，回到兩江總督任上不久就鬱鬱而終，他的死跟這件事的打擊很有關係。李鴻章則不一樣，在奏摺裡揚揚得意地自我標榜一番。

天津教案處理方式的不同，充分展現出曾、李二人性格的差異。曾國藩因天津教案元氣大傷，次年病逝於江寧。李鴻章不勝哀痛，在致曾紀澤、曾紀鴻的信中感慨道：「鴻章從遊幾三十年，嘗謂在諸門人中受知最早、最深，亦最親切。」他親筆題寫輓聯：「師事近三十年，薪盡火傳，築室忝為門生長；威名震九萬里，內安外攘，曠世難逢天下才。」儘管上聯有給自己臉上貼金之嫌，然而謝師之情可謂綿長。

隨著曾國藩的隕落，曾氏時代結束了，從此進入一個不同以往的李氏時代。如果說曾國藩是挽救中國於內患之憂的棟梁，那麼，李鴻章可以說是拯救中國於外患之困的骨幹。因緣際會，從率淮軍入滬開始，李鴻章似乎注定要與洋人打半輩子交道。在他的後半生，洋人的影子無孔不入地滲進他的骨髓。他一邊借助洋務運動攪動一潭死水的大清國，一邊頻頻代表垂暮帝國與列強簽訂屈辱條約。據統計，由李鴻章主持締結的條約多達二十四個[226]。其中個別條約具有平等性質，絕大部分是臭名昭著的不平等條約，比如《馬關條約》、《辛丑條約》、

《中俄密約》、《展拓香港界址專條》等。

翁　飛： 總理衙門實際上是清朝的外交部，但總理衙門大臣除極個別外，大多是滿洲權貴或漢族傳統士大夫，不懂外交，而且害怕跟洋人打交道。當時連皇帝、老佛爺都怕這些。

王魯湘： 怕洋人。

翁　飛： 一到春天，天津海河開凍，外國公使紛紛要求進京遞交國書或談判，李鴻章身為北洋通商大臣就擋在那裡，能擋則擋，能推則推，能處理就處理。這就使得清廷所有外交大事都交由他處理。三國時孫策交代孫權「內事不決問張昭，外事不決問周瑜」，到晚清則變成「外事不決問李鴻章」。梁啟超說外國人眼裡只有李鴻章而沒有清朝皇帝，這個局面就是這樣造成的。

李鴻章靠軍功起家，倚外交出名。他一世聲名，可謂成也外交，敗也外交。梁啟超嘆息李鴻章「是為時勢所造之英雄，非造時勢之英雄也。時勢所造之英雄，尋常英雄也」，但他無可否認李鴻章當時的外交地位，說「外國論者，皆以李為中國第一人」。「自李鴻章之名出現於世界以來，五洲萬國人士，幾於見有李鴻章，不見有中國。一言蔽之，則以李鴻章為中國獨一無二之代表人也。夫以甲國人而論乙國事，其必不能得其真相，固無待言，然要之李鴻章為中國近四十年第一流緊要人物。讀中國近世史者，勢不得不口李鴻章，而讀李鴻章傳者，亦勢不得不手中國近世史，此有識者所同認也。」[227]

晚清被洋砲轟開大門的時勢，造就了李鴻章的外交事業。中國自古以「天下共主」自居，視周邊各國為

「藩屬」。鴉片戰爭以前，中國沒有近代意義上的外交觀念，也沒有外交機構。傳統對外交涉是「宗主」對「藩屬」的管理，所設機構為理藩院。《南京條約》規定開放廣州、廈門、福州、寧波、上海五口通商口岸後，清廷被迫於一八四四年設置五口通商大臣（南洋通商大臣的前身），負責處理這些口岸的涉外事宜。五口通商大臣最初由兩廣總督兼任，一八五九年駐地由廣州移至上海，改由江蘇巡撫或兩江總督兼任，李鴻章任江蘇巡撫時就曾兼任。[228]

五口通商大臣的設置，是中國近代建立外交機構的第一步。從名稱來看，清廷刻意冠以「通商」二字，心態很微妙：一方面，清廷將「夷務」等同於通商，可能是因為缺乏外交觀念，不知道通商僅是外交的一部分；另一方面，清廷將「夷務」限定於通商，只想與「夷狄」保持經濟關係，不想牽扯進政治關係，以維持天朝上國的幻影。清廷起初不願讓外國公使進京議事，設置五口通商大臣意在將「夷務」囿限於地方。這種一廂情願的迷夢很快被炮火轟碎，第二次鴉片戰爭簽訂《北京條約》後，英、法等國取得公使駐京的權利。再也無處可遁的清廷，被迫於一八六一年設立總理衙門來處理外交事務。

隨著洋人經濟活動的北移，長江以北被迫開放天津、遼寧牛莊（後改在營口開埠）、山東登州（後改在煙台開埠）三口通商口岸。一八六一年，清廷在天津設置三口通商大臣，由崇厚專任。清廷堅持對外交涉只能在國門天津而不能在國都北京進行，各國外交人員若想進京交涉，須先在天津等候，由三口通商大臣向總理衙門上報，允准後方可進京。一八七〇年十一月，清廷裁撤三口通商大臣一職，改稱北洋通商大臣，由直隸總督兼任。剛任直隸總督不到三個月的李鴻章，成為直隸總督兼北洋通商大臣第一人，職權大為擴充。李鴻章在天津的衙署漸漸成為大清國的「外交部」，總理衙門每辦理一件事幾乎都要徵求他的意見，駐外人員經常向他匯報並聽取指示，他儼然成為大清國的「外交部長」。[229]

曾在中國海關工作過十幾年的英國人布蘭德[230]認為，總理衙門是一個「無脊柱的膠質軀體」，首要功能是作為中國行政部門與外國駐京代表之間的緩衝器，所進行的活動趨向於縮短而不是擴展中國的外交關係。[231]總理衙門「那些貪圖安逸的官員可以在任何時候把令人討厭的公使們交給李鴻章，然後，只要他們覺得合適，又可以否認他的非官方談判。這也適合李鴻章，因為這給他的總督官職增添了威嚴和新的意義，於是就給了他愛得要命的兩樣東西，那就是權力，以及獲得贊助的機會」。[232]

一個被幾艘砲艦就打敗了的國家，在弱肉強食的世界叢林裡如何自處？有人在總理衙門目睹了一幕晚清外交的縮影：「座中有三洋人，華官六七輩，尚有司官翻譯，皆翎頂輝煌，氣象肅穆，正議一重大交涉。首座一洋人，方滔滔汩汩，大放厥詞，似向我方詰難者，忽起忽坐，矯首頓足。餘兩人更軒眉努目以助其勢，態度極為凌厲。說畢由翻譯傳述，華官危坐只聽，面面相覷。支吾許久，始由首座者答一語，聲細如蠅，殆不可聞。翻譯未畢，末座洋人復蹶然起立，詞語稍簡，而神氣尤悍戾，頻頻以手攫拿，如欲推翻几案者。迨翻譯述過，華官又彼此愕顧多時，才發一言。首座者即截斷指駁，其勢益洶洶。首末兩座，更端往復，似不容華官有置喙餘地。惟中座一洋人，意態稍為沈靜，然偶發一言，則上下座皆注目凝視，若具有發縱能力。而華官之覆答，始終乃只有一二語，面赬顏汗，局促殆不可為地。」[233]

清廷六、七名高級外交官，在頤指氣使的洋人面前竟然毫無招架之力。這時外面傳報「王爺到」，「旋聞足音雜沓，王爺服團龍褂，隨從官弁十數，皆行裝冠帶，一擁而入，氣勢殊烜赫。……既至廊下，則從者悉分列兩旁，昂然而入，華官皆肅立致敬」。本以為這位氣派十足的王爺能夠力挽狂瀾，孰料對洋人卑躬屈膝更甚於他人。洋人對這位王爺「竟視若無睹，雖勉強起立，意殊不相屬，口中仍念念有詞」，王爺則「先趨至三客座前一一握手，俯首幾至膝上。而洋人傲岸如故，王爺尚未就座，即已厲色向之噪聒。王爺含笑以聽，意態殊極恭順」。[234]

紙糊的「天朝上國」臉面，就此一戳即破。這時救星登場了，勉力為之拾回一點尊嚴。與先前那位外強中乾的王爺不同，李鴻章只帶了兩名隨從，踱進客廳便止步不前。「此時三洋人之態度，不知何故，立時收斂，一一趨就身畔，鞠躬握手，甚謹飭。中堂若為不經意者，舉手一揮，似請其還座。隨即放言高論，手講指畫。兩從人為其卸珠松扣，逐件解脫，似從裡面換一衷衣，又從容逐件穿上。公一面更衣，一面數說，時復以手作勢，若為比喻狀。從人引袖良久，公猶不即伸臂，神態殊嚴重。而三洋人仰面注視，如聆訓示，竟爾不贊一詞。喧主奪賓，頓時兩方聲勢為之一變。公又長身玉立，宛然成鶴立雞群之象。再觀列坐諸公，則皆開顏喜笑，重負都釋。」[235]

李鴻章用超強的氣場震懾住洋人，然而大清國終究是紙老虎，唬不住真老虎。天天與洋人打交道的他，用個性魅力和外交謀略贏得洋人的敬畏，卻阻遏不了洋人的饕餮。羸弱大清國如何在列強的虎口下生存？身為清廷第一外交大臣，他只能隨機應變，借力打力，曲意周旋，為弱不禁風的大清國爭取苟延殘喘的時間。

洋務巨擘的軟肋是迷戀金錢

洋人憑藉幾樣西洋武器就能在中國如入無人之境，仗著船堅砲利對中國步步緊逼，這促使李鴻章推動一場以軍事自強為切入點的洋務運動。他深知「洋人論勢不論理，彼以兵勢相壓，我第欲以筆舌勝之，此必不得之數也」，中國軍事不強則無法立國，民生不富則強國無望。

翁　飛：李鴻章最大的感受是中國近來海禁大開，過去外族是由西北侵東南，現在則是由東南侵西北，而且海上來的是數千年未有之強敵，中國面臨著數千年未有之變局。尤其東鄰小國日本後來者居上，成為中國迫在眉睫的隱患。他有很多防禦措施是防範日本的，因為他知道日本有狼子野心。他後來所做的一切應對，都是圍繞著來自海上的一種更具優勢的文明。李鴻章的認識與實踐是相吻合的，他認識到了就去做。他的初衷是國家積弱太久，所以要自強。自強首先要練兵，而練兵需要什麼？製器。買器太貴，我們自製。製器之人從哪裡來？要有人才，要培養技工。製造出來的機器如何使用？要培養軍官。因此，他發起派遣了三次留學生出國，其中包括幼童、海軍人才和陸軍人才。

以「自強」為目標的洋務運動遭到頑固派重重阻撓，常被「用夷變夏」這頂帽子扣得喘不過氣來。一八七二年開始實施的幼童赴美留學計畫，就在這種疑慮聲中夭折了。一八八一年，一百二十名留美幼童除因故早撤或已在美國病故，其餘九十四人學業未成就被迫分三批返華。[236]在知音甚少的處境下，洋務巨擘李鴻章只能孤獨地探尋自強、求富之路，設法解決資金、人才匱乏等問題。

翁　飛：軍事建樹需要錢，當時中國無處不窮，令人氣短。錢從哪裡來？只能從資源入手。

王魯湘：中國的資源就是礦。

翁　飛：開礦，辦紗廠，搞輕工業。李鴻章想「與敵爭利」，與列強競爭。他後來辦航運、修鐵路等，從軍用轉到民用。

王魯湘：實際上是在完成資本原始積累。

翁　飛：他手下有兩大標誌性企業——江南機器製造總局和開平礦務局，後者是中國最早的股份企業，而且是中國最早上市的股份企業。他任用的是當時最有經營頭腦的一批人：唐廷樞[237]、徐潤[238]、盛宣懷[239]、朱其昂[240]、薛福成[241]、馬建忠[242]、鄭觀應[243]。這些人都是中國一等一的洋務人才，有很高的智慧和極強的應對能力。

民若不富，國必不強。剛從重農抑商的牢籠放出來，中國人跌跌撞撞地開展起洋務運動。領頭人風風火火地往前跑，後面的人要么齜牙咧嘴扯後腿，要麼稀里糊塗湊熱鬧。盲目跟著跑的那些人，就像被灌了一杯烈酒，興致很高，手舞足蹈，然則步伐已亂。洋務運動在民智未開的土壤上推行，注定危機四伏。

翁　飛：舉一個簡單的例子：當時有兩大股份企業——輪船招商局和開平礦務局，後者址在天津唐山，在上海上市，規定一百兩一股，你招到多少股就可以變成股東，一年之後一股變成二百兩。由於這樣的高額利潤，當時煤礦就是「烏金」，民眾群起而湧，上海中小市民紛紛去找知府、道台，可謂「全民炒股」，比現在還熱。《紐約時報》、《泰晤士報》的記者到了上海，覺得十九世紀八〇年代初的中國人一點都沒有戰爭的感覺。一八八二年、一八八三年確實人人談股，個個眉飛色舞。錢莊最大的容量是三五萬兩，一個白條子就是多少兩。當時徐潤在主持輪船招商局，募股有功，股價成倍地翻。他覺得他是股東，錢在他手裡，就拿去買房地產。等到別人要求兌現時，他沒錢，立馬倒閉。股市風潮讓上海元氣大傷整整十年，全民炒股熱之後是一場泡沫。這是中國最早的泡沫經濟。洋務運動就是建立在這樣一種民智未開的基礎上，大家一見有利可圖就都來了，結果完了！

沙上建大廈，注定要垮塌。李鴻章意識到「古今國勢，必先富而後能強，尤必富在民生，而國本乃可益固」，然而他嘴裡喊著「民生」，眼睛卻從未真正往下瞧。洋務一干將有誰想過要指導民眾求富？他們只知「國家」而不知「國民」，以為從皇帝那裡求得一紙諭令，然後找幾個人來指揮，底下再找一幫裙帶官來支撐門面，就能建造高樓大廈。即使大廈建起來了，也不過是滄海一粟，國家哪能就此暴富？何況建大廈之人，往往就是毀大廈之人。官場的腐敗之風無孔不入，再高的大廈也會千瘡百孔。

翁　飛：龐大的官僚集團裙帶成風、貪污成風，早期的軍工企業江南機器製造總局，都是江淮大員的子嗣在裡面工作。因為它不計成本，最後只有靠地方政府無限投入來維持。

王魯湘：一旦有利益聯繫，必然貪腐成風。

翁　飛：還有一個層面是，洋務幹員本身也面目不清。比如徐潤在輪船招商局投機取巧，動用公款炒房地產。盛宣懷暴富，他的積累是怎麼來的？

王魯湘：他們自己就不乾不淨。

身為洋務運動的領軍人物，李鴻章的斂財本事絲毫不遜於下屬。除了官場慣常的貪污受賄外，他還與時俱進地將手腳插入洋務企業，以參股等形式撈取金錢。在曾國藩和李鴻章手下做過事的容閎，對李鴻章這一點很鄙視，認為曾、李二人不可同日而語。他說曾國藩以前「財權在握，絕不聞其侵吞涓滴以自肥，或肥其親族」，李鴻章逝世時則「有私產四千萬以遺子孫」[244]。梁啟超認為「世人競傳李鴻章富甲天下，此其事殆不足信，大約數百萬金之產業，意中事也。招商局、電報局、開平煤礦、中國通商銀行，其股份皆不少。或言南京、上海各地之當舖銀號，多屬其管業雲」[245]。

一九○○年以《泰晤士報》記者身分拜訪過李鴻章的布蘭德，在欽佩其精明才幹之餘，不得不惋惜其貪財的品性：「李鴻章作為一個偉人的軟肋，無疑就是迷戀金錢。」[246]「他的商業能力無疑是屬於高層次的。如果這種能力指向國家進步，而非指向個人利益，如果他對於發展中國經濟必要性的認識更加愛國而無私，他會取得長遠的成就，為祖國作出長期的貢獻。不幸的是，他所促進和保護的各項事業都是為了給相關官員帶來最大的直接贏利，而從未持續考慮健全的商法和可靠的金融。盜用公款和任人唯親的痕跡到處可見，導致了管理不善與服務懈怠的必然弊端。」[247]

儘管是一場注定不能成功的改革，古老帝國畢竟呈現些許新氣象。在暮氣沉沉的中華大地上，李鴻章率領龐大的幕僚集團推行一場亙古未有的經濟改革。籌備新式海陸軍，外派留學生，製造輪船，修築鐵路，架設電報線，開辦新式學堂，諸如此類的新生事物無不與李鴻章的大力推動有關。一八八八年十二月，規模號稱世界第八、亞洲第一的北洋海軍正式建成，中國的自強之夢似乎初露曙光。作為北洋海軍的締造者和最高統帥，此時李鴻章如日中天，手握重兵，位極人臣，權傾朝野，在當時的漢臣中絕無僅有。

翁　飛：李鴻章起家的基礎，第一個軍事支柱是淮軍，第二個就是北洋海軍。他擁有這兩支軍隊，才能跟朝廷討價還價——也不是討價還價，就是大家心照不宣。

王魯湘：他有籌碼，有談判權。

翁　飛：他為什麼被授予文華殿大學士[248]，賞穿方龍補服[249]？繼恭親王奕訢之後，文祥是滿族大臣中最有眼光也是最有威信的一個。本來這個位子是給文祥的，文祥主動讓賢，因為當時李鴻章已不能等閒視之。

當他乘坐北洋海軍的「定遠」號、「鎮遠」號這兩艘「東方第一巨艦」馳騁海面，仰望大清國黃龍旗迎風飄揚時，李鴻章應該是志得意滿的。此時他想不到人生的高峰體驗是短暫的，命運讓他來不及充分體味那份快樂，一切都將煙消雲散。

一生低潮在甲午戰敗

一八九二年，李鴻章七十大壽，大清國兩位最高統治者——光緒帝和慈禧太后，都差人送來厚禮。李鴻章一時風光無限，然而不久後，先是年僅十五歲的兒子李經進病逝，緊接著相濡以沫三十多年的繼室趙小蓮[250]辭世。一年接連痛失兩位至親，李鴻章感到絲絲不祥的徵兆。

翁飛：李鴻章死後和繼室趙小蓮葬在一起。據說趙小蓮有旺夫運。原配周氏沒給李鴻章留下子嗣，只有兩個女兒，而趙小蓮過門之後就生了兒子李經述[251]。本來李鴻章抱養了一個兒子——李經方[252]，趙小蓮帶來的陪房丫頭莫氏又給他生了李經邁[253]，這下李家人丁興旺。趙小蓮出身書香門第，特別會調和官宦人家之間的關係，是個賢內助。趙小蓮去世後，李鴻章四顧茫然，覺得家裡塌了半邊天。他給子嗣輩寫的信很悲切，而他的命運也確實由盛而衰。

趙小蓮與長女李經璹（張愛玲的祖母）合影

趙小蓮是否旺夫不得而知，不過李鴻章往後

的日子確實不好過，不僅要承受家庭變故之痛，還要承擔國家變故之苦。一八九四年七月二十五日，日本不宣而戰，偷襲並重創北洋艦隊。一八九五年二月十七日，北洋艦隊在李鴻章避戰保船的策略下全軍覆沒。泱泱大國竟然敗給蕞爾小國，澈底擊碎了中國人的天朝夢，也重創了李鴻章的強國心。然而，當初李鴻章何嘗願意孤注一擲呢？

翁　飛：甲午戰爭前，日本練就了一支聯合艦隊[254]，中國練就了「遠東第一」的北洋艦隊。這兩支艦隊實際上是兩個國家綜合國力、國民素質的象徵。這場戰爭起初不相上下，最後較量下來，中國敗得很慘。很多人追究責任時認為是洋務運動造成的，實際情況遠不止如此。

王魯湘：李鴻章早就認識到中日之間必有一戰，可一旦戰爭真要發生，他又想方設法避免。這是出於什麼考慮呢？

翁　飛：我認為有三方面原因：第一，他深知洋務運動的成效遠不如外界宣揚的那麼大，北洋艦隊也沒宣揚的那麼強。他一直說要把這支海軍養成「猛虎在山之勢」，就是用來嚇唬人，主要是嚇唬日本人。他深知國力不足，首先要保證中國二十年和平安定，然後加快國內建設。第二，他深知仗打起來以後，他會受到政治體制的掣肘，無法實施自己的戰略。他曾跟親信幕僚周馥[255]說過，如果中日宣戰，首先要遷都，老佛爺和皇帝遷到西安，然後他到北京，讓開一塊地盤讓日本打到山海關，拖過冬天使它的補給不行，然後再跟它談判，逼它撤兵，讓它進退兩難。這是劉銘傳[256]在台灣用過的辦法—「拖在基隆」，但李鴻章知道朝廷不可能讓他這樣做。第三，他垂垂老矣，老人都有種保全的心態。當年中法戰爭為什麼能打贏？因為他的一批江淮健兒和宿將劉銘傳、劉秉璋[257]都在。現在這批將軍都是紈褲子弟，他知道淮軍、北洋海軍已經很衰敗。這三方面的原因造成他所謂避戰保船，或者說委曲求全。

身為資深外交家，李鴻章對各國習性略有所知，警覺到中國的心腹大患是鄰國日本。他認為西方列強志在攫取經濟利益，而日本覬覦的是中國領土。一八六〇年英法聯軍攻入北京，清廷與之簽訂《北京條約》後即撤軍。這個信號釋放出來的信息從此影響了清廷的外交策略，後來皆以喪失利權滿足列強來苟且偷生。日本則大為不同，吞併琉球，侵略台灣，出兵朝鮮，赤裸裸打著「開疆拓土」的侵略牌。李鴻章不願與日本開戰，因為他深知日本侵華蓄謀已久，軍力不可小覷。

北洋海軍初建時實力遠超日本海軍，此後六年卻因經費緊張，未再添置戰艦和更新火砲。一八九一年，戶部要求停購艦上大砲並裁減海軍人員，此後連正常維修都得不到保證。造成經費如此緊張的首要原因，是這筆費用經常被挪用扣減，比如給慈禧祝壽、修建頤和園等。相反，日本平均每年添置兩艘新艦，天皇甚至節省宮中費用，撥內帑用於造船和購船。一八九〇年日本海陸軍在東京大演習時，各國武官就認為中國海軍將來不是日本海軍的對手。李鴻章在甲午戰爭前兩年就下令儲備彈藥，卻始終未辦。海戰發生時，「經遠」、「來遠」兩艦主砲僅三門可用，「靖遠」、「致遠」兩艦的閥門橡皮因年久破爛，以致中砲後迅速沉沒。[258]

翁　飛：洋務運動所背負的包袱是中國整個龐大體制的弊病。洋務派自興起就面臨頑固派、清流派、權貴派等勢力的排擠，而它本身又分為五大利益集團[259]。這種一盤散沙的格局和政出多門的體制，決定了洋務運動一開始就各行其是。甲午戰爭與其說是洋務運動的失敗，不如說是淮系集團軍力與日本一國軍力較量的失敗，因為李鴻章根本調動不了淮系以外的任何軍力。

王魯湘：甲午戰爭其實不是大清國在與日本作戰，只是李鴻章的淮系在作戰。

翁　飛：李鴻章說：「以北洋一人之力搏倭人傾國之師，自知不得。」梁啟超說：「以一人而戰一國，合肥合肥，雖敗亦豪哉！」當時的人都能那樣理解，今天如果我們全盤否定洋務運動對中國社會、經濟、文化發展的奠基作用，那是不科學、不全面的。

敗，非李鴻章一人之過。他站在時勢發展的高度開了個頭，做了些事，雖然失敗了，但他一人之力怎能承擔群體之過呢？不過，他身為北洋海軍統帥，確實難辭其咎，比如他任人唯親、用人不善，任命淮系出身的丁汝昌為北洋海軍提督。丁汝昌[260]不懂海軍，而且帶頭破壞軍紀，比如在島上蓋房出租，還與人為爭一妓女結仇。其他軍官競相效尤，拉幫結派、黨同伐異、剋扣軍餉、吃喝嫖賭等現象司空見慣。「不准陸居」的規定成一紙空文，將士紛紛接來家眷，有一半人晚間住在岸上。一八八六年北洋艦隊造訪長崎時，因士兵到妓院嫖妓而與日本警察和市民發生流血衝突。軍艦甲板上供奉著關羽的神像，到處是吃剩的食物，一片狼藉。一八九一年北洋艦隊再度訪日，情況雖有所改觀，但仍被日方發現軍械保養不好等問題。[261]

布蘭德認為，官場貪腐是中國戰敗的直接原因。李鴻章是這種腐敗的參與者、知情者和容忍者，「腐敗的癰疽迅速地從他自身擴展到他管轄下的每個公共機構的分支，使他的陸軍和海軍實際上成了空殼。在對利益的追逐中，他和他的隨員們都忘記了對國家所負的責任」[262]。李鴻章對戰敗負有直接責任，因為他知道「戶部本來應該用於艦隊和砲台的銀子，長期以來一直奉太后之令，被挪用於重建和裝修頤和園。他也知道，那些確實撥到了天津用於海軍建設的款子，相當大的一部分黏上了他那貪婪的女婿張佩綸[263]的柔軟的手指，更不用說進入他自己的私人錢包了。然而，直到暴風雨暴發，他那偷工減料建造的虛假的國防大廈轟然倒塌為止，他或海軍衙門的其他負責人都未曾正式指出必然會令國家蒙受慘重損失的事態」。[264]

血染馬關抹不去污名

李鴻章家廟遺址的後院，生長著一棵粗壯挺拔的古樹。這是來自日本的珍稀樹種，名叫華中木蘭，一般種植在神社裡。每年農曆二月春天臨近，這種樹先開花後吐綠，花如玉蘭。李鴻章夫人趙小蓮去世那年，日本內閣總理大臣伊藤博文贈送了四棵華中木蘭，由駐日公使李經方帶回國。其中兩棵栽在大興集的趙小蓮墳前，沒能存活下來，其餘兩棵栽在李氏家廟裡，有一棵已枯死。碩果僅存的這棵樹被當地人稱作「望春樹」，已歷經一百多年風霜雨雪。

王魯湘：伊藤博文和李鴻章這兩個人很有意思：一個是日本明治維新的領袖人物，一個是中國洋務運動的領袖人物，兩人同在推動著本國的近代化進程，多次在談判桌上交手。

翁　飛：從他們的年齡、教養、後台老闆都可以做很有意義的對比。

王魯湘：一對比就知道為什麼中國落後而日本崛起了。

翁　飛：日本的皇后能把脂粉錢省下來買軍艦，而中國的老佛爺把買軍艦的錢拿去做壽和修頤和園，對比很鮮明吧？中國年輕的皇帝也想勵精圖治，但他很受掣肘，而且對李鴻章將信

李氏家廟的「望春樹」

將疑。日本明治天皇則跟伊藤博文君臣一心。

晚清在十九世紀進行過兩場較大的改革，一場主要是經濟改革即洋務運動，一場主要是政治改革即維新變法。政治改革僅維持百日就以血祭告終，經濟改革僥倖綿延三十多年，終以甲午海祭黯然收場。甲午戰爭的慘敗宣告洋務運動破產，中國近代最有力的一次掙扎在海浪中黯然落幕。巍巍大清國第一次意識到，從未正眼視之的小小島國日本似乎在一夜間壯大，搖身變為血腥的刺客。事實上，在清廷羞答答地推行洋務運動數年後，彼岸日本才開始明治維新。當中國士大夫還在爭論西方的「奇技淫巧」會破壞龍脈時，日本正以一種激烈得多的方式迅速脫胎換骨。甲午一役的較量，其實遠不止在戰場上。北洋將士用鮮血印證了殘酷的事實：大刀闊斧的小日本贏了，小打小鬧的大清國輸了。以器用的輸入來迴避根本的制度改革，這條興邦之路走不通。

得知北洋艦隊不敵日本艦隊後，清廷失去了最後的籌碼，很快便提出議和。此前因戰事連連失利，李鴻章於一八九四年十一月被革職留任。日本暗示應由李鴻章前來談判，清廷只好於一八九五年二月起用他為頭等全權大臣。一八九五年三月十四日，李鴻章帶著李經方、伍廷芳等人從天津出發，五天後抵達日本馬關（今山口縣下關市）。在當年的議和地點春帆樓，我們看到李鴻章坐的椅子比日本人矮半截，日方還特地在座位旁放置一個痰盂，似乎在提醒人們注意這位大清國全權大臣已垂垂老矣。在談判桌上，伊藤博文咄咄逼人、寸步不讓，李鴻章據理力爭乃至苦苦央求，終究無法挽回任人宰割的命運。

伊藤博文

翁　飛：李鴻章與伊藤博文的談判，目前已知有七次。在一次談判中，伊藤博文說：「你還記得我們十年前說的話嗎？」

王魯湘：當時在天津。

翁　飛：伊藤博文說，我當時勸你們及早振作、全力改革，但你們朝廷上下除了李中堂大人，至今仍渾渾噩噩，以致有今天的結果。

從馬關議和談話錄來看，李鴻章就日方提出的割地、賠款等事項據理力爭。他一再強調中國沒錢賠款，望日方至少減五千萬兩。伊藤博文一釐不讓，李鴻章數次軟磨無效，最後拿出證據說話：「五千萬不能讓，二千萬可乎？現有新報一紙在此，內載明貴國兵費，只用八千萬，此說或不足為憑，然非無因。」這最後一招在強盜面前也失效了，伊藤博文矢口否認：「此新聞所說，全是與國家作對，萬不可聽。」[265]看到李鴻章像大媽買菜一樣討價還價，伊藤博文不耐煩地甩出一句：「議和非若市井買賣，彼此爭價，不成事體。」[266]對於割讓遼東半島、台灣及其附屬島嶼、澎湖群島的條款，李鴻章也不是沒有力爭，終究被日方將以武力進軍、不予停戰等威脅嚇退。

清廷要求李鴻章與伊藤博文「盡心聯絡，竭力磋磨」，希望以個人交情求日方讓步。李鴻章知道此舉無用，因為伊藤博文「曾論及交情與公事無涉，本系各國通例」。因雙方互不讓步，談判僵持不下。三月二十四日，一起突發事件改變了談判進程。第三輪談判結束後，李鴻章在返回驛館的途中，遭到日本浪人小山豐太郎[267]槍擊。轎中的李鴻章左頰中彈，血染官服，當場昏厥。七十二歲高齡的他甦醒後，面對血跡斑斑的官服，長嘆一聲：「此血可以報國矣。」子彈射在左眼下方，入骨兩寸多，醫生不敢貿然取出。李鴻章也擔心出意外，便以國事緊急為由拒絕動手術，並立即給清廷發去一封電報：「傷處痛，彈難出。」在國際輿論的強烈譴責下，日本天皇下詔譴責此事，派人前去慰問李鴻章，並於三月二十九日主動簽訂休戰條約，宣布日軍在奉天、直隸、山東各地停戰二十一天。[268]

民間傳說李鴻章「挨了一子彈，省了一萬萬」，因為日本開價三萬萬兩，最後減為二萬萬兩。人們以為是李鴻章遇刺後日本降低條件，事實並非如此。清廷的密電碼按《康熙字典》的部首編制，實在幼稚得很，早就被日本人破譯了。日方之所以選擇在日本馬關談判，就是想截獲中方的電報以探知底細。談判過程中，日方得知清廷的底線是二萬萬兩。儘管這顆子彈的價值並不像傳說中的那麼大，畢竟還是讓年邁的李鴻章減輕了負罪感。一八九六年出訪歐美時，他在德國照了X光，左目下的子彈纖毫畢現，就連名醫也不敢貿然剖顴取彈。這顆染點「愛國」色彩的子彈被留了下來，只是一變天就讓他感覺到疼，彷彿在提醒他不要忘記自己簽訂過恥辱條約。

李鴻章帶著槍傷繼續談判，死守清廷劃定的底線。在四月十五日最後一次談判中，他做了最後的爭取：「無論如何，總請讓數千萬，不必如此口緊。」伊藤博文強硬表態：「屢次說明，萬萬不能再讓。」李鴻章說：「又要賠錢，又要割地，雙管齊下，出手太狠，使我太過不去。」伊滕博文說：「此戰後之約，非如平常交涉。」李鴻章不滿地說：「講和即當彼此相讓。爾辦事太狠，才幹太大。」伊滕博文說：「此非關辦事之才，戰後之效，不得不爾。如與中堂比才，萬不能及。」李鴻章央求道：「賠款既不肯減，地可稍減乎？到底不能一毛不拔。」伊藤博文說：「兩件皆不能稍減。屢次言明，此係盡頭地步，不能少改。」[269]

對於割讓台灣一事，李鴻章希望能拖則拖，伊藤博文則要求條約生效後一個月內須辦理交割手續。李鴻章堅持「一月之限過促」，伊藤博文則咬定「一月足矣」。李鴻章說：「頭緒紛繁，兩月方寬，辦事較妥。貴國何必急急，台灣已是口中之物。」伊藤博文赤裸裸地說：「尚未下嚥，飢甚。」李鴻章譏諷道：「兩萬萬足可療飢。」[270]

談判是以國力為後盾的，李鴻章雖竭力申說，終究是徒費口舌。每當他討價還價，伊藤博文總以這是「戰後之約」給擋回去，言下之意是戰敗國在訂立城下之盟時只能乖乖任人宰割。伊藤博文拿出條約方案，蠻橫地說「但有允、不允兩句話而已」。李鴻章說：「難道不准分辨？」伊藤博文說：「只管辨論，但不能減少。」[271]李鴻章深知回國後無法向清廷交代，也會被國人指指戳戳：「如此狠兇條款，簽押又必受罵，奈何？」伊藤博文說：「任彼胡說。如此重任，彼亦擔當不起，中國惟中堂一人能擔此任。」李鴻章憂心忡忡：「事後又將群起攻我。」[272]

翁　飛：李鴻章終身視馬關談判為奇恥大辱。一八九六年他周遊列國，回國途中需要到橫濱換船，畢竟他是全權特使，當時就讓他到中國館室休息，但他無論如何都不肯踏上日本國土。他用跳板換船，絕對不坐日本船。

一八九五年四月十七日簽訂《馬關條約》後，李鴻章淪為國人皆曰可殺的「賣國賊」。臉纏綳帶回到國內後，他發現自己已是全國公敵。光緒帝對他極為不滿，大臣們說他喪權辱國，民間說他收受賄賂，更有人欲殺他一雪國恥。從此，「漢奸」、「賣國賊」的罵名常伴他左右。老於世故的他悲哀地意識到，自己以前所努力的一切都被毫不留情地否定了。

國內掀起一股毀約再戰的聲浪，以康有為、梁啟超發起的「公車上書」聲勢最大。俄、法、德三國為了爭奪遠東利益，要求日本歸還遼東半島。此時光緒帝對於是否批准條約猶豫不決，一貫攬權的慈禧這次「慷慨」地讓他決定。主戰派慷慨激昂卻無對策，外國干涉的希望又很渺茫，光緒帝最終揮淚批准條約。三國干涉還遼的結果是，中國以三千萬兩白銀贖回了遼東半島。

一八九五年八月二十七日，李鴻章抵達北京，寓居賢良寺。次日召見時，光緒帝先問他槍傷是否痊癒，旋即痛斥割地賠款「失民心，傷國體」，命他留京入閣辦事。「入閣辦事者，猶言不辦事也」，李鴻章從直隸總督的實權高位被揪下來，被晾在了一邊。

翁　飛：在李鴻章遇刺後的一次談判中，伊藤博文說憑你的經驗和能力，你在日本肯定幹得比我好，而我處在你的地位則未必怎麼樣，不過我很想試試。李鴻章說，我可以跟太后和皇上說，在你任滿之後請你到中國做客卿。沒想到三年後，不是李鴻章而是維新派領袖康有為、梁啟超等人向光緒帝進言，說中國要改革，須請一東一西兩位外國人來當總理，東人是伊藤博文，西人是李提摩太[273]。伊藤博文欣然應邀來中國，在賢良寺與李鴻章見面。李鴻章說，你不知道中國的厲害，我勸你早點打道回府。第三天，慈禧接到報告稱光緒帝要請伊藤博文當總理大臣，勃然大怒說，黃口小兒懂什麼！她對伊藤博文攪了她的六十大壽恨之入骨。

王魯湘：就是甲午海戰。

翁　飛：伊藤博文知道後連夜走了。

李鴻章、伊藤博文是近代中日政壇的風雲人物，都有「東方俾斯麥」之稱。兩人初次見面是在一八八五年簽署中日《天津會議專條》時，伊藤博文當時只是個初出茅廬的小字輩，李鴻章根本不把他放在眼裡。沒想到十年後簽訂《馬關條約》時，兩人的地位已隨國運發生戲劇性的變化。《天津會議專條》規定將來朝鮮如發生重大事變，中日派兵應互相知照、事定撤回，後來竟成為日本挑起甲午戰爭的藉口。當年的兩位全權大臣十年後再次坐在談判桌前，一方拿著鐮刀收割碩果，一方揮淚如雨苦食惡果。

李鴻章在俾斯麥家陽臺上（1896 年 6 月 27 日）

伊藤博文遇上了明君，躊躇滿志地施展抱負，對此李鴻章只能艷羨而已。一八九六年到訪德國時，李鴻章特地登門拜訪前宰相俾斯麥，虛心問政：「為大臣者，欲為國家有所盡力，而滿廷意見與己不合，群掣其肘，於此而欲行厥志，其道何由？」俾斯麥說：「首在得君。得君既專，何事不可為？」李鴻章說：「譬有人於此，其君無論何人之言皆聽之，居樞要侍近習者，常假威福，挾持大局。若處此者當如之何？」俾斯麥思索良久才答道：「苟為大臣，以至誠憂國，度未有不能格君心者，惟與婦人女子共事，則無如何矣。」李鴻章默然。[274]

視野狹隘的女君主，旁邊再蜂擁一群目光短淺的庸臣，能臣哪能不舉步維艱？就連英國報紙都跳出來為李鴻章鳴不平：「夫中國之有李中堂也，固所謂見明識卓之新人，且興高采烈之謀主也。其於日本也，初有攜手同行之樂，繼有背道分馳之苦。迨至東成而中敗，彼平日之痛詆實學者，反共搖唇鼓舌，指為李某之實敗之；而不悟當日之尼其成者，即吾輩也。如行海然，全船遇險，一人獨力以理帆舵，眾人皆袖手閒坐，或更從而撓其旁，既而浪駭風狂，遂及於難。同舟共濟者，獨責此人之不善操舟。」[275]

「以夷制夷」終是一場空

甲午慘敗剝掉了大清國最後一點偽裝，也沖掉了李鴻章身上鍍了幾十年的金粉。年過七旬的他蟄居賢良寺，手中已無實權，形同被打入冷宮。當時光緒帝親政，帝師翁同龢是當權紅人，而他一向與李鴻章不和。有一次，袁世凱來賢良寺拜訪李鴻章，一進門就說：「中堂再造元勳，功高汗馬。而現在朝廷待遇，如此涼薄，以首輔空名，隨班朝請，跡同旅寄，殊未免過於不合。不如暫時告歸，養望林下，俟朝廷一旦有事，聞鼓鼙而思將帥，不能不倚重老臣。屆時羽檄徵馳，安車就道，方足見老成聲價耳。」李鴻章厲聲呵斥道：「止！止！慰廷，爾乃來為翁叔平作說客耶？他汲汲要想得協辦。我開了缺，以次推升，騰出一個協辦，他即可安然頂補。你告訴他，教他休想！旁人要是開缺，他得了協辦，那是不干我事。他想補我的缺，萬萬不能！武侯言『鞠躬盡瘁，死而後已』，這兩句話我也還配說。我一息尚存，決不無故告退，決不奏請開缺。臣子對君上，寧有何種計較？何為合與不合？此等巧語，休在我前賣弄，我不受爾愚也。」[276]

袁世凱只好俯首謝罪，悻悻而退。袁世凱是李鴻章一手提拔起來的，現在看他大權旁落，轉而巴結他的政敵。李鴻章特別寒心，在親信面前罵道：「這是真小人！他巴結翁叔平，來為他作說客，說得天花亂墜，要我乞休開缺，為叔平作成一個協辦大學士[277]。我偏不告退，教他想死！我老師的挺經正用得著，我是要傳他衣缽的。我決計與他挺著，看他們如何擺布？我當面訓斥他，免得再來囉嗦。我混了數十年，何事不曾經驗，乃受彼輩捉弄耶？」[278]

晚年遭此大劫，李鴻章含恨嘆息：「功計於預定而上不行，過出於難言而人不諒，此中苦況，將向何處宣說？」「予少年科第，壯年戎馬，中年封疆，晚年洋務，一路扶搖，遭遇不為不幸，自問亦未有何等隕越。乃無端發生中日交涉，至一生事業，掃地無餘，如歐陽公所言『半生名節，被後生輩描畫都盡』，環境所迫，無可如何。」[279]

王魯湘：弱國無外交，當時大清國力弱到極點，李鴻章被推到這樣一個位置上，其實是一種非常無奈的處境。

翁　飛：他非常相信「以夷制夷」、「借力打力」這一套，因為一八七六年簽訂《煙台條約》時，英國要撤使宣戰，其他國家都來支援他。相信這一套以後，他沉迷其中，覺得很好。然而，當一個很強勢的力量撲過來時，他是扛不住的。甲午戰爭後，他發現這一套不行了，就開始「結強援」，採取「一邊倒」的外交策略。他和俄國簽訂《中俄密約》，結果是「前門拒虎，後門進狼」，落入更貪婪之狼的陷阱。

王魯湘：他晚年為此後悔不迭，是吧？

翁　飛：是。

執掌晚清大權三四十年，李鴻章總結出「外須和戎，內須變法」、「外敦和好，內要自強」的治國理念，用現代話語來表述就是「和平與發展」。這種思想至今仍未過時，為何當時大清國無法振作，反而弄得傷痕累累？一個老態龍鍾之人，而且裹著小腳，怎麼能跑步？外面狼群環伺，有的已將爪牙伸了進來，老太婆哪有力氣抵抗？自強無望，只能忍辱偷生，時不時扔給狼群一點骨肉，以圖自保。然而，狼子野心貪得無厭，一味割肉示好，豈不引來更多狼群？李鴻章的「和戎」外交，以息事忍讓換取喘息的時間，最終沒能讓老太婆延年益壽，自己反而落了個賣國的罵名。

李鴻章比誰都明白弱國無外交的滋味：「國際上沒有外交，全在自己立地。譬如處友，彼此皆有相當資格，我要聯絡他，他亦要聯絡我，然後夠得上『交』字。若自己一無地步，專欲仰仗他人幫忙，即有七口八舌，亦復無濟於事。」譬如「我從前初到上海，洋兵非常居奇驕倨，以為我必定全副仰仗於他，徘徊觀望，意存要挾。他看見我們兵士外觀藍縷，益從旁目笑，道是一群丐子，如何可以打仗？我一徑不去理會，專用自己軍隊去打。打過幾次，他看得有點能力，漸欲湊上前來，我益發不請教他。後來連打勝仗，軍聲漸振。見我不求他助，反覺沒得意思，再三來告奮勇。我謂幫我打固是甚好，但須受我指揮節制，功賞罪罰，一從軍令。彼亦一一認可，然後用之。果然如約服從，成了大功，戈登[280]亦得盛名。我若自己軍隊不濟，他決不肯出力相幫，否則亦成喧賓奪主之勢，不知要讓他占了多少便宜」。[281]

李鴻章道理甚明白，可惜實際操作起來相差十萬八千里。他並非採取獨立自主的外交政策，而是「以夷制夷」的外交策略。「以夷制夷」講求一種均勢，隨機變換聯盟以尋求國際關係的均衡。李鴻章早期以日本為聯盟對象，實行「聯東制西」策略。他本以為這個曾經被西方列強欺凌過的東方國家，可以與中國連同一心對付歐美，結果反被日本狠狠咬了一大口。甲午戰爭後，俄、法、德三國干涉還遼，他對牽頭人俄國頓起好感，遂以俄國為聯盟對象，實施「聯俄制日」策略。[282]他認為「俄人陰鷙狡詐，雖英、德等國皆視為勁敵，而憚與共事」，而日本也「畏俄之強」，因此清廷應聯俄以懾日。

對日本的失望促使李鴻章投向俄國人的懷抱，結果又跳進一個大陷阱。西方有人認為李鴻章是「大手段之外交家」，也有人認為是「小狡獪之外交家」，梁啟超則認為「李鴻章之外交術，在中國誠為第一流矣，而置之世界，則瞠乎其後也」[283]。比如李鴻章對俄國干涉還遼感恩戴德，可能看不穿俄國人的如意算盤。當時俄國認為應以強大而不好武的中國作為鄰國，這樣俄國的東方才能保持安寧，因此不能讓日本在北京周圍紮根，不能讓日本獲得遼東半島那樣一個橋頭堡[284]。對於日本提出的巨額贖金，俄國根本不加干涉，還為此籌建華俄道勝銀行[285]，以中國的關稅作抵押，伸進中國的手變得更長。

因遼東半島是清皇室的祖宗發祥之地，清廷對俄國的感激之情自不待言。當時俄國正在修建橫貫歐亞大陸的西伯利亞鐵路[286]，希望藉道中國的蒙古和滿洲北部。因害怕引起其他列強干涉，俄國遂利用一八九六年尼古拉二世[287]加冕禮的良機，邀請大清重臣前來祕密會談。被冷落半年之久的李鴻章，終於熬到了出頭之日。一八九六年二月，他被清廷起用為欽差頭等出使大臣赴俄，而後遊歷了德國、荷蘭、比利時、法國、英國、美國、英屬加拿大，為其外交生涯留下濃墨重彩的一筆。

這等差使對於外交家來說本不算什麼，但久居中國的李鴻章難得有此機會，興奮地對親信說：「我辦外洋交涉數十年，不敢謂外人如何仰望。但各國朝野，也總算知道中國有我這樣一人，他們或喜歡與我見面談談，也是普通所有之事。究竟耳聞不如目見，我亦藉此周曆一番，看看各國現象，可作一重底譜。在各國尚有許多老友，昔年均柄過國政，對手辦事，私交上頗相投契的，現在多已退老山林，乘便相訪一遭，亦是快事。」[288]

一八七六年，一向不屑於與「夷狄」平起平坐的大清國，迫於英國壓力派出首位駐外大使郭嵩燾。直隸總督時期的李鴻章坐上了大清外交第一把交椅，然而甲午一役折損了他的聲威，在國內淪為過街老鼠。不過，外國人看得很清楚，他是替無能的皇室和羸弱的國家背上了恥辱，他依然是大清國堂堂第一外交家。他匍匐在大清皇帝的腳下行叩拜禮時卑微如螻蟻，然而一旦站起來與洋人平起平坐，一八三的身高讓他在氣勢上絕對不輸於誰。

一八九六年出使歐美，李鴻章成為世界的焦點。儘管大清國已殘敗不堪，不是強國卻依然是大國，何況這次派出的使臣頭銜最大，聲望也最高。這是李鴻章一生中最體面的外交時刻，沒有了兵敗求和時的卑躬屈膝。歐洲皇室貴族逾格接待，政界要員阿諛逢迎，商界名流觥籌交錯，街頭民眾夾道歡迎，李鴻章一時風光無限。此次出訪，他有兩大外交使命在身：一是商議《中俄密約》以「聯俄制日」，二是希望各國同意中國提高進口關稅以增加海關收入。他遊歷歐美半年終是一場浮華，提高關稅一事均被各國擋了回去，而《中俄密約》引了一隻熊進來，隨後跟進來一群狼。

一八九六年四月底，李鴻章抵達出訪的第一站——俄國。俄國財政大臣謝．尤．維特先以俄國干涉還遼一事邀功，然後提出借道修建西伯利亞鐵路，冠冕堂皇的理由是中國一旦有事，有了鐵路俄國才能施以援手。李鴻章提出一些異議，於是維特請尼古拉二世親自說服他。一八九六年五月七日，尼古拉二世祕密接見李鴻章，只有李經方一人擔任翻譯。據李鴻章發回國內的電報稱，尼古拉二世說俄國地廣人稀，斷不侵占中國寸土，借道修路是為了將來援華時調兵捷速。這個謊言蒙蔽了李鴻章的雙眼。一八九六年六月三日，李鴻章與俄方代表在莫斯科簽訂了《禦敵互相援助條約》（即《中俄密約》）。

這是中俄締結的準軍事同盟條約，清廷本想依靠俄國來防禦日本的侵略，誰知先被俄國的熊掌抓傷了。一八九七年十一月，德國強行以武力占領了膠州灣。德國事先徵得尼古拉二世的同意，所以並未引來俄國干涉，反而成為俄國侵占旅順口和大連灣的好藉口。俄國以援華為由派兵入駐旅順口，然後逼迫中國簽訂《旅大租地條約》，將旅順口、大連灣暨附近水面租與俄國二十五年。

起初在英國和日本的干預下，慈禧不同意與俄國簽訂這個條約。維特便打電話給俄國財政部駐北京代表，讓他去見李鴻章和張蔭桓[289]：「以我的名義勸告他們施加影響，使我們提出的協定被中方接受，同時我答應贈給他們各一份厚禮：給李鴻章五十萬盧布；給張蔭桓二十五萬盧布。」維特說：「這是我在與中國人的談判中對他們行賄唯一的一次。」[290]一八九八年三月十六日，俄國文官從北京發密電給維特：「今天我付給李鴻章五十五萬兩，李鴻章甚為滿意，囑我對你深致謝意。」[291]

有人懷疑李鴻章簽訂《中俄密約》時也受賄，維特否認了這種說法。但在《旅大租地條約》問題上，李鴻章不僅僅是誤國，而是賣國了。這次賣國行為縱容了俄國侵華的野心，兩年後就出兵占領了中國東北。俄國由中國的軍事盟友變成侵略者，就連維特都承認這是異乎尋常的背信棄義之舉。《中俄密約》就像是羊與狼締結的盟約，最後狼把羊撕得四分五裂。維特說：「德國，接著是我們，為中國逐步被歐洲列強肢解開創了先例。」[292]

列強的瓜分激化了中外矛盾，當義和團運動蔓延到東北時，俄國只需派一小支部隊即可制止暴亂，結果卻調去大量軍隊，並以種種藉口賴著不走。八國聯軍入侵北京後，俄軍從清宮抄獲了《中俄密約》，發現它珍藏在慈禧寢宮一個特製的櫃子裡。慈禧曾經對俄國寄予了很大的幻想，把清廷的命運賭在這紙合約上，怕被人搶了似的，像珍寶一樣把它藏在最安全的地方。可悲的是，正是這個「命根子」毀了她的家園，逼得她倉皇出逃。此刻，它回到真正的主人手裡，嘲笑著這一切。維特說：「當然，我們把協定還回去了，但中國已感到我們不可信，因為我們還回這個協定以後，我們的軍隊仍然賴在滿洲。」[293]

鐘不鳴了，和尚亦死了

十九世紀六〇年代，李鴻章帶頭推動一場轟轟烈烈的經濟改革，最終折戟甲午海戰。李鴻章深知中國若想自強必須變法，但他日漸衰老，而且大權旁落，只能求自保。身為一介耄耋老翁，他已喪失當年那股銳氣。對於維新派，他內心支持，行動卻謹慎。這是一場政治改革，一不小心就會人頭落地，弄不好還會滿門抄斬。經濟改革允許你失敗，大不了關門大吉，政治改革一旦失敗就連命都沒了。他也不贊成改革步伐太大，因為「擎琉璃冷盞以探湯，有不猝然破裂乎？是故華人之效西法，如寒極而春至，必須遷延忍耐，逐漸加溫」[294]。

慈禧曾向李鴻章出示劾章說，有人說你是康黨。李鴻章巧妙應對：「臣實是康黨，廢立之事，臣不與聞，六部誠可廢，若舊法能富強，中國之強久矣，何待今日？主張變法者即指為康黨，臣無可逃，實是康黨。」在官場混跡幾十年，他知道慈禧最關心的並非變不變法，而是她的權力是否受到挑戰，所以他聲明未參與帝后權力之爭。雖然躲過一劫，但他還是受到變相懲罰。一八九八年十一月，七十五歲高齡的他被派往山東勘察黃河工程，實在不是件美差。一八九九年三月底返京復命後，他又閒居了八個月才再度執掌封疆大印。一八九九年十二月，他署理兩廣總督，次年五月轉正。當時維新派在廣東利用毗鄰的香港、澳門開展活動，清廷需要一個有外交經驗的大臣前去坐鎮。

最後時日的李鴻章

因廢黜光緒帝的計畫遭到列強反對，以慈禧為首的守舊派更加痛恨洋人。此時義和團運動日益蔓延，守舊派便藉刀殺人，由鎮壓改為招撫，結果引來列強抗議。一九〇〇年六月二十一日，慈禧迫令光緒帝下詔向各國宣戰。一貫主張和戎外交的李鴻章，此前屢次致電清廷不要宣戰。慈禧對這一玩火行為畢竟心中沒底，宣戰前多次電召他進京商議，但他遲遲不肯動身。面對守舊派秉政造成如此大的亂局，他深感自己無力收拾，不想貿然進京當犧牲品。他一再主張「先定內亂，再弭外侮」，但清廷未予採納。遠在廣東的他絕望了，料到清皇室會在八國聯軍的砲火下西逃，果然不幸言中。

清廷宣戰的第三天，盛宣懷致電李鴻章商討「東南互保」之策，認為中國不是八國聯軍的對手，南方不要參戰以保全一隅。六月二十六日，盛宣懷等人與各國駐滬領事議定《東南保護約款》，次日將條款電告李鴻章審核，隨後東南各督撫實行「東南互保」。義和團運動席捲北方後，流亡日本橫濱的孫中山計畫占據兩廣。港英政府希望孫中山與李鴻章聯合，實現兩廣獨立。李鴻章對孫中山的實力以及英國的支持力度抱有懷疑，而孫中山對李鴻章的政治理念、魄力和膽識也持懷疑態度，兩人因互相猜忌終未面談。一九〇〇年七月，清廷任命李鴻章為直隸總督。一直持觀望態度的他決定北上赴任，為清廷收拾這個爛攤子。

同僚前來送行，問及應變機宜。廣東署南海縣知縣裴景福問道：「萬一都城不守，公入京如何辦法？」李鴻章說：「必有三大問題，剿拳匪以示威，糾首禍以洩忿，先以此要我而後索兵費賠款，勢所必至也。」問及賠款數額，他說：「我不能預料，惟有極力磋磨，展緩年分，尚不知作得到否？我能活幾年，當一日和尚撞一日鐘，鐘不鳴了，和尚亦死了。」[295]說罷，他淚流滿面。

李鴻章是何等精明之人，八國聯軍的條件果然一一被他料中。他說：「事定後中外局面又一變，我國惟有專心財政，償款不清無以為國，若求治太急，反以自困。中國地大物博，歲入尚不及泰西大國之半，將來理財須另籌善法。」他認為「聯軍不足亡中國，可憂者恐在難平之後」，「國運所關，實有天命，後事殊難逆料也」。裴景福說李鴻章「生平堅忍倔強，雖處甲午乙未之變，從容鎮定，未嘗以鬱悶之色示人，及庚子難作，每深談時事，便淚含於眶，氣之衰痛之劇也」。[296]

翁　飛：李鴻章忠於自己所效忠的那個王朝的最高統治者，哪怕他們十分腐朽、蠻悍、愚昧，他都「精忠報主」——不是「精忠報國」，他把「主」混同於「國」。他在兩廣總督任上面臨三種選擇：北上代表朝廷去議和，參加「東南互保」，搞「兩廣獨立」。最終他做了最保守的選擇，也是他一生的歸宿——清王朝。

王魯湘：李鴻章和列強簽訂《辛丑條約》時，心情應該是非常悲憤吧？

翁　飛：本來是八國聯軍，後來又加進三個小列強，一共十一個國家要來利益均霑。李鴻章總結說，他和兒子李經方簽訂《馬關條約》後留下千古罵名，如果說甲午戰敗他作為北洋海軍的最高總指揮負有重要責任，他認為自己對庚子事變沒有責任。

王魯湘：和他沒關係，完全是慈禧構釁。他說：「每有一次構釁，必多一次吃虧。」

翁　飛：「上年事變之來尤為倉猝」，他覺得自己不應該承擔這個罵名。可能是在幕僚于式枚[297]的建議下，他畫了一個從未有過的簽押——「李鴻章」三個字看上去像「肅」字。他不願意用本名去承擔這個罵名，因為清廷賜他「肅毅伯」，他便寫成「肅」字以

李鴻章在《辛丑合約》上的簽名

示用的是朝廷的封號，下面蓋有國璽。

王魯湘：這是他心情非常無奈的表露。

翁　飛：另一方面，他覺得是國家派他去做這件事，既然他是為國家承擔責任，那就用國家賜予的封號去簽押。

《辛丑條約》的談判異常艱難而漫長，李鴻章無日不繃緊神經處理棘事。一九〇一年九月七日，他和慶親王奕劻[298]一同代表清政府，與英、法、美、日等十一國代表在北京簽訂了《辛丑條約》。中國賠款四億五千萬兩白銀，當時有四億五千萬人口，象徵著每人罰一兩，以示侮辱。

此時李鴻章感冒未癒，回去後病情加重，清廷賞假二十天進行調理。十月三日剛銷假，他就開始與俄國談判從東北撤軍事宜，籌辦八國聯軍撤軍後的防務，以及籌備迎接慈禧、光緒帝回鑾事宜。俄國侵占東北令他悲憤交加，他為此耗盡生命最後一點力氣。十月三十日從俄國使館談判歸來，他夜裡咯血半盂，顏色紫黑，有大血塊，經診斷為胃血管破裂。彌留之際，「盟友」俄國公使還在病榻前就東北問題向他施壓。

王魯湘：那麼糟糕的國運總要有一個人來扛。不管榮也好，辱也好，譽也好，罵也好，反正總得有人去扛。

翁　飛：不管怎麼說，李鴻章是中國近代史上的樞紐人物，甚至像梁啟超所說的是最關鍵的人物。李鴻章去世當天，遠在大洋彼岸的《紐約時報》比上海的《申報》早一天報導，頭版頭條是「Death of Li Hung - chang」，內容是說李鴻章死了，一個時代結束

辛丑談判時的李鴻章

了。《紐約時報》將李鴻章之死視為晚清洋務新政時代的結束，說清王朝從此面臨更加險惡的局勢。

劫後餘生的大清國又掙扎了十年，最終被人強行送進墳墓。替它背負罵名的李鴻章，只掙扎了兩個月就躺進棺材裡。一九〇一年十一月七日，距離《辛丑條約》簽訂之日整整兩個月，李鴻章走完了七十八年的人生旅程。彌留之際問及家事，李鴻章無言，問及國事，忽然睜開雙眼，欲語淚流。親信周馥看見他帶著無盡的悲愴和遺憾離開人世：「相國已著殮衣，呼之猶應，不能語。延至次日午刻，目猶瞠視不瞑。我撫之哭曰：『老夫子有何心思放不下，不忍去耶？公所經手未了事，我輩可以辦了，請放心去罷。』忽目張口動，欲語淚流。余以手抹其目，且抹且呼，遂瞑，須臾氣絕。」[299]

前一天接到李鴻章病危的電報，回鑾途中的慈禧為之流涕，擔心「大局未定，倘有不測，這如此重荷，更有何人分擔」。[300]接到李鴻章逝世的消息，慈禧和光緒帝震悼失次，隨扈人員相顧錯愕，平日詆毀之人亦扼腕嘆息，像失去棟梁一樣茫然失落。李鴻章甲午戰敗後成為眾矢之的，庚子事變後扶危定傾，時人漸漸譽多毀少，晚節如黃花重現芬香。

大清國的外交明星隕落了。那是中國最弱的時代，大清國被迫放棄妄自尊大，發現自己連蕞爾小國都打不過，反而被打得遍體鱗傷。自尊的另一端是自卑，大清國從真龍變成了紙龍，就想找個強者來壯大聲勢。然而，弱肉強食是叢林法則，依附者成了被依附者的美食。李鴻章在叢林中東躥西跳，為大清國在前方披荊斬棘，驅趕了前狼，又來了後虎，最終體力不支倒地身亡。

李鴻章晚年自嘲是沒落時代的裱糊匠：「我辦了一輩子的事，練兵也，海軍也，都是紙糊的老虎，何嘗能實在放手辦理？不過勉強塗飾，虛有其表，不揭破猶可敷衍一時。如一間破屋，由裱糊匠東補西貼，居然成一淨室，雖明知為紙片糊裱，然究竟決不定裡面是何等材料，即有小小風雨，打成幾個窟籠，隨時補葺，亦可支吾對付。乃必欲爽手扯破，又未預備何種修葺材料，何種改造方式，自然真相破露，不可收拾。但裱糊匠又何術能負其責？」[301]

李鴻章不是有雄心的政治家，更像是一名職業政客，在盡忠職守報效朝廷之時，不忘往自己兜裡耙進功名利祿，有時順水推舟撈點外快。他的頂戴被這些玷污了，無法像他的老師曾國藩一樣得到「文正」的諡號。清廷賜他一個更貼切的諡號——「文忠」，「忠」字足以安慰他於九泉之下。罵他「賣國賊」的人不計其數，然而在主子眼裡，他終究是忠貞不貳的，不僅為主子立下了汗馬功勞，也替主子扛下了千古污名。清廷在他死後非常慷慨，追贈太傅，晉封一等肅毅侯，並恩准在京師建專祠，打破「漢大臣向無此曠典」之例。

東方俾斯麥李鴻章（1823～1901）

戰神　左宗棠

從鄉村塾師到封疆大吏

左宗棠（1812～1885），字季高、樸存，自號湘上農人，諡文襄，湖南湘陰人。二十歲中舉，非進士出身，卻入閣拜相。一介鄉村塾師，躬耕隴畝，聲名聞達於外。嘗以諸葛亮自比，四十歲入撫署佐幕，「湖南不可一日無左宗棠」成傳奇。四十八歲率楚軍，五十歲任浙江巡撫，五十一歲授閩浙總督，五十二歲封伯爵，一介布衣蝶變封疆大吏。總督陝甘，剿撚軍，平回亂，收復新疆，晉封二等侯。西征歸來復南下，任兩江總督兼南洋通商大臣，出巡閱兵布江防。兩度入值軍機，未張國威含恨死，追贈太傅。後世輯有八百萬字《左宗棠全集》。

王魯湘： 歷史不怕被遺忘，最怕被訛傳。有一個說法流傳很廣，說二〇〇〇年美國《新聞週刊》評出最近一千年世界四十位智慧名人，其中有三位中國人——毛澤東、成吉思汗和左宗棠。有人為左宗棠的入選拍手叫好，殊不知該刊編者一開始就聲明他們不做這種武斷的評選遊戲，他們只是從名人堆裡拎出四十個人，調侃一兩句而已。他們從未說過是在評選「智慧名人」，因為就連麥當娜都入選了。他們對入選者也未多懷幾分敬意，筆調常含奚落，一代名將左宗棠同樣難逃他們刻薄的筆鋒：「所有戰役遠逝後，這位十九世紀的中國將軍在西方僅以『左宗棠雞』[302]聞名。」

比起曾國藩、李鴻章，左宗棠在國人的印象中似乎稍顯黯淡。然而，在同時代人眼中，他威震四海，是唯一能讓西方列強懼怕的大將軍。他和李鴻章一樣深諳弱國無外交，卻不甘忍讓求和，誓以武力為後盾去維護國家利益。在近代中國落後挨打的困局中，他是唯一成功主導中外戰爭局勢的人。曾國藩稱讚他的才能天下第一，梁啟超評價他是五百年來第一人。雖然他所效命的王朝已被歷史拋棄，但他為挽救衰頹國運所付出的努力不應被淡忘。

受訪嘉賓

汪衍振（1963～　），黑龍江佳木斯人，自由撰稿人。一九八三年開始文學創作，著有《左宗棠發跡史》、《曾國藩發跡史》、《李鴻章發跡史》等。

鄉村塾師屢獲高官青眼

嘉慶十七年十月初七日（1812年11月10日）黎明，左宗棠降生於湖南湘陰縣東鄉一個叫左家塅的村落。左氏自南宋由江西遷至湘陰，世代耕讀傳家，出過一些有功名卻不著名的人物。左宗棠的祖父和父親都是秀才，單靠祖傳的薄田無法養家糊口，以開館授學貼補家用。鄉村塾師收入菲薄，遇到荒年得用糠屑做餅充飢。左宗棠的母親奶水不足，又僱不起奶媽，只好用米汁餵養。因缺乏營養，左宗棠日夜號哭，以致肚臍突出。[303]或許是幼時哭夠了，左宗棠長大後剛毅如磐石。

左宗棠四歲時，父親挈眷遷居省城長沙開館授學。十五歲時因母親病故，左宗棠錯失考秀才的機會，五年後藉錢捐監生才有資格考舉人。儘管自幼穎悟過人，他的科舉之路並不順暢，三次會試落第，就連舉人也是「撿」來的。道光十二年（1832）參加湖南鄉試時，他的試卷未被同考官相中，淪為「欠通順」的遺卷。幸逢道光帝五十大壽，諭令各省考官搜閱遺卷額外錄取，以示恩典。湖南主考官徐法績[304]從五千餘份卷子中選出六份，左宗棠名列首位。同考官懷疑這是「溫卷」（關係戶），不願將評語改為「尚通順」。直到拆開密封線，在座考官大多聽說過左宗棠這個人，頓時群疑釋然。監考官湖南巡撫吳榮光[305]，連忙祝賀徐法績錄取了真正的人才。[306]

一個連秀才功名都沒有的年輕人，怎麼如此有名氣呢？大器晚成的左宗棠一生很幸運，遇到很多慧眼識人才的貴人。他自十七歲就開始研究《天下郡國利病書》、《讀史方輿紀要》等歷史地理著作，當時的學子以科舉為正業，莫不竊笑他喜歡這種沒用的書。但他依舊我行我素，益加「不務正業」。次年，江寧布政使賀長齡[307]丁母憂回長沙，一見左宗棠就推為國士。左宗棠沒錢買書，賀長齡就將家中所藏圖書借他閱覽，每次必親自登梯取書，還書時互相切磋心得。賀長齡對他說：「天下方有乏才之嘆，幸無苟且小就，自限其成。」[308]這句話對左宗棠影響很大，後來他寧願歸隱山林，也不願隨便混個小官做。

父親病逝後，失去經濟來源的左宗棠於一八三一年入讀吳榮光創辦的湘水校經堂，靠領取膏火費（助學金）維生。他一連七次考第一，引起湖南巡撫吳榮光的注意。經賀長齡介紹，左宗棠入讀城南書院。這是長沙三大書院之一，當時由原湖北學政賀熙齡[309]主持。賀熙齡為賀長齡的弟弟，講求經世致用之學，很欣賞左宗棠「談天下形勢，瞭如指掌」[310]。

兩次會試落第後，左宗棠轉而鑽研地理，繪製了很多地圖。二十四歲時，他寫了一副著名的勵志對聯：「身無半畝，心憂天下；讀破萬卷，神交古人。」一八三七年，他應吳榮光之邀出任醴陵淥江書院山長，既當校長又兼任課老師。這一年，他又遇見一個賞識自己的大人物——兩江總督陶澍[311]。

汪衍振：左宗棠和陶澍的結識很巧。左宗棠當時能夠接觸上方面大員很不容易，因為他沒有功名。

王魯湘：他又是個年紀輕輕的小伙子，怎麼能和督撫大人深談呢！

汪衍振：當時陶澍路過醴陵，知縣要給方面大員安排行館，就公開徵集門聯。左宗棠的一副對聯被相中了：「春殿語從容，廿載家山印心石在；大江流日夜，八州子弟翹首公歸。」這副門聯非常不錯，陶澍想見見他，於是兩人就認識了。兩人一談，陶澍一聽，哎呀，很多人都在科舉路上苦苦死讀書，靠這個出人頭地，有人竟然不再扯這個，研究實用的經濟、軍事，這個人不簡單哪！在當時的社會，左宗棠能有這種超前的思維非常難得。

王魯湘：作為年輕人，他能夠從讀書人主流的功名道路上急流勇退，走到經世致用之學上去，考慮像陶澍這樣的督撫大員才考慮的國家大事。

一八三七年，陶澍赴江西閱兵，順道請假回湖南安化掃墓。他在醴陵行館看見這副對聯，激賞不已。安化縣小淹鎮石門潭中矗立著一塊形似印章的石頭，陶家書室遂取名「印心石屋」。一八三五年入覲召對時，道光帝親題「印心石屋」匾額，很令陶澍引以為榮。陶澍是愛才之人，就讓醴陵知縣請左宗棠前來面談。左宗棠不喜歡攀附權貴，就跟知縣說，他做他的總督，我做我的山長，他想見我就來看我好了，我無求於他，為何要去見他？左宗棠性格執拗，知縣勸了幾次沒用，只好如實稟報。陶澍待人寬厚，就親赴書院去見左宗棠，一見之下視為奇才。次日，左宗棠回拜陶澍行館，兩人縱論古今，陶澍留他住了一宿。得知左宗棠翌年要赴京會試，陶澍說無論會試結果如何，請他務必繞道南京，到兩江總督署盤桓幾日。[312]

陶澍很注重實學，林則徐、賀長齡、賀熙齡等經世之才都做過他的手下。同質之人氣場相吸，冥冥之中似乎有一根線將左宗棠和這些人牽在一起。這年冬天，左宗棠第三次赴京會試，次年春闈仍失望而歸，從此斷了此念。回鄉途中，他繞道江寧拜訪陶澍，在督署住了幾日。陶澍提出和他結為兒女親家，讓六歲幼子陶桄與他五歲的長女定親。當時陶澍是名滿天下的封疆大吏，而左宗棠只是一介落第的鄉村塾師，太不門當戶對了。左宗棠連忙辭謝，陶澍卻說「君他日功名，必在老夫上」[313]，日後欲將幼子和家事託付給他。

道光十九年（1839），距兩人江寧晤面僅一年，陶澍就病逝於兩江總督任上。陶澍的家眷回到安化小淹後，賀熙齡致函左宗棠，請他去陶家教育陶桄。陶澍其他兒子均早逝，僅剩這一孤子。次年，左宗棠到安化陶家坐館，並幫忙料理家事，以免族人欺負幼孤。他在陶家一待就是八年，直到一八四七年長女孝瑜與陶桄完婚。授課之餘，他遍覽陶家所藏圖書、清朝憲章以及陶澍的奏疏、書信等，在了解時事政治方面大有斬獲，一生勳業植基於此時。

當時鴉片戰爭硝煙正起，左宗棠人在鄉野，心卻在遠眺。自一八三九年起，他就考覽唐宋以來的海防記載，密切關注時勢的發展，一八四〇年寫了《料敵》、《定策》、《海屯》、《器械》、《用間》、《善後》等論述戰守機宜的文章。他常以諸葛亮自比，稱「今亮或勝於古亮」。然而，他滿腹經世之學卻擠不過科舉的獨木橋，腳步無法踏入金鑾殿，只能在鄉野為國事搔首頓足，靠有識之士的舉薦才有機會出仕。

陶澍的女婿胡林翼是左宗棠的知己，兩人既是姻親，又是好友。這位後來的湘軍名將深知左宗棠之才，不斷將他引薦給大人物，其中包括林則徐。道光二十九年（1849），林則徐因病從雲南告歸故里時途經長沙，派人請左宗棠來舟中相晤。湖南文武官員皆在舟外候見，當左宗棠將「湖南舉人左宗棠」大紅帖遞上之後，林則徐立即辭謝各位官員，單獨招左宗棠入見。林則徐命人將船駛到幽靜處，設宴款待，讓三個兒子陪同，在湘江上徹夜長談。左宗棠告辭後，林則徐的長子嘆道：「如此人才，朝廷有眼不識，不重用，實為可惜！」林則徐說：「夫為國君者，以人才為重。能用才則國興，反之國必衰。時機成熟吾當薦之。」可惜林則徐次年就病逝了，口授遺折時仍不忘舉薦左宗棠是絕世奇才。[314]

湖南不可一日無左宗棠

咸豐二年（1852），左宗棠已年屆四十。太平軍在這年春天挺進湖南，一路攻城略地，逼近長沙。八月，經胡林翼、江忠源等人舉薦，左宗棠入湖南巡撫幕府，正式踏入官場。

汪衍振：太平軍攻打長沙時，張亮基剛就任湖南巡撫。

王魯湘：人生地不熟。

汪衍振：對，兩眼一抹黑。來長沙之前，胡林翼給他寫過信，說湖南有一個能員雖是布衣，但思想很超前，不是一般的書呆子，是一個能擔當大任的人。誰呢？湘陰左宗棠。張亮基為了請左宗棠出山，從長沙城後門直奔湘陰東山白水洞。

王魯湘：當時左宗棠躲在山裡。

汪衍振：他在那個地方建了一個陋室，為了避兵禍。張亮基把他請到長沙佐幕——明是佐幕，實際上是佐以兵事，把所有軍務都交給他。左宗棠當時發揮很大的作用。

王魯湘：這就給了左宗棠第一個平台。

汪衍振：對，否則太平軍不可能圍困長沙八十二天沒破，而僅用七天時間就攻破武昌。什麼原因呢？

王魯湘：長沙城裡有個左宗棠。

經長沙一役後，左宗棠名聲大振。因防守湖南有功，清廷賞他七品頂戴以知縣用，並賞加六品同知銜。已過不惑之年的他終於有了功名，儘管只是空頭銜。不久，張亮基調署湖廣總督，偕他同赴湖北武昌就任。八個月後，張亮基調任山東巡撫，他便辭歸湘陰。湖南巡撫駱秉章得知後，數次禮聘他均遭拒，直到一八五四年因湖南軍情緊急才復出。

當時湖南岌岌可危，太平軍馳騁湘北，長沙周邊城池大多被占領，農民起義此起彼伏。左宗棠再入撫署後，專主湖南軍事六年。對這位師爺的能力，駱秉章起初有所保留，一年後就心甘情願當個只畫諾的上司。左宗棠向來心高氣傲，不甘屈居人下，遇到這樣一位無為而治的上司，正好可以大展拳腳。當時他「日間忙不可言，口講手批，略無片刻暇」，殫精竭慮地輔佐巡撫內清四境、外援五省，革除弊政，開源節流，穩定貨幣，籌措軍械，勉力支撐大局。在他的悉心謀劃下，湖南形勢轉危為安。

咸豐八年（1858），清廷與太平軍開戰的第七個年頭，驍勇善戰的湘軍將太平軍趕出湖南，並增援江西、湖北等地。湖南巡撫駱秉章因調度有功受嘉獎，已獲五品兵部郎中頭銜的左宗棠也賞加四品卿銜。左宗棠的前途似乎一片光明，然而烏雲正在聚集。咸豐九年（1859）夏，咸豐帝的御案上放著一道關係到左宗棠安危的奏摺，係由湖廣總督官文上呈。

汪衍振：當時湖南永州鎮總兵樊燮是個滿人，幹了很多貪污腐化的事，比如私役兵弁。駱秉章就參他，左宗棠馬上起草折子。他起草的折子，駱秉章看都不看就拜發。

王魯湘：非常信任他。

汪衍振：他們當時沒有考慮後果。湖廣總督官文是滿貴大員，是朝廷安插在湖廣的眼線，湖南、湖北所有事情都逃不過朝廷的眼睛。這一參，樊燮不幹了，就一封信寫到官文那兒。樊燮說誰參我，不是駱秉章，是左宗棠幹的，人稱「二巡撫」。官文不幹了，一介幕僚竟然敢替巡撫做主，如何得了！

關於左宗棠與樊燮的糾葛，野史傳說得有鼻子有眼，尤以左宗棠腳踢或掌摑樊燮最廣為流傳。湖北恩施有位九十多歲的吳姓老人，說他幼時見過罷官歸來的樊燮。老人說：「燮公謁駱帥，帥令謁左師爺，未請安。左厲聲喝曰：『武官見我，無論大小，皆要請安，汝何不然？快請安。』燮曰：『朝廷體制，未定武官見師爺請安之例。武官雖輕，我亦朝廷二三品官也。』左怒益急，起欲以腳蹴之，大呵斥曰：『忘八蛋，滾出去。』燮亦慍極而退。未幾，即有樊燮革職回籍之朝旨。」[315]另一種說法是，「時左宗棠以舉人為湘撫駱秉章主奏稿，會劾永州總兵樊燮驕倨罷官。燮往見宗棠，語不遜。宗棠怒，批其頰」[316]。

上述兩種說法存在出入：一說腳踢，一說掌摑；一說兩人齟齬之後，左宗棠出於報復代擬奏摺參劾樊燮，一說左宗棠因公參劾樊燮之後，樊燮找他算帳時遭掌摑。然而，從左宗棠的書信、駱秉章的奏摺、樊燮的訴狀以及官文的奏摺中，均找不到左宗棠腳踢或掌摑樊燮的敘述。從當事人現存史料來看，有學者認為這可能是外人的加油添醋。

咸豐八年（1858），樊燮循例進京陛見，駱秉章趁機調查他的劣跡，然後上呈《參劾永州鎮樊燮違例乘輿、私役弁兵折》。清朝規定文官坐轎、武員騎馬，如遇情況緊急，文官可以騎馬，但武員不准乘轎，違者重處。武員私宅可以用家丁，但不准以兵丁充當僕役，因為兵丁拿的是國家俸祿，只准為國效勞。樊燮不僅違例乘坐肩輿、私役弁兵，還冒領軍餉、挪用公款。在太平軍橫掃南方的背景下，身為二品武官的樊燮竟然如此玩忽職守，咸豐帝便下旨將他革職，交駱秉章嚴審究辦。

樊燮不肯善罷甘休，派人向湖廣總督衙門和都察院上呈訴狀鳴冤，說自己是被人挾嫌陷害。樊燮指控駱秉章因濫保無功之人，害怕自己此次進京告密，在幕僚左宗棠的出謀劃策下上折誣陷他，而後審案官員串通一氣陷害他。官文據此上了一道奏摺，於是咸豐帝命他查明是否屬實，並密查撫署幕僚近年積弊。咸豐九年，官文奏報並未查到撫署幕僚「恣意要挾」的確切證據，只得出「跡涉曖昧」的含糊結論。此事後來不了了之，即使當時左宗棠真被查出是「著名劣幕」，也不至於被就地正法。根據大清律例，官員若縱容幕僚把持軍政，會被革職或降級，幕僚則可能被革職永不敘用，但並無性命之虞。[317]所謂左宗棠會被就地正法之說，可能是時人誇大其詞，為話題添點佐料而已。

儘管左宗棠並非命懸一線，不過前途堪憂，如要全身而退，尚須有人出手相助。「國家不可一日無湖南，即湖南不可一日無宗棠也。」這是潘祖蔭[318]在《奏保舉人左宗棠人材可用疏》中寫得最有分量的一句話，一時朝野震驚。區區一介撫署幕僚，竟然關係到一國安危！此言不虛，若無左宗棠從中謀劃行事，湖南恐怕早已落入太平軍之手。左宗棠並不認識潘祖蔭，是誰請他相助呢？郭嵩燾。郭嵩燾為湘軍的創建出過力，後來離開曾國藩幕府，入值上書房。咸豐帝曾向他諮詢左宗棠的情況，他說了不少好話。

汪衍振：郭嵩燾面見咸豐帝時說了三句很關鍵的話，第一句是左宗棠「賦性剛直，不能與世合」，就是說他傲。

王魯湘：他性格就這樣。

汪衍振：在湖南辦事時，左宗棠與撫臣駱秉章性情契合，兩人非常默契，彼此不肯相離。第二句話是左宗棠「才盡大，無不了之事」，什麼事情保證都給你辦明白。

王闓湘：給你擺平了。

汪衍振：他接著說左宗棠「人品尤端正」，因為咸豐帝還得考慮人品。

王闓湘：有才還得有德。

汪衍振：再有能耐，但人品不行，我能用你嗎？尤其第三句話對左宗棠的幫助非常大，說他「為人是豪傑」，這是一種定性的語言，不是模棱兩可。他接著說左宗棠「每談及天下事，感激奮發。皇上天恩如果用他，他也斷無不出之理」。

王闓湘：這對左宗棠是個定評。

汪衍振：這可不得了！

咸豐八年十二月初三日（1859年1月6日），咸豐帝在養心殿西暖閣召見郭嵩燾，說起左宗棠不肯正式出來為朝廷做事，想必是因為功名心淡。郭嵩燾說左宗棠才幹極大，礙於個性問題不想出山。咸豐帝問左宗棠多大年紀了，郭嵩燾說四十七歲。咸豐帝說：「再過兩年五十歲，精力衰矣。趁此時尚強健，可以一出辦事，也莫自己遭踏。汝須一勸勸他。」郭嵩燾說：「臣也曾勸過他。他只覺自己性太剛，難與時合。在湖南亦是辦軍務。現在廣西、貴州兩省防剿，籌兵籌餉，多系左宗棠之力。」咸豐帝說：「聞渠尚想會試？」郭嵩燾說：「有此語。」咸豐帝不以為然：「左宗棠何必以科名為重。文章報國，與建功立業，所得孰多？渠有如許才，也須得一出辦事才好。」[319]

高居廟堂的咸豐帝何以如此關切一介鄉野舉人，殷殷期待左宗棠出來為朝廷效力呢？原來早在幾年前，左宗棠的聲名就已傳入聖聽。咸豐五年，與左宗棠「無一面之緣，無一字之交」的御史宗稷辰，聽聞左宗棠的才幹後便舉薦他可獨當一面，成就必不下於胡林翼、羅澤南。咸豐六年，胡林翼向咸豐帝舉薦左宗棠可為將才。咸豐帝命駱秉章將左宗棠送部引見，但駱秉章不願放走這個得力助手，以「俟湖南軍務告竣」搪塞過去。此後，只要有認識左宗棠的人覲見，咸豐帝就會問起左宗棠。如此看來，在樊燮狀告左宗棠之前，咸豐帝對左宗棠已知之甚多，對其在撫署不一般的地位也已了然於胸，不至於因一紙狀文即令就地正法。

儘管並無性命之憂，處於輿論旋渦中的左宗棠痛感聲名掃地，在給胡林翼的信中慨嘆道：「所可恨者，七年一縷心血頗有以自見，今被一老傖破壞，此身斷無復留之理，而大局且隨之敗裂耳。」他說自咸豐二年入撫署佐幕，「初意不過混影塵俗，數月即便抽身」，不料湖南形勢嚴峻，張亮基、駱秉章兩位巡撫殷切挽留，只好「忍恥受辱，勉與塵世俯仰。湖湘之事，一身任之；即東南之局，亦一心注之，未嘗以他念稍撓其討賊之志。平生未受國家寸祿，而輒不揣其愚暗，慨然以身冒天下之嫌怨謗忌而獨執其咎，寧不自知以無權無位不幕不紳之人，處於有罪無功之地，必為世所不容哉？誠以世局如此，吾鄉系東南安危，不敢不勉盡其心力所能到者，姑為圖之。故頻年苦說歸田，迄未得翛然捨去耳」。

左宗棠隨時想抽身而退，不願進入體制內，因此一直不肯接受政府的聘書，在撫署只是個臨時工。別人看他這個師爺在撫署過得風風光光，其實他內心認為是在忍恥受辱。不管別人表面上如何尊重他，他終究人在屋簷下不得不低頭，一直在為他人做嫁衣裳。平日苦於沒有藉口辭職，這回總算可以藉故離開撫署。咸豐九年十二月，他告別將近八年的幕僚生涯，於次年正月自長沙準備赴京參加會試。

曾、左恩怨真相幾何

假如沒有太平天國運動，曾國藩、李鴻章、左宗棠這樣的文官恐怕沒有機會建立赫赫戰功。左宗棠比曾國藩小一歲，比他早兩年中舉，隨後同樣經歷過三次會試，不同的是一個始終落第，一個賜同進士出身，從此晉升之路大相徑庭。左宗棠年屆四十仍是一介布衣，魚躍龍門的曾國藩卻平步青雲，官居二品侍郎。左宗棠在鄉野銳意研究經世之學，曾國藩則在京師潛心鑽研義理之學。本來道不同不相為謀，兩人卻在共同的歷史契機下走到一起，可謂殊途同歸。

左宗棠與曾國藩相識於一八五三年，當時剛被任命為幫辦團練大臣的曾國藩從湘鄉趕來長沙，與張亮基、江忠源、左宗棠商量組建湘軍之事。曾國藩給左宗棠的第一印象是，「正派而肯任事，但才具稍欠開展，與朴甚相得」。本來兩人可以通力合作，可惜不久張亮基調署湖廣總督，左宗棠偕同赴武昌。在此後的戰爭歲月裡，曾、左二人密切配合。一八五六年，因曾國藩奏報左宗棠接濟軍餉有功，左氏獲賞五品兵部郎中。

一八六〇年，離開撫署的左宗棠擬進京會試，不料行抵湖北襄陽時接到胡林翼的密函，說官文布網要收拾他，勸他不要入都。堂堂一介總督，官文為何非置一介幕僚於死地不可呢？這跟晚清滿漢勢力的消長有關。滿洲貴族一直在官場占據優勢地位，然而隨著漢族官員在平定太平天國運動中迅速崛起，他們手中的大權日益旁落。曾國藩、胡林翼等漢臣大展拳腳，官文儼然成為一介「伴食總督」。崇尚實力的左宗棠非常瞧不起官文，指責他治下的湖北「政以賄成，群邪森布」，在代筆的咨文中對官文多有冒犯。

「側身天地，四顧蒼茫」，無處可去的左宗棠決定沿江而下，去曾國藩軍營「暫棲羈羽」。接到胡林翼的警告信後，他在寫給湘軍將領李續宜的信中說：「士固不可再辱，死於小人未若死於盜賊之快。將就滁老及麾下作一小營官，學戰自效。戰而勝，固稍伸討賊之志；否則，策馬衝鋒，亦獲其所。且八年戎幕坐嘯，未克親履行間，實為闕事，亦正欲藉此自勵，少解白面之嘲。」

汪衍振：左宗棠到曾國藩的湘軍大營就提一件事，說我這次來不是想跟你要官做，我也不想當什麼統帥，你就給我一營人，讓我當個營官戰死沙場，以表我對國家的忠心。我就這點要求，你答不答應？曾國藩說，不行，我這兒還缺一個文案，你給我當幕僚吧。左宗棠一聽很心酸，大概是嫌我年紀太大了，都喜歡用年輕力壯的人。

王魯湘：對啊，衝鋒陷陣哪能用年紀大的。

汪衍振：而且左宗棠一直是幕僚，沒親自帶過兵馬。他沒想到在這之前，曾國藩的折子已經拜發了，第三次舉薦他。曾國藩的原話是左宗棠「剛明耐苦，曉暢兵機」，你看這個用詞。

王魯湘：諸葛亮似的人物。

汪衍振：用詞非常準確。「當此需才孔亟之際，或飭令辦理湖南團防，或簡用藩臬等官。」

王魯湘：藩臬，那是省級領導哦！

汪衍振：當時左宗棠僅是四品卿銜空頂戴，一下被保舉到方面大員，可見他在曾國藩心目中的位置何等重要。他對曾國藩的心胸感到驚訝。

咸豐十年四月，咸豐帝下旨詢問曾國藩：左宗棠熟悉湖南形勢，戰勝攻取，調度有方，應該讓他在湖南襄辦團練等事，還是調赴湘軍軍營以發揮其所長？曾國藩上折建議重用左宗棠，於是咸豐帝命左宗棠以四品京堂候補隨同曾國藩襄辦軍務。一直在體制外徘徊的左宗棠，終於被御筆圈進朝堂，可以名正言順地大展宏圖。四十八歲的左宗棠感到「恩遇優渥，實非夢想所期」，後來每次升遷都在謝恩折裡念念不忘咸豐帝當初的擢用。不久，曾國藩委命左宗棠在湖南募練軍隊。左宗棠憑藉兩度輔佐湖南巡撫的威望，僅用一個多月時間就募勇五千人。不過，他打出的旗號並非「湘軍」，而是「楚軍」。

汪衍振：這是第二次打出「楚軍」旗號，第一次由江忠源打出。湘軍元老江忠源很有思想，曾國藩的湘軍建制幾乎都按他的辦法，而他是按戚繼光的戚家軍募勇辦法。很多人不理解左宗棠，說曾國藩命你回鄉募勇，你為什麼不打「湘軍」而打「楚軍」旗號呢？他一笑，不出聲。到江西景德鎮找曾國藩報到時，曾國藩不問他，他自己憋不住了，說滌生你怎麼不問問我為什麼不打「湘軍」旗號呢？曾國藩說，現在是誰的天下呀？滿人的天下，他們防咱們漢人勝防賊呀！現在長江萬里到處都是我「湘軍」旗號，風頭太勁了，不行啊！尤其削三藩之後，滿人不准咱們漢人掌兵，你的良苦用心我知道。他倆非常默契，這就是知己。

王魯湘：而且都是大政治家。

楚軍是湘軍的一個支系，有其獨到之處。左宗棠從湖南各府縣募勇，以避免湘軍「盡用湘鄉勇丁，無論一縣難供數省之用，且一處有挫，士氣均衰」的弊端。從傳統教育體制下鑽出來的湘軍統帥曾國藩，主張帶勇之人「第一要才堪治民」，多用文員率領這支衛道之師。自青年時代就醉心於兵法的左宗棠，書生氣自然少了幾分，深知打仗不是舞文弄墨，強調「營官多用武人」，任用敢於拼命打硬仗之人，使得楚軍的戰鬥力很強。在崇尚文治的社會，左宗棠的部屬鮮有以文員升任督撫要職，以致楚軍的政治勢力非常薄弱，無法像湘軍、淮軍那樣跺跺腳就讓清廷膽戰心驚。

鴉片戰爭期間就躍躍欲試的左宗棠，終於在平定太平天國運動中大展身手。他以前放言「天下無不了之事，無不辦之寇，亦未嘗無了事辦寇之人」，如今這句話在他身上應驗了。自從領兵作戰後，他憑藉出色的戰功和曾國藩的一再保舉，一年多時間就升任浙江巡撫。這一年他五十歲，終於從一介布衣熬成封疆大吏。一八六三年，五十一歲的他又邁上一個台階，升任閩浙總督兼署浙江巡撫。三年內，他從四品京堂候補晉升正二品總督，升職速度像乘了火箭一般飛快。

左宗棠對曾國藩的知遇之恩深懷感激，也非常佩服曾國藩的胸襟。兩人相處最融洽的時候，用左宗棠的話來說是「無一日不見，無一事不商」。然而，個性耿介的左宗棠對曾國藩也非常挑剔，常常直率地批評他的過失，不留一點情面，讓他下不了台。隨著戰事的發展，湘軍對陣太平軍已占據絕對優勢，他們之間的默契和信任卻面臨著考驗。一八六四年曾國荃攻陷天京，在朝廷即將論功行賞之際，左宗棠和曾國藩公開有了嫌隙。

汪衍振：攻陷天京後，曾國藩有一個折子說幼天王洪天貴福[321]燒死了，結果左宗棠一個折子說在浙江發現一股太平軍，一查有幼天王——當時稱之為偽天王。結果朝廷不幹了，問到底是怎麼回事，語氣非常嚴厲。曾國藩不知前敵情形，命曾國荃馬上查明情況，說你這不是謊報軍情嗎？其實大火一燒，人是死是活，誰也不敢保證。當時誰都想報功，因為不管怎麼樣，天京我打下來了，太平天國滅了，沒想到會出現這麼多後患。

同治三年六月（1864年7月），曾國荃攻陷天京後縱兵燒城，大火七日不熄，傳說中太平天國積存的「金山銀山」也下落不明。有大臣將曾氏兄弟的過失上奏朝廷，左宗棠也在奏疏中署名。曾國藩予以還擊，奏稱左宗棠圍攻不力，致使十萬太平軍從杭州逃逸，左宗棠則駁斥說根本不可能。曾、左失和已成公開的事實，清廷看在眼裡喜在心上。自從太平軍主力被殲，如何處置湘軍便成了清廷的最大隱憂。如今看到兩大統帥起內訌，清廷自然坐收漁翁之利。不過，大臣之間如果鬧得太過分，會妨礙公事，因此朝廷也要出面調和一下。上諭說「朝廷於有功諸臣，不欲苛求細故」，不想太計較曾國藩的過失，然後又表揚一番左宗棠以示撫慰。待左宗棠肅清浙江全境後，清廷於同治三年十月賞賜一等伯爵，次年賜爵名「恪靖」。

汪衍振：我個人認為曾、左之間出現裂痕，尤其是收復江寧之後，應該是他們布給朝廷看的一個局。

王魯湘：我也這麼認為，曾、左有嫌隙是演給朝廷看的，演給皇帝和慈禧太后看的。

汪衍振：對。當時是滿人的天下，防著漢人。

王魯湘：一個曾國藩就夠他們防的，再出來一個左宗棠可不得了。

汪衍振：給朝廷看我倆不團結，我對曾國藩有想法，曾國藩也覺得我這個人忘恩負義，不管我的事了。其實，很多關鍵時刻都是曾國藩在幫左宗棠。什麼原因呢？左宗棠脾氣不好，在官場混得併不如意。他能夠封侯拜相，完全是因為功勞太大了，而不是在官場多麼游刃有餘。後期李鴻章也看透了，淮軍也開始獨立獨行。這也是給朝廷看的：我跟湘軍不團結，跟楚軍也不團結。

曾、左究竟是真有嫌隙，還是故意布局？真相到底如何，我們只能從當事人的隻言片語加以揣測。有人問起嫌隙始末，曾國藩說：「我生平以誠自信，而彼乃罪我為欺，故此心不免耿耿。」儘管對左宗棠有怨氣，曾國藩並不掩飾對其才氣的佩服。有人說起左宗棠在西北「處事之精詳，律身之艱苦，體國之公忠」，感慨道：「以某之愚，竊謂若左公之所為，今日朝端無兩矣。」曾國藩拍案叫好：「誠然！此時西陲之任，倘左君一旦捨去，無論我不能為之繼，即起胡文忠[322]於九原，恐亦不能為之繼也！君謂為『朝端無兩』，我以為天下第一耳！」[323]

在清人筆記中，左宗棠的胸襟遠不及曾國藩，經常在人前詆毀曾氏。據說左宗棠每次接見部下必罵曾國藩，那些將領大多是曾氏舊部，很惱怒地私下議論說：「大帥自不快於曾公斯已矣，何必對我輩煩聒。且其理不直，其說不圓，聆其前後所述不過如是，吾耳中已生繭矣。」[324]有人見過曾國藩異常憤怒地說：「生平未嘗動真氣，而於左季高不能忍。」原來恭親王奕訢問過他：「中堂與左季高同鄉，何以左季高攻擊甚力，屢向我言之？」他氣哼哼地回答：「自是某錯處多，左君一孝廉，兩年間為某推薦至總督，某自無知人之明，敢辭咎耶！」[325]

在奕訢面前互相攻訐，可能是一種表演藝術，但曾、左為何私底下也不乏詆毀行為呢？即使曾國藩不在人世了，左宗棠的刀子嘴還在扎他，喋喋不休地在人前貶低他，而那時已沒必要再演戲給人看。由此推測，曾、左之間確實存在芥蒂。一八六七年，左宗棠對曾國荃說：「所以絕交之故，其過在文正者七八，而亦自認其二三。」[326]如果曾、左沒有嫌隙，左宗棠何必向曾國荃解釋呢？曾、左有私怨主要緣於性格不合，前者內方外圓、謙虛謹慎，後者心直口快、狂傲不羈，你來我往難免有摩擦。有評論說：「曾國藩會做人，左宗棠會做事。」左宗棠情商偏低，經常得罪人，如果不是太會做事，不可能在需要虛與委蛇的官場立足。

不管恩怨幾何，曾國藩對左宗棠評價很高：「論兵戰，吾不如左宗棠；為國盡忠，亦以季高為冠。國幸有左宗棠也。」然而，在曾國藩去世後，左宗棠送去的輓聯是：「知人之明，謀國之忠，自愧不如元輔；同心若金，攻錯若石，相期無負平生。」恃才自傲的左宗棠居然在眾人面前低頭了，而且輓聯的落款是「晚生左宗棠」。曾國藩官至武英殿大學士，時任陝甘總督的左宗棠尚未封侯拜相。按規矩，總督在大學士面前應以晚輩自稱。以前左宗棠給曾國藩去信說，我只比你晚生一年，我們之間能不能破一破官場的規矩，今後我與你書信往來仍一如繼往，不自稱晚輩？曾國藩開玩笑說，恕你無罪，我們就這樣以兄弟相稱。

汪衍振：後來曾紀澤每逢有事，不找別人，專找左宗棠。李鴻章口口聲聲說是曾國藩的門生，但曾紀澤不去找他。曾紀澤認為左宗棠這個叔叔跟他父親才真正像知己，心有靈犀一點通。

曾國藩死後，左宗棠對他的親屬多有照拂。一八八一年任軍機大臣時，左宗棠聽說曾紀鴻也在京師，便去看望他。曾國藩沒給子孫留下多少遺產，再加上曾紀鴻愛好數學，不熱衷科名和仕途，因此貧病交加。左宗棠看了十分不忍，給他提供醫藥費治病。不久，曾紀鴻英年早逝，左宗棠為他籌措了殯殮衣棺和歸葬鄉里的費用。當時曾紀澤出使英法，十分感動，致信殷殷道謝。[327]

左宗棠就任兩江總督時，曾紀芬有一次登門拜訪，他因公外出未見著面，後來數次邀請她都不來。兩江總督署是曾紀芬的舊居，重返時物是人非，不想再去這個傷心地。有一天，左宗棠派了一頂轎子去接她，還特地為她開了中門，一直抬到三堂內院。進入內室後，想起父親已不在人世，曾紀芬悲傷淚下。左宗棠也感嘆不已，說文正公比我年長一歲，你把我當作叔父好了。他叫她到處走走看看，並讓她在十年前的閨房流連一番。後來左宗棠高興地對曾國荃說，曾紀芬已認我家做娘家了。[328]

老驥伏櫪收復新疆

曾國藩、李鴻章、左宗棠並稱「同治中興」名臣，都以立戰功安邦，以興洋務富國，為晚清注入最後一點活力。與曾國藩、李鴻章少年得志不同，未進翰林院的左宗棠大器晚成，長期困厄當塾師，四十不惑方出仕，且是以幕僚身分從政，有道不盡的辛酸。雖是一介落魄鄉間的舉人，左宗棠的視野並未被山水遮蔽，志向並不比曾國藩、李鴻章小。李鴻章早年說「吾願得玻璃大廳事七間，明窗四啟，治事其中」[329]，入都前發願說「倘無駟馬高車日，誓不重回故里車」。後來李鴻章一切果如所願，榮華富貴享不盡。然而，功名利祿從來不是左宗棠的終極目標，一八三三年會試出闈後賦詩一首：「西域環兵不計年，當時立國重開邊。橐駝萬里輸官稻，沙磧千秋此石田。置省尚煩它日策，興屯寧費度支錢。將軍莫更紓愁眼，生計中原亦可憐。」年僅二十一歲的左宗棠，已在為新疆謀劃大計。

鴉片戰爭前後，左宗棠憂心海防，為國事氣得要遁隱山林。而曾國藩對那次戰爭似乎不太注意，仍埋首古籍中。有人說曾國藩是一個實踐主義的理學家，「他和小農民一樣，一生一世，不作苟且的事情。他知道文章學問道德功業都只有汗血才能換得來，正如小農民知道要得一粒一顆的稻麥都非出汗不可」[330]。曾國藩是被形勢所逼才走上從軍之路的，「鄉曲氣太重，才亦太短」是左宗棠對他的評價。

曾國藩辭世後，年過花甲的左宗棠依然精神抖擻，還在向生命的巔峰衝刺。一八七三年，六十一歲的左宗棠破格升任協辦大學士，次年晉升東閣大學士。清朝慣例是未入翰林院者不授大學士，左宗棠成為以乙榜[331]拜相的唯一特例。一八七八年，因收復新疆立大功，六十六歲的左宗棠晉封二等侯爵。據說廷議時擬封一等公爵，慈禧說當年曾國藩克復江寧僅封侯，左宗棠為曾氏所薦，得力部將亦為曾氏所遣，若封公爵則顯得前賞曾氏太薄。

汪衍振： 左宗棠收復新疆的功勞太大，由一等伯晉封二等侯，是繼曾國藩之後第二個活著封侯的人。這是破格之舉，無非左宗棠是二等侯，曾國藩是一等侯。李鴻章那麼大功勞，死後才晉侯。當時清廷防著漢人，能如此破格，可見左宗棠的功勞有多大！

王魯湘： 當時不是「湖南不可一日無左宗棠」，而是「中國不可一日無左宗棠」。

汪衍振： 對。

王魯湘： 朝廷極其倚重左宗棠，倚重到不可須臾離開的地步。

當年在要不要收復新疆的問題上，清廷有過一場海防與塞防之爭，左宗棠和李鴻章意見相左。一八七四年四月，日本以琉球人被台灣原住民殺害為由，出兵侵略台灣。此次東南沿海危機給大清國的海防敲響了警鐘，總理衙門很快提出「練兵、簡器、造船、籌餉、用人、持久」六項舉措，廣泛徵求濱江沿海各督撫、將軍的意見。陝甘總督左宗棠本不在飭議大員之列，因總理衙門認為他「留心洋務，熟諳中外交涉事宜」，特地致函讓他籌議切實辦法。此次戰略大討論主要有三種觀點：一是注重海防，二是注重塞防，三是海防、塞防並重。其中以李鴻章和左宗棠的觀點影響最大。[332]

中國傳統邊患主要來自西北，而鴉片戰爭以來主要來自海上，一向相對平靜的東南沿海變成國防前線。李鴻章認為應該轉變觀念，將國防建設的重點轉向海防。然而，此時西北邊疆也告急，中國領土已被外國勢力侵蝕。新疆南部自一八六五年就被浩罕汗國[333]的伯克阿古柏[334]入侵，他在喀什噶爾（今喀什市）宣布建立「哲德沙爾汗國」，一八六七年改稱「洪福汗國」。一八七〇年，阿古柏攻占吐魯番，勢力向北疆擴張。此舉引來俄國對中國領土的垂涎，一八七一年出兵侵占伊犁，並承認阿古柏政權以換取俄國的通商權益。英國也不甘落後，承認「洪福汗國」為獨立國，並資助武器彈藥，以換取英國在新疆的特權。

一貫奉行和戎外交的李鴻章，看到新疆大部分領土已落入虎狼之口，擔心清廷出兵征討會引發與英、俄的戰爭，因此主張暫時放棄西征以求相安無事。李鴻章認為「新疆不復，於肢體之元氣無傷；海疆不防，則腹心之大患愈棘」，而左宗棠認為列強要求中國開放海疆，「其志專在通商取利，非必別有奸謀」，而西北形勢更為嚴峻，「若此時即擬停兵節餉，自撤藩籬，則我退寸而寇進尺」。

汪衍振：日本是咱們的心腹大患，當時李鴻章已經看到了。

王魯湘：他是看得很遠的人。

汪衍振：他說新疆是茫茫戈壁，很多人為了做買賣去那兒，並不是真的想要那塊地方。

王魯湘：清廷對那裡的統治也是鞭長莫及。

汪衍振：但日本人張帆可下，打定主意要咱們的地方。一百多年前，李鴻章就看到這一點了，發現日本這個島國不得了。李鴻章有一種危機感，認為必須加強海防。塞防怎麼辦？等一等。左宗棠反復權衡之後說，不行，塞防不能等。當時浩罕汗國的軍事將領阿古柏已經占領新疆，不把這個人鎮住不行。他提議海防、塞防二者並重。

王魯湘：實際上，李、左之爭只是一個戰略重點問題。

汪衍振：先後問題。

清廷決定支持左宗棠出兵收復新疆，命他以欽差大臣督辦新疆軍務。清廷打破以往任用旗員節制新疆軍務的慣例，授予左宗棠籌兵、籌餉和指揮全權，把收復新疆的賭注全部押在這位漢臣身上。這次讓清廷如此痛下決心，除了左宗棠收復失地的壯志外，還仰賴滿洲重臣文祥在朝堂上力排眾議。文祥說：「明代邊外皆敵國，故可畫關而守。今則內外蒙古皆臣僕，倘西寇數年不剿，養成強大，無論壞關而入陝甘，內地皆震，即駛入北路，蒙古諸部落皆將叩關內徙，則京師之肩背壞，彼時海防益急，兩面受敵，何以御之？」[335]這一富有遠見的觀點與左宗棠不謀而合。左宗棠認為：「重新疆者所以保蒙古，保蒙古者所以衛京師。西北臂指相連，形勢完整，自無隙可乘。若新疆不固，則蒙部不安，匪特陝、甘、山西各邊時虞侵軼，防不勝防，即直北關山，亦將無晏眠之日。」

然而，打仗需要錢，當時國庫空虛，無力支付西征所需上千萬巨額軍費，左宗棠終日為缺餉發愁。最後是誰鼎力相助呢？胡雪巖。胡雪巖[336]是江南富商，多年來一直幫左宗棠籌借洋款、購買軍火等，當然也從中得到不少好處。左宗棠跟清廷請賞時說，如果沒有胡雪巖，這個仗打不下來，胡雪巖的功勞不輸於衝鋒陷陣的將領。這麼大的功勞只求賞穿黃馬褂，慈禧當然答應了。

早在一八五一年湘江夜話時，林則徐就預言「西定新疆」非左宗棠莫屬。當時他問一介布衣左宗棠有何志向，左宗棠說，內平賊匪，東拒英夷，西定新疆，使寰宇澄清，舉國富強。林則徐便把自己收集整理的新疆地理考察紀錄、戰守計畫、俄國情況等資料全部交給左宗棠。一八四二年被遣戍伊犁後，林則徐在北疆荒漠中跋涉三萬里進行實地考察，得出一個結論：中國之憂患不在英國，而在俄國。他認為俄國防不勝防，將來必為大患。他對左宗棠說：「吾老矣，空有禦俄之志，終無成就之日。數年留心人才，欲將此重任托負……東南洋夷，

左宗棠像

能御之者或有人，西定新疆，舍君莫屬。此吾數載心血，獻給足下，或許將來治疆用得著。」[337]

採取「緩進急戰」戰術的左宗棠，在做好籌措軍餉、聚草屯糧、整肅軍隊、裁汰冗員等準備工作後，於兩年內破敵如破竹，收復除伊犁之外新疆全境。一八七一年俄國侵占伊犁後，曾向清廷表示是代為收復，待烏魯木齊等地克復之後即交還。這些漂亮話只是俄國耍的花招，它不相信清廷有能力收復烏魯木齊等地，伊犁已是它打算一口吞下去的肥肉。一八七八年，清廷任命崇厚為全權大臣，出使俄國商議收復伊犁事宜。次年，崇厚擅自與俄國簽訂《里瓦幾亞條約》。若條約生效，則中國雖收回伊犁，卻喪失伊犁附近大量土地及其他利權，並賠款五百萬銀盧布（約合二百八十萬兩白銀）。

左宗棠堅決反對，向朝廷上呈《復陳交收伊犁事宜折》：「察俄人用心，殆欲踞伊犁為外府，為占地自廣，藉以養兵之計，久假不歸，布置已有成局。我索舊土，俄取兵費巨資，於俄無損而有益。我得伊犁，只剩一片荒郊，北境一、二百里間皆俄屬部，孤注萬里，何以圖存？……自此伊犁四面，俄部環居，官軍接收，墮其度內，固不能一朝居耳，雖得必失，庸有幸乎！武事不競之秋，有割地求和者矣。茲一矢未聞加遺，乃遽議捐棄要地，饜其所欲，譬猶投犬以骨，骨盡而噬仍不止。目前之患既然，異日之憂何極！此可為嘆息痛恨者矣！」

左宗棠主張釁不輕啟，以武力作為外交的後盾，和議不成則不惜一戰。六十七歲高齡的他向朝廷表態，他要「率駐肅親軍，增調馬步各隊，俟明春凍解，出屯哈密，就南北兩路適中之地駐紮，督飭諸軍妥慎辦理」。

汪衍振： 當時俄國一看，哎喲，左宗棠親自來了！在俄國人心目中，左宗棠是個好戰分子，和李鴻章的性格正好相反。李鴻章是能談盡量談，盡量不打，左宗棠則是少扯，國土問題絕不含糊，打！左宗棠也確實是胸有成竹。俄國一開始不同意談判，說曾紀澤不夠格，我們要派布策[338]到北京找你們的恭親王談。什麼意思呢？其實是拖著不辦。耍賴是俄國人一貫的伎倆，但現在左宗棠到了哈密，這下壞了，老頭來了，根本不給我時間，他要打！能不能打贏，俄國人要算一算。他們趕緊籌劃，沙皇亞歷山大二世[339]問能不能打贏，底下人說贏不了，左宗棠素有「戰神」之稱，連劉錦棠[340]我們都對付不了，老帥親自來了，怎麼對付啊？沒辦法，談吧，盡量不打。一旦打輸了，可就不是伊犁問題了。左宗棠有話在先，一旦開戰，不僅收復伊犁，連康熙年間劃給俄國的領土一併收回來！他就有這個雄心壯志。這話喊出去很嚇人，俄國權衡再三，同意談。結果不管怎麼樣，中國把伊犁九城收回來了，花了九百萬銀盧布（約合五百零九萬兩白銀）。一點好處都不給肯定不行，因為俄國人有一句話：為了守你們的伊犁，我們耗費了大量人力物力。俄國人還挺委屈，認為不能讓他們就這麼離開。這不是「無賴哲學」嗎？

王魯湘：得給個台階下。

汪衍振：這是晚清外交史上唯一一次勝利，與左宗棠密不可分。如果沒有左宗棠出關，這個條約肯定簽不成。

一八八〇年年初，清廷命駐英、駐法公使曾紀澤兼任駐俄公使，赴聖彼得堡談判改約事宜。為爭取更多的談判籌碼，六十八歲的左宗棠抱病出關，矢志收復伊犁。五月，他親率大軍出嘉峪關，次月抵哈密部署兵馬。正在左宗棠磨刀霍霍之時，八月一道聖旨將他調進京師。原來清廷在英、俄的施壓下怯戰，不僅免去崇厚的斬監候刑罰，而且以「現在時事孔亟，俄人意在啟釁，正需老於兵事之大臣以備朝廷之顧問」為由將左宗棠從前線調離。左宗棠奏請由劉錦棠接任督辦新疆軍務一職，並致函劉錦棠：「俄事非決戰不可。連日通盤籌畫，無論勝負云何，似非將其侵占康熙朝地段收回不可。」

曾紀澤以左宗棠、劉錦棠在新疆的布防為後盾，經據理力爭，於光緒七年正月二十六日（1881年2月24日）簽訂了《中俄改訂條約》。此條約收回了伊犁九城以及《里瓦幾亞條約》規定割讓的一部分領土，但還是割讓了七萬多平方公里的領土。不過，這在當時外國人看來已是一個奇蹟，盛讚曾紀澤是「天才外交官」，居然迫使俄國將已吞進嘴裡的土地又吐了出來。後經左宗棠五次疏請，清廷於一八八四年在新疆設省，任命劉錦棠為首任巡撫。

未張國威死不瞑目

光緒七年（1881）正月，從西北進京輔政的左宗棠被任命為軍機大臣兼總理衙門大臣，並管理兵部事務。這位六十九歲的老人一時位極人臣，享有直接參與決策政務的權力。同為「中興名臣」的曾國藩、李鴻章，雖然擔任過直隸總督，但他們未能像左宗棠同時獲得入值軍機、總署兼兵部的殊榮。當這位以「邊荒艱鉅」為己任的老臣入覲時，慈安太后談及他數載憂勞時潸然淚下。有位德國人一八八〇年在哈密見過左宗棠，感佩他身在沙漠之地，「起居飲食，簡省異常，內無姬妾，外鮮應酬之人。屬員禁絕奢華，居恆不衣華服，飲食不尚珍饈」[341]。

個性耿直的左宗棠贏得清流派的欣賞，與翁同龢很合得來。翁同龢對他的印象是有豪邁之氣，與洋人打交道時能壯中朝之氣。總理衙門一向對外國使節畢恭畢敬，對外交涉過於卑怯屈從，左宗棠頗不以為然。洋人一般不把清朝官員放在眼裡，在王公大臣面前時露驕倨之態。有一次，醇親王奕譞約英國駐華公使威妥瑪[342]會談，威妥瑪先到後高踞上座，隨後趕到的左宗棠怒氣沖沖地說這是給醇王爺坐的，就是我也只能坐下面的位子，你應該坐到你的位子上。威妥瑪面紅耳赤，只好易位而坐。就連慈禧都佩服左宗棠，說「爾向來辦事認真，外國怕爾之聲威」。

左宗棠是個天不怕地不怕的硬漢，不知底細的人會大吃苦頭。清宮太監經常向等待陛見的官員索取宮門費，就連曾國藩那般剛正之人也難以免俗。有一次太監向左宗棠伸手要錢，左宗棠不幹了，大怒道：「吾嘗出入百萬軍中，無人敢阻當者，安識汝曹鼠輩！且吾廉俸所入，自贍尚虞不給，更何來餘貲給汝。今既阻我入見，吾惟有仍返任所耳。」太監害怕主子怪罪，連忙拉住他的衣服央求別走。左宗棠入覲後餘怒未消，揚言要讓內務府懲戒這個太監。太監非常害怕，跑去求慈禧開恩。慈禧笑道：「汝何不自量乃爾，此人功高性戇，先帝且優容之，吾何能為力？惟有向彼自行乞哀，或能赦汝狗命耳。」[343]

「水至清則無魚，人至察則無徒」，耿直剛介的左宗棠在官場混不開，奕訢、李鴻章等人都很排斥他。「他的脾氣在中國名人當中是罕見的，屬於會傷害中國人感情的那一類。他的唐突衝撞令中國的文化人感到不安，他對爭辯的喜好使他交友頗難。他不分時間、場合或對象，管不住嘴巴，暢所欲言，與當時的風氣格格不入。他總是不堪沉默，這個特性到晚年幾乎成了饒舌。他在交談中爭搶話頭到瞭如此地步，京城的官員在他說話時都會躲開。他的話鋒很自然地總是轉向西北，而北京的官場對西北並沒有很大的興趣。人們崇拜他的成就，尊重他的才幹，但對他本人並不熱情。北京充滿了陰謀，而左宗棠並不明白宮廷政治的微妙。他在這種氣氛裡感到不適，他的存在又明顯地令京城的官場感到不安。」[344]

連年在外征戰的左宗棠身心疲憊，京師本來是一個頤養天年的福地，可惜這種日子過得太不舒心。左宗棠認為「事有是非，人有邪正，政有利弊，謀有臧否，苟有所見不敢不言，言之亦不敢不盡也」，因此經常得罪人。因病告假三個月後，他疏請告老還鄉。清廷一番慰留後，於光緒七年九月外放他出任兩江總督兼南洋通商大臣。當時法國正增兵越南，對中國西南邊境構成威脅。南洋通商大臣的職責是主管南方對外通商事務兼海防，強悍武將左宗棠此時再次挑起防禦外侮的重任。

一八八二年二月赴任後，左宗棠將「防邊固圉」視為要務，數次抱病巡閱江防。經過上海租界時，一向對清朝官員不屑一顧的租界當局急忙換升中國龍旗，洋兵執鞭清道，鳴炮十三響，恭謹有加，一時觀者如堵，詫為從來未有之事。左宗棠帶數百名護兵出巡，有人告訴他：「照租界章程，凡結刀持械而往者，例須先向工部局請得照會，方能透過。」左宗棠大怒：「上海本中國地，外人只租借爾。以我中國軍人行中國地，何照會之有？」他命令護兵荷槍實彈、刀劍出鞘，昂然而行。租界當局非但不敢干涉，還命令巡捕沿途照料，並告誡說：「左公中華名將，今以馳驅王事過此，慎毋犯其怒也。」[345]

汪衍振：左宗棠晚年病得很重，中法戰爭之初就病得不行了。法國人很忌憚他，為了表演給法國人看，他抱病檢閱南洋水師，一點都看不出有病。他接著上折子說實在幹不動了，放我一馬吧，讓我養病。他坐著都累，這是實情。慈禧太后允准了，賞假四個月，讓他回籍休養。中法局勢突然惡化，一道聖旨過來，叫他趕緊進京。什麼原因呢？他這個人對軍事有超凡的能力，哪怕做顧問也好，不能隨便讓他離開。他臨終前還在上折子，呼籲台灣設省。

王魯湘：還在謀劃大計。

汪衍振：為國家的長治久安耗費心血。

一八八四年一月，七十二歲高齡的左宗棠因目疾無法處理公文，向朝廷奏請開缺回籍。清廷賞假四個月，讓他回籍安心調理。六天後飛來一道聖旨，清廷變卦了，讓他趕緊調治，不必拘定日期即可銷假就任。左宗棠遂留在江寧調養身體，然而戎馬半生的他不得安寧，中法戰爭局勢讓他揪心不已。六月，清廷再度任命他為軍機大臣，並管理神機營事務。一八六一年由文祥創建的神機營「內衛京師，外備征戰」，是晚清禁衛軍的主力，在左宗棠之前從未讓漢臣管理，此等信任前所未有。

八月，福建水師因前方將領避戰求和而被法軍稀里糊塗殲滅，左宗棠早年一手創建的福州船政局也被法軍轟毀。福建沿海局勢的惡化令他寢食難安，他就去醇親王府面見奕譞，請求代為請旨讓他統兵出征。三天後，清廷命左宗棠以欽差大臣督辦福建軍務。年底，左宗棠抵達福州，人心大定。法國艦隊在台灣、福建沿海尋釁，左宗棠抱病籌謀應對。以李鴻章為首的主和派在朝堂說話很有分量，清廷決定在取得大捷之後見好就收。一八八五年六月，李鴻章奉命在天津與法方代表簽訂《中法新約》，中法戰爭以法國不勝而勝、中國不敗而敗的結局收場。

一八八五年，左宗棠以身體羸瘦、飲食銳減、頭暈眼花、咯血時發等病情奏請卸任回籍。九月五日，他雖然兩天前已接到允准回籍的上諭，卻再也無力生還湖南老家。這一天，他病逝於福州，享年七十三歲。據說他臨終前不時連聲呼道：「訶訶！出隊！出隊！我還要打……我從南邊打到北邊，我要打，皇帝沒奈何。」[346]他在遺折中自責道：「臣督師南下，迄未大伸撻伐，張我國威，懷恨生平，不能瞑目！」

左宗棠雖與林則徐僅一面之緣，但他可以說是林則徐的接班人。他的後半生一直在走林則徐未竟的道路，比如創辦船廠、嚴禁鴉片、西定新疆，就連生命的終點也結束於林則徐的故鄉福州。驚聞「戰神」轟然倒下長眠，福州百姓痛哭失聲，江浙、關隴士民也悼痛不已。繼曾國藩之後，風雨飄搖的大清國又失去一根脊梁。清廷最後能賞賜逝者的，主要有兩樣東西：一是高的虛銜，二是好的諡號。追贈太傅，予諡文襄，便是這位收復六分之一國土的功臣最後獲得的賞賜。據《欽定大清會典》記載：「闢地有德曰襄，甲胄有勞曰襄，因事有功曰襄。」咸豐三年，清廷規定大臣武功未成者不得諡「襄」。晚清重臣獲諡「文襄」者，僅左宗棠、張之洞二人。[347]

左宗棠生前私下跟友人說，他死後可能獲諡「忠介」。清朝規定被點翰林或授大學士的大臣方可獲諡「文」，一向自負的左宗棠不敢奢望自己能獲此殊榮。平定太平天國運動之後，李鴻章和左宗棠爭功時說：「你儘自誇張，死後諡法不能得一『文』字！」[348]舉人出身的左宗棠當時無言以對，哪知死後竟能恩賜「文襄」。李鴻章有一次閒談時問幕僚，本朝李文襄公有幾人？有人說僅康熙朝宰相李之芳[349]一人，李鴻章笑道：「或當有二耳。」[350]李鴻章自以為會獲諡「文襄」，哪知獲諡「文忠」，正好與左宗棠顛倒。兩人認知錯位，不過各得其所。

一八八六年十二月，左宗棠歸葬於湖南善化縣八都楊梅河柏竹塘（今長沙縣跳馬鄉柏竹村）。墓地位於一條鄉村馬路旁，拾級而上，可見墓碑上刻著「清太傅大學士恪靖侯左文襄公之墓」。此墓在「文化大革命」中未能倖免於難，二十世紀八〇年代根據村民的記憶重建，但規模遠不如從前。原先墓園占地百畝，如今只剩十分之一。有戶黃姓人家為左宗棠守墓，如今已延續四代。現在的守墓人是黃志清老人，他的曾祖父是左家的佃農，免費租種墓地附近三十多畝稻田，條件是替左家守墓。

王魯湘：這座墓聽說「文化大革命」期間被毀得很厲害。

黃志清：人民政府要來挖墓，我們村不肯。

王魯湘：是紅衛兵造反派吧？

黃志清：對。結果縣政府出炸藥，要當地老百姓把它挖掉。

王魯湘：就是在墓裡挖一個洞，把炸藥填上去炸掉？

黃志清：對。

炸墓只是一個開始，左宗棠墓隨後遭到澈底破壞，石牌坊、鋪墓道用的麻石都被用於修渠建房，墓前的石人石馬也被挪去做橋墩。炸墓者以為墓室裡肯定藏有大量珍寶，於是叫人埋下一百多斤炸藥，引爆幾十根雷管炸開。

左宗棠墓

王魯湘：炸開墓以後，左大人還躺在裡頭嗎？

黃志清：挖開之後，氣味特別好聞，香香的。

王魯湘：有香味？

黃志清：香味冒上山頂。當時兩個人把他抬出來，發現他身上還有彈力。

王魯湘：沒有腐爛？

黃志清：一點都沒腐爛，好像睡著一樣。他脖子上掛著一串大朝珠，很長。當時六月份，是伏天。

王魯湘：天氣好熱，很容易腐爛。

黃志清：僅半個鐘頭，臭氣就聞不得了。

王魯湘：剛打開棺材時滿山香氣，半個鐘頭以後就臭不可聞了？

黃志清：對，全山人都跑掉了。

王魯湘：大家都不看了，因為太臭了。

黃志清：當時挖出來沒有一點東西，就是一個人和一串朝珠。

王魯湘：沒有陪葬品？

黃志清：沒有。

左宗棠自幼家貧，日後封侯拜相，仍不改艱苦樸素之風。以前他在陶家坐館，每年可得束脩二百兩銀子，出仕後不管俸祿多少，一般只寄這麼多錢做家用，其餘捐獻或賑災。他預備留給三個兒子的遺產，一個人均不超過五千兩銀子，不願讓子弟做「富二代」。左宗棠與曾國藩性格迥異，人生觀卻很相似。曾國藩視「花未全開月未圓」為惜福之道，左宗棠深有同感。一八六五年，閩浙總督左宗棠在寫給長子孝威的信中說：「我生平於仕宦一事最無系戀慕愛之意，亦不以仕宦望子弟。諺云：『富貴怕見開花。』我一書生忝竊至此，從枯寂至顯榮不過數年，可謂速化之至。絢爛之極正衰歇之徵，惟當盡心盡力，上報國恩，下拯黎庶，做完我一生應做之事，為爾等留些許地步。」

以人才觀而論，西方推崇實力派，中國則推崇偶像派。在西方，一個人的才華足夠耀眼的話，則其道德修養的瑕疵就像太陽黑子一樣，無損其光芒。在中國，哪怕一個人有能力扭轉乾坤，只要他在道德修養方面被人抓住口實，他所做的一切將大打折扣。實力是骨架，道德是外衣，修養是彩妝，三者完美組合才令中國人嘆服。曾國藩就是這樣一個國人公認的「完人」，而左宗棠因情商偏低折損了光芒。左宗棠是個實力派，中國人記住了他的功勞。然而，他成不了偶像派，注定在曾國藩身旁有些落寞。

戰神左宗棠（1812～1885）

梟雄　袁世凱

黃袍成殮衣

袁世凱（1859～1916），字慰庭（又作慰廷、慰亭），號容庵，河南項城人。出身書香門第，卻無科舉功名，人笑胸無點墨。棄文就武，不意柳暗花明，斬獲一生勳業。駐紮朝鮮十二年，既展武員雄威，又施使臣手腕，「中上美才」磨成上才。三十六歲小站練兵，四十歲署理山東巡撫，四十二歲升任直隸總督，四十八歲被釋兵權，調任軍機大臣兼外務部尚書，五十歲被罷黜回籍。隱居彰德三年，「洹上老人」垂釣養壽園，耳聽四面八方。武昌起義一聲槍響，起用為湖廣總督，繼而當內閣總理大臣，意外收穫中華民國大總統。逼清帝退位，就任臨時大總統，而後轉正大總統，最後黃袍加身。先是背叛大清，繼而背叛民國，人稱「竊國大盜」。

王魯湘：解放戰爭時期，毛澤東找中共筆桿子陳伯達談了一次話。遵照指示，陳伯達飛速寫成兩本小冊子——《介紹竊國大盜袁世凱》和《人民公敵蔣介石》，印發全黨以打磨思想。陳伯達一開篇就含沙射影：「袁世凱——他已死得將近三十年。但是，作為一個政治的人，這個人直到現在仍然是我們所時常接觸到的。他是死了，但是，他的思想、政治的靈魂，卻被他的後輩復活了。作為一種政治的象徵來說，袁世凱在現實的政治中，仍然高壓在中國人民的頭上，而由於發展的結果，現實的袁世凱，在手段的殘酷與陰毒上，終究遠遠地超過了已死的袁世凱。」

毫無疑問，當時批袁世凱是為了影射蔣介石。誰知在一九四九年後的非常歲月裡，這兩本速成之作竟成了馬恩列斯著作以外的思想經典，袁世凱從此成了中國人集體唾罵的跳梁小丑。歷史學者駱寶善先生感慨道：對於袁世凱這個人，他當學生時，老師教他的是「竊國大盜」，而他當老師時，教學生的還是「竊國大盜」，直到他研究了袁世凱二十年，才發現「竊國大盜」這一鞭子抽得未免太狠了些。

受訪嘉賓

駱寶善（1933～　），河南鄢陵人，廣州市社會科學院研究員，袁世凱研究專家。著有《駱寶善評點袁世凱函牘》，主編《袁世凱全集》。

袁家楫（1928～　），袁世凱次子袁克文之子。

袁家誠（1938～　），又名袁傑，袁世凱第十子袁克堅之子。

「中上美才」發跡於朝鮮

十九世紀五〇年代，老邁昏聵的大清國泥足深陷，內憂外患摧拉著這棵已逾兩百年的老樹。一八六五年英法聯軍悍然入侵，第二次鴉片戰爭硝煙密布，四年後咸豐帝倉皇「北狩」。與此同時，大江南北，黃河上下，太平軍、捻軍勢如破竹。風雨飄搖之際，曾國藩、李鴻章、左宗棠等文臣挺身而出，以強勁的枝幹鞏固了朽爛的樹根。不到一個甲子，這棵老樹終究還是被歷史洪流連根拔起。那位力拔山兮氣蓋世的梟雄誕生於捻軍活躍的河南陳州府項城縣，生辰是咸豐九年八月二十日（1859年9月16日）。

駱寶善：袁世凱的家庭，從他這一代前溯五代，都是耕讀傳家。他的曾祖父是廩生[351]，頗有學識。到他的父輩這一代，家裡出了兩個進士，還有一幫舉人和貢生[352]。

王魯湘：我們一直以為袁世凱是一介武夫，事實上他出身書香門第。

駱寶善：對，袁家是道地的書香門第，他本人也是先奔著科舉這條路走的，只是後來出於偶然的原因，這條正統的道路沒走通。他的曾祖父死得頗早，三十幾歲就死了。他的曾祖母是個女強人，率領著袁家五世同堂這樣一個大家族，四個兒子中的老大就是袁世凱的祖父袁樹三[353]，也是活了三十幾歲就死了，老二則是中國近代史上很有名的袁甲三[354]。

袁甲三是袁世凱的叔祖，因剿捻戰功卓著，官至漕運總督。袁甲三與曾國藩同年中舉，兩人交情甚篤。李鴻章之父李文安當過袁甲三的幕僚，李鴻章則與袁甲三同僚。袁世凱諸多父輩都有科舉功名，並跟隨袁甲三建功立業。袁家與湘軍、淮軍關係密切，與諸大將結下「戰友」情誼[355]。到了袁世凱這一代，袁家已從耕讀傳家轉為官宦世家。毫無疑問，家族的黃金人脈為他提供了便捷的進身之階。

駱寶善：十三、四歲之前，袁世凱有點少年無形。他的叔叔袁保慶[356]有幾個閨女，因為沒有男孩，就把兄長袁保中[357]第四子袁世凱過繼為嗣。袁世凱是家裡唯一的兒子，寶貝似的，十三、四歲就騎著大馬在南京大街上耀武揚威。好景不長，十四歲那年，他的嗣父袁保慶突然得急病死了。這年冬天，袁保恒[358]回家祭祖，就把袁世凱及其三哥袁世廉帶到北京袁氏家學去讀書。十四歲至十七歲這四年時間，袁世凱認真地在那兒讀書。用他自己的話說是，天天晝夜讀書，讀得咯血、生病。

王魯湘：讀書很用功。

駱寶善：開頭他的堂叔不太看好他，過了半年左右就說這個孩子可堪造就，滿有天分。

袁世凱出生當月，袁保慶的原配牛氏也產下一子，不久就夭折了。袁世凱的生母劉氏缺奶水，而牛氏的奶水很足，就把他接過去餵奶，視同己出。因袁保慶的妻妾再未生子，就把五歲的袁世凱過繼為嗣。後來，袁世凱跟隨嗣父輾轉於濟南、南京任所。他早年性情頑劣，人很聰明，卻厭惡讀書，喜歡打拳、騎馬、下棋、賭博，十二三歲就能馴服烈馬，透著一股濃烈的草莽氣息。他從小就八面玲瓏，善於在袁保慶的妻妾之間兩邊討好，博得大家的歡心。[359]

同治十二年（1873）夏，江寧鹽法道袁保慶病逝於任上，袁世凱從江寧扶柩回籍安葬。年末，袁甲三長子袁保恒從西北軍營回來探親，很喜歡袁世凱的相貌和口才。新年剛過，他就讓僕人帶著袁世凱和袁世廉去北京家學讀書。袁家很重視家學，因袁保恒長期在外，就由弟弟袁保齡[360]督課。袁保齡對袁世凱的初步考察是「資分不高而浮動非常」，便嚴加管束以去囂浮之氣。經過一年督責，袁保齡致函袁保恒說袁世凱頗有長進，「文章尚不入門」，然而「竟是中上美才」。光緒二年（1876）秋，無秀才功名的袁世凱以監生資格回河南參加鄉試，卻名落孫山。年底，心灰意懶的他遵照媒妁之言，迎娶比他大兩歲的同鄉於氏。婚後，他返回京師繼續備考。

駱寶善：袁世凱在京第三年，河南遇到大旱年，即所謂光緒三年年饉。袁寶恆以中央部院大臣的身分奉命回去辦賑務，帶上了袁世凱。在這個過程中，他發現袁世凱的辦事能力特強。袁寶恆很快就染上瘟疫死了，袁世凱於是留在河南，光緒五年再次參加鄉試，又沒考上。

光緒五年（1879）秋，再度科場失意的袁世凱將詩文付之一炬，發誓說：「大丈夫當效命疆場，安內攘外，烏能齷齪久困筆硯間，自誤光陰耶。」這一年，袁世凱二十歲。從此，他發奮鑽研《孫子兵法》、《六韜》、《三略》，學得機心和城府。因性情豪爽、出手闊綽，他在陳州府聚集了一批文武學子，發起組織了麗澤山房、勿欺山房兩個文社，每日對酒吟詩，馳騁郊原。往來朋輩中，有他一生的政治盟友徐世昌[361]。

駱寶善：一八八一年，袁世凱到山東投奔嗣父袁保慶一位很要好的朋友——淮軍將領吳長慶[362]。吳長慶跟袁保慶是生死之交，所以很器重袁世凱，而且覺得這個青年人滿有上進心。一一八八二年朝鮮爆發「壬午兵變」，清廷派吳長慶赴朝鮮平亂，袁世凱就跟著去了。

吳長慶是位儒將，不希望袁世凱以一介武夫終老，便把他在軍中「養」起來。吳長慶給他掛了個文案的名，月薪十兩，還派兩名差弁照顧生活起居，並請幕府大才子張謇[363]指導他讀書。誰知袁世凱向張謇訴苦，此來不是為糊口，而是希望請纓報國。張謇也發現袁世凱不是讀書的料，辦事卻很乾練，便極力向吳長慶推薦。吳長慶任命他為營務處幫辦，給予全營最高薪水——月薪四十兩，時任四品道員的袁保齡月薪才一百兩。袁世凱沒有受過專業的軍事訓練，便在軍營中邊幹邊學。每逢部隊出操或野外演習，他一邊監督查考，一邊觀看學習。他還鑽研操典、戰術之類軍事書籍，漸漸由外行轉為內行。

袁世凱是個有心做事的人，後來靠軍事起家並非偶然。機會總是垂青有準備之人，他一生抓住了幾次機遇，而駐紮朝鮮是他飛黃騰達的第一個契機。一八六四年一月，十二歲的朝鮮王室旁支李熙[364]入承大統，由生父興宣大院君李昰應[365]攝政。一八七三年，李熙的王妃閔妃[366]以「國王親政」為由發動政變，迫使大院君下野隱居。李熙生性懦弱，朝政被閔妃外戚集團所把持。大院君是保守的事大派，主張效忠大清國，推行閉關鎖國政策。閔妃集團執政後，推行對外開放政策，引入日本勢力，走親日路線。一八八二年七月，朝鮮首都漢城（今韓國首爾）武衛營和壯御營的士兵因欠餉譁變，引發市民參與反閔排日，擁戴大院君重新上台執政。

閔妃化裝成宮女逃亡，垮台的閔妃集團向清廷求援。為了鞏固宗主國的地位，清廷派丁汝昌帶軍艦三艘、吳長慶率淮軍六營赴朝平定「壬午兵變」。袁世凱隨軍出征，在前敵營務處負責軍需供應，勘探行軍路線。抵達朝鮮南陽海口後，吳長慶希望乘敵不備，連夜登陸直抵漢城。一些老營官貪懶怯敵，不是藉口暈船，就是推說天黑。袁世凱自告奮勇，兩小時內即登陸成功。他自任先鋒，為大軍開道六十里。安營扎寨後，他又回頭迎接大軍，獲得吳長慶當眾誇獎。[367]清軍在朝鮮也改不了擾民的惡習，他又自告奮勇擔當整頓軍紀的工作。為了震懾潰散之師，他一口氣殺了七個違紀士兵，軍紀大為改善。

一八八二年八月，早懷侵略野心的日本藉口使館被焚、僑民遇害，趁機出兵漢城，向朝鮮提出懲兇、賠款、駐兵權、增開通商口岸等七項要求，限三天答覆。一向排外的大院君被日本人的蠻橫無禮激怒，以拖延戰術應付。為避免與日軍發生衝突，清廷於八月二十六日誘捕了大院君，派人將他押赴中國軟禁，歸政於國王李熙。隨後袁世凱逮捕了大院君長子，並和吳長慶等人率軍抓捕參與兵變的朝鮮士兵。作戰中，袁世凱一路放槍，帶頭衝在最前面。

事後，吳長慶將有功人員名單上呈直隸總督兼北洋通商大臣李鴻章，袁世凱名列榜首，評語是「治軍嚴肅，調度有方，爭先攻剿，尤為奮勇」[368]。時年二十三歲的袁世凱，就這樣以「平叛英雄」的姿態進入清廷視野，並因此遇到生命中的大貴人——李鴻章。一八八四年因中法戰爭海防吃緊，李鴻章將慶軍一分為二，命吳長慶帶三營駐防遼東金州，留三營駐紮朝鮮，駐朝軍隊由袁世凱任會辦。慶軍中比袁世凱資歷深者大有人在，李鴻章卻獨獨賞識和提拔袁世凱。

清廷出兵平定「壬午兵變」後，最不高興的是日本人。日本在兵變之初大有借題發揮之勢，不料被清廷打亂了部署，未能撈取更大利益。但是，日本的野心從未熄滅，一直在朝鮮培植親日勢力。重新掌權的閔妃集團對清廷感恩戴德，一改以往排華態度。然而，清廷的頹勢再也遮掩不住，朝鮮各派勢力日漸離心，就連國王李熙也動搖了。在親日派開化黨人的煽動下，李熙授予該黨黨首便宜行事之權，企圖借助日本擺脫清廷的控制。一八八四年年底，開化黨人勾結日軍發動政變，殺死七名守舊派大臣，將王室成員控制在手上，成立新政府發布改革政綱。

消息傳來，袁世凱起初持謹慎態度，希望透過外交手段進行交涉。他和統領吳兆有等人聯名致函朝鮮國王，請求入宮護衛，卻被開化黨人拒絕了。袁世凱得知日本駐朝公使已帶兵入宮，遂致函日使說清軍應朝鮮臣民之請，派兵保護王宮，希望日軍退出以靖人心，以免激成大變。日使不回信，希望事態擴大化，伺機擊退清軍，轉由日本控制朝鮮。事態緊急，袁世凱來不及等候清廷指示就當機立斷，於十二月六日帶兵強行攻入王宮，與開化黨人和日軍展開激戰。清軍大獲全勝，開化黨人的「三日天下」結束了，甲申政變遂告平定。

日本人的陰謀粉碎在袁世凱的手上，從此視之為眼中釘。中日交涉甲申政變善後事宜時，日方誣稱袁世凱啟釁肇事，將懲處袁氏列為談判條件之一。不過，袁世凱的臨危不亂、處置得當深得清廷讚賞，李鴻章也在談判中極力維護袁世凱。最終袁世凱藉口嗣母有病回國，全身而退。

駱寶善：袁世凱在朝鮮前後共計十二年，面臨的對手是日本使團。他跟日本的關係始終很不好，而他對日本人的抵制還滿有成效的。甲午戰爭以前，中國人跟日本人打過兩次小仗，都有袁世凱參與其中，而且兩次都打勝了。清廷與日本的交涉基本上沒勝過，只有在朝鮮的這兩次小接觸勝利了。

王魯湘：袁世凱這個人好像處理亂局很有一套辦法。

駱寶善：他很有辦事才幹。給張之洞當過幕僚的辜鴻銘[369]後來寫了一本書叫《張文襄幕府紀聞》，裡面講到袁世凱跟人說文襄公是做學問的，而他是辦事的，辜鴻銘在人前挖苦他說，挑大糞也是辦事的[370]。袁世凱的辦事能力、行政能力特強，當時在北洋幕府中要選一個出使朝鮮的國家代表，李鴻章沒選別人，就選這個二十六歲的青年人，派他擔任駐紮朝鮮總理交涉通商事宜大臣，授四品知府，加三品銜。他幹了一任之後，二十九歲就升任道員了。光緒帝說，讓他在朝鮮好好乾，我有用他的時候[371]。這一年康有為仍是一介布衣，梁啟超在《戊戌政變記》中說袁世凱發家是由於康有為的推薦，其實不是這樣的。

王魯湘：不符合史實。

駱寶善：袁世凱早在十年前就在光緒帝那裡記上名了。

甲申政變後，為了牽制已有異心的李熙和閔妃集團，清廷決定釋放大院君回國。李鴻章本來擬派五百名士兵護送大院君，後來對袁保齡說：「我看慰庭伴送大院君，其才必能措置裕如，無須派兵同行。」袁保齡函催在籍的袁世凱赴津領命，袁世凱日夜狂奔，累死一頭騾子。護送大院君回到朝鮮後，他一面安撫大院君，一面勸說李熙和閔妃，最終沒有引起政治波動。李鴻章上奏清廷，稱讚袁世凱「膽略兼優，能持大體，為韓人所重」，可勝任駐紮朝鮮總理交涉通商事宜大臣一職。

袁世凱在這一職位上連任九年，遏制日、俄等勢力在朝鮮的滲透，防止中朝宗藩關係受到損害。年輕氣盛的他起初頤指氣使，以宗主國使臣的身分干涉朝鮮內政，引起朝方及各國駐朝使節的不滿，聯合起來排擠他，經常向大清國總理衙門投訴。袁世凱的頂頭上司是李鴻章，很能體諒他在朝鮮的艱辛處境，一直在光緒帝和慈禧面前誇讚他「血性忠誠，才識英敏，力持大局，獨為其難」。有大臣怕袁世凱惹是生非提議換人，袁世凱也主動提過辭職，都被李鴻章以找不出更合適的人選搪塞過去。

服從就有官有錢，不服從就吃刀

一八九四年，朝鮮爆發東學黨起義。這場農民戰爭給了日本出兵朝鮮的大好機會：「袁世凱歷年來，一直在朝鮮扶植清朝的勢力，剝奪我日本國在朝鮮的權利，我日本國雖然在朝鮮的利益日益退縮，但是從來沒有片刻忘記這一點。……清朝料定日本政府不會出兵，卻不知道我日本國年年強化軍事建設，等待這樣的時機已經很久了。」[372]朝鮮政府請求清廷出兵鎮壓起義軍，日本趁機大規模增兵朝鮮，隨後挑起中日甲午戰爭。

遭受日本和朝鮮排華勢力的雙重敵視，袁世凱的處境岌岌可危，遂於甲午戰爭前夕潛逃回國。李鴻章派他在前敵營務處當周馥的副手，赴東北和朝鮮北部前線負責後勤供應，並處理戰爭期間與朝鮮有關事宜。袁世凱抵達東北前線不久，清軍敗退回國，日軍控制朝鮮。李鴻章原本計劃收復朝鮮後仍派袁世凱去收拾殘局，現在幻想破滅了，便改派他負責軍隊後勤運輸。

甲午戰敗後，李鴻章作為替罪羊簽訂了《馬關條約》，遭致舉國一片唾罵，躲進賢良寺暫避風頭。失去靠山的袁世凱也灰溜溜地告假還鄉。不久，主戰派在朝中得勢，廢約、遷都、練兵、再戰的呼聲沸騰於朝野，袁世凱的機會來了。

駱寶善：袁世凱在東北前線的時候，與在天津坐鎮指揮的盛宣懷有很多通信往來。袁世凱說，我在前線觀察到我們的軍隊沒有戰鬥力，過去練兵也用了洋槍洋砲，但教官跟在前線打仗的士兵相脫節，所練的東西在前線用不上，跟日本人一交火就一潰千里。他還說，我們應該用新法練兵，有條件的話，由我來練兵。盛宣懷當時在北洋幕府主持後勤供應，支持袁世凱的主張。中央政府也正在做練兵的決策，選來選去，最後選定袁世凱，認為他在朝鮮有練兵經驗，而他本人也熱衷於此。盛宣懷十萬火急地叫袁世凱趕緊回來。回來沒多久，光緒帝就召見他。袁世凱講了自己的練兵主張，光緒帝叫他回去寫一個條陳。袁世凱寫了一封萬言書，提出練兵、政治改革、經濟改革等主張。

王魯湘：是一份關於社會改革的全面綱要。

駱寶善：甲午戰爭後，舉國上下都在思考這件事，提出各種改革主張。從這封萬言書的內容來看，袁世凱的思路在當時應該說是超前的、完整的，就政治改革的可行性來說，在康有為的萬言書之上。

李鴻章失勢後，最受光緒帝寵信的是翁同龢和李鴻藻。這兩位帝師都主張練兵，袁世凱便三次登門拜訪翁同龢，積極巴結。不久，光緒帝命袁世凱來京陛見，而後派他到督辦軍務處任職，並讓他奏陳挽救時局之策。袁世凱寫了一萬二千餘字的《尊奉面諭謹擬條陳事件呈》，裡面包羅政治、經濟、軍事、文化等方面的改革設想，提出儲材九條、理財九條、練兵十二條、交涉四條等建議。

當時上書言練兵事的人很多，但大多是書生紙上談兵。袁世凱曾以西法幫朝鮮練兵，在社會上早有「知兵」的名聲，獲得實力派封疆大吏的賞識。湘軍元老劉坤一[373]稱袁世凱是名家之子，也是少見的知兵文臣。湖廣總督張之洞說袁世凱雖性情稍近於亢，辦事稍偏於猛，但志氣英銳，任事果敢，於兵事最為相宜。當時督辦軍務處決定仿照西法練兵，以天津小站[374]的定武軍為試點，李鴻藻便舉薦袁世凱去接管定武軍。一八九五年十二月，督辦軍務處大臣聯名奏派袁世凱督練新軍，光緒帝當日便允准。

袁家楫：原先的淮軍不成樣子，吃喝嫖賭毒全有。我祖父袁世凱接管後進行整編，合格的留下，不合格的滾回家。身高多少，體重多少，能夠舉重多少，這些都有標準。

王魯湘：是不是還聘用了一些外國教官？

袁家楫：聘請了德國教官，而且從德國購買武器，設備相當先進。

王魯湘：跟舊軍隊相比，新建陸軍最主要的特點是軍紀嚴明。

袁家楫：對，比如發現吸鴉片者，就地槍決。

在西方人眼中，清軍極不專業，而且沾滿惡習。一位在華生活了半個世紀的英國傳教士說，清軍看上去十分滑稽可笑，不懂得如何讓自己表現出軍人的氣質。清軍未被要求站直、挺胸、走正步，可以根據自己的喜好隨意著裝，在環境惡劣的道路上散漫行軍。清軍出行的裝備令人啼笑皆非，必帶四樣東西：槍、煙槍、扇子和雨傘。更要命的是，清軍的軍紀令人「畏而遠之」，所到之處雞犬不寧，就連小雞都會在凶神惡煞的士兵面前驚恐地張著嘴，伸直翅膀落荒而逃，看上去活蹦亂跳的小豬也奇怪地失蹤了。[375]

一八九五年年底，袁世凱抵達天津小站開始練兵。定武軍原有四千餘人，袁世凱派人到河南、山東、安徽等地募兵，改編成一支七千餘人的新建陸軍。他在軍中開設砲兵、步兵、騎兵、德文四所隨營學堂，聘請德國軍官擔任總教習。學員從粗通文墨的士兵中選拔，學制兩年。畢業後，德文學員派赴德國留學，其他人在軍中擔任下級軍官。學員每季度一大考，成績優等者加薪受獎，由袁世凱拿出三分之一工資（即二百兩銀子）作為獎學金。此外，軍中還設講武堂和學兵營，給軍官充電。

曾國藩、李鴻章以前帶兵時，最撓頭的是餉銀問題。袁世凱比這兩位前輩省心不少，不用自籌軍餉，全部由戶部撥款。新建陸軍餉銀比較豐厚，定期發放，從無拖欠、私自剋扣等現象。每次發放餉銀，袁世凱總是親自監督，保證每一份銀兩都發放到士兵手中。他對這支新軍傾注了全部心血，每天身穿軍裝足蹬馬靴，白天觀操，夜晚巡營。他幾乎叫得出各級軍官乃至棚頭弁目的姓名，而且大致了解每個人的脾性和優缺點。曾國藩、李鴻章都是靠手上的軍隊成為權臣，作為再傳弟子的袁世凱自然深諳此理。他抓住一切機會暗示每一個士兵：這支軍隊的絕對權威乃是他袁世凱。

後來袁世凱調任軍機大臣，張之洞問起練兵的祕訣，他答道：「練兵的事情，看起來似乎很複雜，其實也很簡單，主要的是要練成『絕對服從命令』。我們一手拿著官和錢，一手拿著刀，服從就有官有錢，不服從就吃刀。」[376]一句話，袁世凱的練兵祕訣是恩威並濟。

新建陸軍在享受豐衣足食的同時，也要接受極其嚴格的管理。袁世凱制定了《簡明軍律》，規定了十八條斬罪，比如臨陣進退不候號令及戰後不歸伍者斬，臨陣回顧退縮及交頭接耳私語者斬……據說有一天晚上，袁世凱巡營時發現一名士兵偷吸鴉片，當即抽出佩刀砍死。[377]

駱寶善：一八九六年春天出了一件事。由於袁世凱練兵頗嚴，軍營旁有小販賣東西，被他殺了一個，別人就把他告上去，說他濫殺無辜。這時朝廷后黨和帝黨之間的矛盾日漸加深，慈禧太后就找了她的副手榮祿當兵部尚書，後來讓他出任直隸總督。袁世凱是榮祿的部下，人家一告上來，榮祿得處理這件事。處理過程中，他發現袁世凱做得還不錯，就說這件事只可小不可大，你還照常去練兵。

王魯湘：小站練兵在袁世凱的政治生涯中極其關鍵。第一，這是他日後成為中國軍政強人的一個資本，從此手裡有武裝。第二，他攀上榮祿這層關係，等於和慈禧的后黨建立了聯繫。

駱寶善：他和帝黨、后黨的關係都搞得很好，所以在政治上立於不倒之地。

練兵正在興頭上的袁世凱被御史胡景桂參了一本，說他「徒尚虛文，營私蝕糧，性情謬妄，擾害地方」，「浪費國帑，誅戮無辜」，光緒帝便命兵部尚書榮祿前往小站查明是否屬實。榮祿查明胡景桂所參多與實際有出入，唯「誅戮無辜」確有其事。袁世凱規定商販不許進軍營買賣，由於小站是老軍營，商販與兵丁已交易多年，以為這只是虛文，便照舊進去做生意，結果有個菜販被他抓住並殺了。兵丁違紀可以軍法處置，而商販在和平時期犯禁應按大清律例處理。若如實上奏朝廷，袁世凱最輕的處罰也要被撤職。榮祿不希望新建陸軍功虧一簣，便決定包庇袁世凱，並誇讚此人是不可多得的將才。一八九七年七月，袁世凱擢升直隸按察使，仍專管練兵。戊戌變法前夕，光緒帝命他將練兵心得整理成書，他便找義結金蘭的兄弟徐世昌來幫忙。

駱寶善：徐世昌一八八六年就中進士點翰林，但他十幾年來在翰林院始終坐冷板凳。袁世凱一到小站練兵，就把這位兄弟請來當新建陸軍參謀營務處總辦，用現在的話來說就是當辦公室主任。徐世昌是個文人，很會寫文章，就由他來主持修纂這部兵書。一八九八年春，《新建陸軍兵略錄存》編出來了，這大概是中國用西法練兵的開山之作。

王魯湘：客觀地說，維新運動應該包括袁世凱編練新軍這個部分。

駱寶善：這是其中一個重要內容。

王魯湘：維新運動不是成天就幾個文人在那邊搗弄，其實有很多實際操作的東西。

駱寶善：那些在操作的政治改革都沒有實際的東西拿出來，唯獨袁世凱的兵書看得見摸得著。

縱觀袁世凱一生，可以說他發跡於朝鮮，起家於小站練兵。出使朝鮮期間，他在藩屬國儼如小國王。這個起點很高的平台磨礪了他的執政能力，為他後來執掌中華民國累積了政治資本。小站練兵磨練了他的軍事統帥能力，而且讓他擁有了一支忠於自己的近代化軍隊，為他後來登上中華民國大總統職位積累了軍事資本。小站新軍培養出了四位民國總統——袁世凱、馮國璋[378]、徐世昌、曹錕[379]，六位民國總理、陸軍總長和三十四位督軍。毋庸置疑，這是袁世凱創造的一個奇蹟。不過，當年新軍在給他帶來權力和榮耀的同時，也險些讓他一夜翻船。

戊戌政變告密疑雲

甲午戰敗讓大清國顏面盡失，麻木的神經也被刺痛了。一八九七年德國出兵強占膠州灣後，光緒帝再也坐不住了，將強國之道寄望於維新變法。一八九八年春，他對慶親王奕劻說：「太后若仍不給我事權，我願退讓此位，不甘作亡國之君。」慈禧知道後發怒說：「他不願坐此位，我早已不願他坐之。」經奕劻竭力勸解，慈禧鬆口了：「由他去辦，俟辦不出模樣再說。」[380]其實，慈禧從來不是澈底的守舊派，以前她就支持過洋務運動，只不過她可接受的變法是有限度的。戊戌變法最終被叫停，是因為她認為光緒帝的步伐越過了她所能容忍的底線。

光緒二十四年四月二十三日（1898年6月11日），光緒帝頒布《明定國是詔》，正式拉開戊戌變法的序幕。在百日維新期間，一道道新政從天而降，像冰雹一樣砸向各個衙門。新政涉及政治、經濟、文教、軍事等各個方面，其中經濟體制變革令七十多件，文教變革令八十多件，政治變革令九十多件。許多地方官員無所適從，持觀望態度，甚至置之不理，而守舊派高官紛紛向慈禧投訴。慈禧人雖在頤和園休養，眼睛卻瞄著數十里外的紫禁城。光緒帝自一八八九年大婚後親政，在重大事情上仍須聽命於慈禧，除了事前請示，還要事後報告，將重要奏摺及相關諭旨交由軍機處上呈慈禧。慈禧監控著政務處理情況，光緒帝猶如在玻璃房子裡辦公。當然，再透明的房子也有暗角，比如光緒帝未將康有為的奏摺全部上呈。百日維新期間，光緒帝還做了幾件「越軌」的事，最終惹得慈禧跳出來重新掌權。

七月十九日（9月4日），因禮部尚書懷塔布[381]等人曾阻撓禮部主事王照[382]上書言新政，光緒帝遂罷免禮部六堂官，賞王照三品頂戴，以四品京堂候補。次日，他授予維新人士楊銳[383]、劉光第[384]、林旭[385]、譚嗣同[386]四品卿銜，擔任軍機章京，參預新政事宜。按當時的規矩，光緒帝任免高級官員須先請示慈禧，而且二品以上官員的任免權不在他手裡。光緒帝擅自罷免禮部六堂官，顯然違背了遊戲規則，無視慈禧的政治權威，挑動了慈禧的敏感神經。此舉被一些歷史學者認為是戊戌政變的導火線。[387]

此外，維新黨人建議開懋勤殿，「選集通國英才數十人，並延聘東西各國政治專家，共議制度，將一切應興應革之事全盤籌算，定一詳細規則，然後施行」。七月二十九日（9月14日），光緒帝赴頤和園請示慈禧，結果遭到嚴斥。對權術十分敏感的慈禧，預料得到開懋勤殿會有什麼後果。懋勤殿人員不受品秩限制，直接對皇帝負責，表面上是政治諮詢機構，實際上是政治決策機構，軍機處、總理衙門等議政機構將降為執行機構。這是對現有體制和慈禧權力的挑戰，帝后之間的政治權力關係將發生實質性的變化。從慈禧的角度看，光緒帝十天前擅自罷免禮部六堂官，現在又要開懋勤殿，對她已是發動了兩次「政變」。[388]

從光緒帝次日讓楊銳帶出的密詔可知，慈禧曾拿皇位威脅他變法步伐不要太大：「近來朕仰窺皇太后聖意，不願將法盡變，並不欲將此輩老謬昏庸之大臣罷黜，而用通達英勇之人令其議政，以為恐失人心。雖經朕屢次降旨整飭，而並且隨時有幾諫之事，但聖意堅定，終恐無濟於事。即如十九日之朱諭，皇太后已以為過重，故不得不徐圖之，此近來之實在為難之情形也。朕亦豈不知中國積弱不振，至於阽危，皆由此輩所誤；但必欲朕一旦痛切降旨，將舊法盡變，而盡黜此輩昏庸之人，則朕之權力實有未足。果使如此，則朕位且不能保，何況其他？今朕問汝：可有何良策，俾舊法可以全變，將老謬昏庸之大臣盡行罷黜，而登進通達英勇之人令其議政，使中國轉危為安，化弱為強，而又不致有拂聖意。爾其與林旭、劉光第、譚嗣同及諸同志妥速籌商，密繕封奏，由軍機大臣代遞。候朕熟思，再行辦理，朕實不勝十分焦急翹盼之至。特諭。」[389]

七月三十日（9月15日）這道密詔成為維新黨人策動政變的導火線。維新黨人將視線聚焦於「朕位且不能保」這一句，惶惶然找袁世凱商議，打著光緒帝要求「救駕」的招牌，密謀「圍園劫後」。其實，維新黨人誇大了光緒帝的危險處境，光緒帝也並未要求維新黨人採取激烈手段。光緒帝在密詔中陳述變法受阻的事實，說自己權力不足，一旦降旨將舊法盡變，「則朕位且不能保」。言外之意是，如果他乖乖順從慈禧的意思，皇位還是可以保住的。因此，他要楊銳與林旭、譚嗣同等人籌商良策，使「舊法可以全變」，「而又不致有拂聖意」。

光緒帝本指望維新黨人想出兩全其美的良策，誰知竟被他們的「圍園劫後」密謀害慘了。維新黨人早就有「圍園劫後」的想法，認為變法難以推行的主要原因是光緒帝手中無權，因此必須除掉最大的絆腳石慈禧。戊戌政變後，逃亡海外的康有為篡改光緒帝的密詔，宣稱維新黨人是奉詔救駕。一八九八年十月十九日，上海《新聞報》刊登了康有為的偽詔：「朕維時局艱難，非變法不能救中國，非去守舊衰謬之大臣不能變法，而太后不以為然，朕屢次幾諫，太后更怒。今朕位幾不保，汝可與楊銳、劉光第、譚嗣同、林旭諸同志妥速密籌，設法相救。朕十分焦灼，不勝企望之至。特諭。」[390]

真詔與偽詔存在幾處重大差異：真詔語氣平緩婉轉，而偽詔語氣急切，將假設式的「果使如此，則朕位且不能保」篡改為肯定式的「今朕位幾不保」。真詔要楊銳等人「妥速籌商」良策，結果被篡改為「妥速密籌，設法相救」。真詔明確點名的是「軍機四卿」——楊銳、林旭、譚嗣同、劉光第，並未點到康有為。為了凸顯自己在戊戌變法中的重要地位，康有為將真詔中「汝」所指對象偷梁換柱，將光緒帝給楊銳的密詔偽造為給他。

康有為有意誇大帝后矛盾，將戊戌變法的失敗歸咎於慈禧的阻撓，目的是為了爭取國際社會的支持，希望日本、英國等列強出手干預。戊戌政變後，康有為被清廷通緝，在英國人的援助下得以脫險。他的弟子梁啟超得到日本人的救助，乘坐日艦逃亡東瀛。一八九八年十月，師徒二人相繼抵達日本。當時日本輿論界對他們頗有微詞，認為維新變法過於急激導致政變。梁啟超反駁說，中國積弊數千年，非用雷霆萬鈞之力，不能打破局面。政變原因事關保皇活動的正當性，康、梁需要撇清光緒帝和維新黨人的責任，以博取輿論的同情。梁啟超在政治宣傳書《戊戌政變記》中強調：「政變之總原因有二大端：其一由西後與皇上積不相能，久蓄廢立之志也；其二由頑固大臣痛恨改革也。」[391]

維新黨人說慈禧「久蓄廢立之志」，乃言過其實。帝后不和是事實，但政變前並未激化到廢黜光緒帝的程度。對於維新變法，光緒帝恨不得讓大清國一夜暴富，而慈禧儘管不太情願，最終還是決定讓他試一試。沒有哪一位統治者故意讓國家積弱，再腐朽的政權也知道國家越富強，自己的統治地位才越鞏固。當政者難就難在不知道如何領導國家走向富強，只能摸著石頭過河，摸准了就大功告成，摸錯了就墜入深淵。由慈禧主導的洋務運動失敗了，光緒帝希望由自己來主導一場全新的改革運動。母子本意相同，只是政見不同，還沒到拼個你死我活的地步。維新黨人的「圍園劫後」密謀卻將光緒帝推進萬丈深淵，母子從此恩斷義絕，一度瀕臨被廢黜的險境，十年後終究難逃一死。

被維新黨人「綁架」捲入密謀的人，除了光緒帝，還有袁世凱。當戊戌變法命懸一線時，缺乏實力的維新黨人預感變法即將遭到扼殺，目光便落到手握重兵的袁世凱身上。七月初八日，光緒帝和慈禧決定於九月赴天津閱兵。此時尚未發生罷免禮部六堂官、開懋勤殿之事，帝后矛盾尚未尖銳到水火不相容的地步。然而，維新黨人擔心九月天津閱兵即行廢立之事，因此必須先下手為強。袁世凱素來傾向維新，與維新黨人頗有來往。康有為認為：「以將帥之中，袁世凱夙駐高麗，知外國事，講變法，昔與同辦強學會，知其人與董[392]、聶[393]一武夫迥異，擁兵權，可救上者，只此一人，而袁與榮祿密，慮其為榮祿用，不肯從也。」[394]

維新黨人早有武力奪權的打算，曾於六月派人打探袁世凱的口氣。康有為得到的情報是，「袁傾向我甚至，謂吾為悲天憫人之心，經天緯地之才」。[395]維新黨人接著使出離間計，說榮祿曾在光緒帝面前說袁世凱「跋扈不可大用」。維新黨人認為袁世凱支持維新變法，而且與榮祿貌合神離，於是將賭注全部押在他身上。他們奏請光緒帝提拔袁世凱，將他從后黨陣營拉攏過來。袁世凱出使朝鮮和編練新軍的表現，光緒帝早已看在眼裡，便於八月初一日（9月16日）擢升袁世凱為兵部候補侍郎，責成專辦練兵事務。

從地方官一夜驟升為中央副部級官員，袁世凱「自知非分，汗流浹背，立意疏辭」，「以無寸功，受重賞，決不為福」[396]。很多歷史學者認為此舉是光緒帝一大敗筆，因為這引起后黨高度警惕，加速了發動政變的步伐。當時局勢已非常敏感，帝黨和后黨劍拔弩張，都在祕密策劃行動：光緒帝已發出密詔，維新黨人正在籌劃「圍園劫後」密謀；而后黨自禮部六堂官被罷黜，也在鼓動慈禧出來掌權。此時提拔手握重兵的袁世凱，無疑給后黨一個信號：光緒帝正在尋求軍事後盾，試圖挑戰現有權力格局。

八月初三日（9月18日）是戊戌政變前夕最詭祕的一天，帝黨和后黨都在悄悄行動，三天後勝負見分曉。御史楊崇伊當天上密摺，由慶親王奕劻帶去頤和園上奏，請慈禧「即日訓政，以遏亂萌」，從而拉開政變的序幕。光緒帝自七月二十九日前往頤和園，八月初三日下午才回宮，密摺可能是在他離開之後上呈慈禧的。因為當晚戌刻（19:00～21:00），慈禧突然傳令次日回西苑[397]，擬於初六日回頤和園。

頤和園與西苑的距離在十五公里以上，乘轎約需三小時。慈禧喜歡從頤和園乘船出發，一路走走停停，燒香又進膳，最後乘轎進城，耗時至少五小時。皇家出行可不同一般人，不是拎個小包就能出門的。光緒帝和慈禧每次出行，儀仗隊多達數百人，車馬、隨行人員均需提前安排，內務府、侍衛處、護軍營、步軍統領衙門、軍機處都得做好準備。每次光緒帝去頤和園，都提前三天至八天通知預備車馬，並預告回宮日期。慈禧的出行儀仗更排場，有時連戲班子都帶上，因此需要更多時間做準備。[398]

初三晚突然決定次日回西苑，此舉非同尋常，是什麼讓慈禧迫不及待地趕回去呢？有人猜測是密摺中關於伊藤博文訪華一事引起她的警惕。楊崇伊[399]在密摺中痛斥維新黨人貽禍宗社，並拋出一枚重磅炸彈，說風聞伊藤博文即日到京，將專政柄，則祖宗所傳之天下不啻拱手讓人。一八九八年，伊藤博文第三次組閣不滿半年，就因黨爭被迫解散內閣，下台後便到中國遊歷一番。維新黨人認為應藉助這位明治維新的元老來推進戊戌變法，光緒帝遂定於八月初五日（9月20日）召見伊藤博文。伊藤博文是甲午戰爭的主要策劃者、《馬關條約》的全權談判代表，當時中國人恨不得剝其皮食其肉，風聞光緒帝將聘這位「大強盜」為客卿，難免擔心引狼入室。

從慈禧初四日回西苑途中的表現來看，程序跟往常差不多，只不過少了用膳的慣例，看起來還很悠閒。如果她此時已打定主意要發動政變，從她不慌不忙的樣子看得出，她對光緒帝有絕對的掌控力。這攻破了維新黨人「九月天津閱兵即行廢立」的說法，因為慈禧沒必要興師動眾地跑到天津廢黜光緒帝，完全可以輕而易舉地在宮中實施。所謂「廢立」之說，可能只是維新黨人為實施「圍園劫後」密謀而編造的藉口。

八月初三晚對於袁世凱來說，也是一個不尋常之夜。七月二十九日，他奉召由天津乘火車抵京，寓居法華寺。八月初一日，光緒帝在頤和園召見他，隨後擢升他為兵部候補侍郎，並密諭初五日請訓。按清制，欽差大臣及三品以上外放官員赴任時，須陛見辭行。袁世凱雖然被擢升為京官，但他仍奉命在天津練兵，照例應先請訓再回津。八月初二日，他陛見謝恩時說自己無尺寸之功，受破格之賞，慚悚萬狀。光緒帝笑著對他說：「人人都說你練的兵、辦的學堂甚好，此後可與榮祿各辦各事。」[400]此話大有深意，光緒帝培植自己勢力的企圖昭然若揭。初三晚，譚嗣同突然夜訪法華寺，與袁世凱商議舉兵「圍園劫後」的密謀，從此袁世凱捲入了戊戌政變告密的是非旋渦。

維新黨人已嗅到慈禧可能發動政變的氣息，因此打算先發制人。他們計劃先誅殺榮祿，剷除慈禧的軍事後盾，然後圍攻頤和園，要挾慈禧放權給光緒帝。維新黨人大多是文弱書生，手無寸兵寸鐵，唯一可以指望的軍政強人就是袁世凱。然而，他們錯認了袁世凱，誤以為是同路人。袁世凱從行為來看也是維新人士，但他是穩健的改革派，並不認同維新黨人激進的改革理念。維新黨人有些理念在今天看來，仍不可能獲得大多數人認同，例如搞所謂「合邦制」，「固結英、美、日本三國，勿嫌合邦之名為不美」。「合邦」計畫的始作俑者是英國傳教士李提摩太，如若光緒帝聽從這位維新黨人精神領袖的話，則列強不費一兵一卒就吞併中國了。今人尚且不能容忍，何況慈禧呢！

維新黨人像賭徒一樣孤注一擲，而袁世凱的心態大不相同。從出使朝鮮到編練新軍，他的能力舉國共睹，前程似錦。雖然驟升為侍郎會引起后黨的警覺，但他以後只要循規蹈矩，仍像從前一樣乖乖練兵，不是不能消除慈禧的疑慮。憑藉穩紮穩打賺來的實力和八面玲瓏的情商，正當壯年的他前面有金光大道可走，何必冒險走羊腸小道？因此，他想方設法搪塞譚嗣同。

初五日請訓時，袁世凱向光緒帝進言：「古今各國變法非易，非有內憂，即有外患，請忍耐待時，步步經理，如操之太急，必生流弊。且變法尤在得人，必須有真正明達時務老成持重如張之洞者，贊襄主持，方可仰答聖意；至新進諸臣，固不乏明達猛勇之士，但閱歷太淺，辦事不能慎密，倘有疏誤，累及皇上，關係極重，總求十分留意，天下幸甚。臣受恩深重，不敢不冒死直陳。」光緒帝為之動容，但無答諭。請安退下後，袁世凱趕赴火車站，抵津後就去見榮祿，告發維新黨人的密謀。[401]

關於告密問題，史學界最爭論不休的是袁世凱何時告密。據袁世凱在《戊戌日記》（又名《戊戌紀略》）自述，初五日傍晚抵達天津後，他就去直隸總督署找榮祿報告情況。剛透露一點內情，不巧有人來訪，他便和榮祿約好次日早晨再詳談。第二天一早，榮祿親自上門找他問詳情。因這件事牽涉到光緒帝，他們不敢輕舉妄動，籌商良久卻無良策。榮祿先回直隸總督署，晚上又請袁世凱去面談。袁世凱發現楊崇伊在場，得知慈禧已於今早發動政變。從袁世凱的描述來看，初六日發生的政變與他無關，因為他和榮祿尚未向慈禧告密。

問題的關鍵在於，《戊戌日記》可信嗎？經史學界考證，一般認為內容大體是真實的，但也有掩飾和粉飾的痕跡。將《戊戌日記》與梁啟超的《戊戌政變記》兩廂對照，可知二者的敘述有出入。袁世凱在聽到誅殺榮祿、「圍園劫後」的密謀時，形容自己「魂飛天外」，一再找藉口敷衍譚嗣同。而在梁啟超的筆下，袁世凱對發動兵變一事毫不猶豫，說只要計畫得當，「誅榮祿如殺一狗」，而且馬上要回軍營做準備。對於天津閱兵將行廢立之說，袁世凱認為「必系謠言，斷不足信」，在梁啟超筆下則變成「固有所聞」。《戊戌日記》說譚嗣同「謂有密語，請入內室，屏去僕丁」，給人感覺只有譚嗣同、袁世凱二人在場，而在梁啟超筆下出現「袁幕府某」，歷史學者認為是徐世昌。梁啟超說袁世凱初五日請訓時奉有密詔，而袁世凱說光緒帝並無答諭。

光緒帝究竟有無密詔給袁世凱，這仍是一個歷史謎團。維新黨人一口咬定有，袁世凱極力辯白無。維新黨人意在將政變的責任推卸給袁世凱，袁世凱則志在洗刷賣主求榮的罵名。袁世凱八月初一日陛見時奏稱，九月有巡幸大典，亟須回津辦理。但光緒帝非要他初五日再請訓，可能別有用心。光緒帝當時在頤和園，身邊到處是慈禧的眼線，說話辦事自然有所顧忌。他初三日回宮，可能初五日那天想跟袁世凱深談，或者是有所交代。

始料未及的是，慈禧突然於初四日回到西苑，光緒帝又處在監控之下。袁世凱後來告發「圍園劫後」密謀時，將一切責任推到維新黨人頭上，極力為光緒帝辯誣。然而，仇恨的種子已經種下，光緒帝對他恨之入骨。據說庚子事變時西逃的光緒帝，仍不忘「畫成一龜，於背上填寫項城姓名，粘之壁間，以小竹弓向之射擊，既復取下剪碎之，令片片作蝴蝶飛。蓋其蓄恨於項城至深，幾以此為常課」。[402]

政治從來都是虛虛實實，政治人物寫的東西也是如此，一不小心就掉進他們設的陷阱。歷史真相是一點一點拼湊而成的，沒有人可以看清全貌，就連當事人也是霧裡看花。梁啟超流亡日本期間撰寫了《戊戌政變記》，於政變後第二年出版，主要是為了爭取外援、推脫責任和宣傳政治主張。梁啟超聲稱是以局內人的身分披露戊戌政變的「真相」，然而史學界認為這是一部政治宣傳書，很多內容被刻意篡改過。袁世凱的《戊戌日記》也不可全信，因為同樣是政治之作。

一九〇八年，光緒帝和慈禧相繼去世，袁世凱很快被攝政王載灃罷黜回籍。朝野傳言光緒帝臨終前留下遺囑，要隆裕太后殺掉袁世凱以洩恨。載灃是光緒帝的弟弟，因有所顧忌不敢貿然殺袁世凱，遂找藉口讓他「回籍養疴」。袁世凱並無寫日記的習慣，獨有三千多字的《戊戌日記》存世，是他為自保而寫的自我辯白書。[403]

由於當事人譚嗣同已被處斬，而袁世凱可能又不如實記載，這使得八月初三日的密談內容撲朔迷離。更讓史學界撓頭的是，袁世凱關於告密時間的陳述到底可不可信。有人認為袁世凱初四日就在北京告密，導致初六日政變的發生。這一觀點經不起推敲，因為此事牽涉到一國之君光緒帝，圓滑政客袁世凱不可能聽信一面之詞就貿然行事，會等到初五日陛見時探明態度再做決定。有人認為袁世凱初五晚向榮祿告密，榮祿連夜將消息送達慈禧，引發次日政變。有人則認為政變發生後，袁世凱和榮祿才向慈禧告密，引發八月十三日（9月28日）的「戊戌六君子」喋血事件。

袁家楫：關於我祖父「告密」問題，梁啟超在日記裡寫過，這純屬推測，告密者另有其人。光緒帝感覺到慈禧在監視他，心裡著急，就寫便條給康有為，叫康有為、梁啟超、譚嗣同想辦法幫他解決問題。

王魯湘：密詔。

袁家楫：可以說那個時候慈禧已經知道了，有人已經告密了。他們在想辦法的時候，譚嗣同突然夜訪法華寺。

王魯湘：也就是說，譚嗣同夜訪法華寺這件事已經在后黨的嚴密監視之下了？

袁家楫：對，他們的行動早就被后黨監視了。

王魯湘：法華寺外已經密布后黨的密探，因此第二天榮祿就把您祖父給找去了？

袁家楫：一大早就給找去了，問譚嗣同找你幹什麼？我祖父權衡：第一要保全自己，第二要保全家族，因為犯欺君罪是要滅九族的。他有一個對比：維新派沒有武力，只想藉用他的小站新軍去做這些事，但他根本抵不過榮祿在天津附近的駐防部隊。

王魯湘：他不是后黨的對手，根本沒這實力。

袁家楫：對。慈禧和榮祿都是滿人，對我祖父已經起了疑心，所以派董福祥駐紮在長辛店。

王魯湘：是從甘肅調來的甘軍吧？

袁家楫：對，還有聶士成駐紮在天津附近。在天津和北京之間，他們已經下了兩道卡子，兩支部隊有十幾萬人。我祖父只有八千人，怎麼敵得過？他就把譚嗣同的話如實告訴榮祿，榮祿轉身就去了頤和園。

王魯湘：把整件事情告訴慈禧。

袁家楫：慈禧後來抓「戊戌六君子」時，我祖父已經離開北京到了天津。我祖父離開後，慈禧第二天就抓人，所以有人認為是我祖父告密。他們就是這樣推斷的。

袁世凱之孫袁家楫的說法，有些地方可能有誤。他說光緒帝的密詔是寫給康有為的，史學界考證說那是偽詔。他說法華寺已被后黨監視了，證據何在？他說榮祿第二天早晨就找袁世凱問話，然後就去頤和園告密，這不符合史實。八月初四日，榮祿在天津，袁世凱在北京，不可能當面對話。他說榮祿因為對袁世凱起了疑心，遂調聶士成和董福祥二軍設防，這種說法不太確切。聶士成的武毅軍長期駐紮在天津東北部寧河縣蘆臺鎮，甘軍則於本年三月從山西移駐直隸正定府（今河北正定縣）一帶。因八月初二日有七艘英國軍艦在大沽口游弋，榮祿調聶士成帶十營兵駐紮在陳家溝，並未調動甘軍。甘軍自八月二十五日起陸續移駐北京南苑，那已在戊戌政變後。[404]

袁世凱到底何時告密？慈禧何時接到密報？戊戌政變是否因袁世凱告密而引發？史學界為此爭論不休。駱寶善認為，戊戌政變的發動有一個醞釀過程，並非慈禧初五晚接到密報，次日一早就發動政變。早在七月份，后黨因與帝黨矛盾一路激化，已在謀劃慈禧訓政事宜。初三日楊崇伊的密摺點燃了導火線，慈禧初四日回西苑部署，初六日發動政變。當時她尚不知曉維新黨人「圍園劫後」的密謀，因此初六日下令捉拿康有為，而不是「康黨」。[405]步軍統領衙門接到的逮捕密旨並未提及「圍園劫後」這項謀逆罪，就連主謀譚嗣同的名字也未提及，說明慈禧此時尚未接到密報。

關於袁世凱向榮祿告密的時間，駱寶善認為就是《戊戌日記》所說的初五晚。袁世凱當天乘火車回天津，下午三點抵達，但他並不是徑直去找榮祿告密。由於他被擢升為兵部候補侍郎，天津文武官員當天便前往火車站迎迓奉承，他需要花時間應酬。儘管內心可能焦慮不安，他也要不露聲色地應付完官場的應酬，然後趕赴直隸總督署告密。這場應酬至少花了兩、三個小時，當時天津日落時刻為傍晚六點多，《戊戌日記》中「日已落，即詣院謁榮相」的記載應該屬實。

袁世凱說因有客來訪而中斷密談，「久候至將二鼓，不得間，只好先退晚餐，約以明早再造詳談」。駱寶善認為這是飾詞，其實他正是在二更（21:00～23:00）時分向榮祿詳細告密。此時距離次日卯刻（05:00～07:00）早朝只有七、八個小時，以當時的制度、交通、通信條件來推斷，他們來不及在初六日政變前密報慈禧。京津距離三百里之遙，無論騎馬還是坐轎都來不及，何況告密人抵京後還要經由奕劻轉奏慈禧，時間就更緊張了。清制規定「太后前唯親王可以遞牌請起」，榮祿及其親信均無夜叩宮門的資格，只能透過慶親王奕劻轉奏。[406]

關於榮祿密報慈禧的途徑，最流行的是「火車報京說」和「電報報京說」，均被駱寶善予以批駁。當時京津火車剛開通一年，首班車上午六點，末班車下午三點，單程三個半小時。當時沒有夜班車，即使經過直隸總督榮祿的交涉開專列，火車的調度、蒸汽機車的升火加煤、沿途各車站的通信聯絡等均需時間安排。終點站位於永定門外馬家堡，告密人下火車後，須叫開城門交涉進城事宜，然後奔赴后海附近的慶王府，叫奕劻連夜叩宮門稟報慈禧。這一路涉及多個環節，時間太不充裕，何況夜間臨時安排專列的動靜太大，榮祿不會出此下策。

那麼，榮祿會不會是透過電報告密呢？駱寶善認為時間同樣不允許。當時皇宮大內、頤和園、軍機處均無電報收發機構，只有總理衙門和兵部設有電報房。慈禧不能直接收到電報，須經總理衙門或軍機處轉奏。這存在洩密的可能性，唯一安全的途徑是由奕劻轉奏，但時間非常緊張。赴早朝的官員一般於丑時（01:00～03:00）從住所動身，於寅時（03:00～05:00）到朝堂等候。袁世凱夜半時分向榮祿告完密，距離奕劻動身離府僅三、四個小時，其間有一系列事情要做：首先要擬電文，然後譯為密電碼，再交電報房拍發，然後派人送到慶王府，由王府機要人員破譯密碼後，再呈給奕劻閱覽。程序如此復雜，奕劻上朝前很可能收不到密電，也就不能在政變前密報慈禧。

「圍園劫後」密謀到底何時傳入慈禧的耳朵呢？駱寶善認為，初六日袁世凱和榮祿尚在商擬密摺或密電，恰好楊崇伊從京城趕來天津告知政變消息，於是就讓他次日乘火車返京告密，隨後慈禧便下令抓捕譚嗣同等人。清朝規定封疆大吏未奉詔不得進京，袁世凱和榮祿不能擅自進京告密。楊崇伊參與了戊戌政變，是送密報的最佳人選。據八月十七日《申報》報導，楊崇伊確實於初七日乘專列返京。楊崇伊僅是一介從五品監察御史，若非身負特殊使命，不可能享受專列待遇，何況是在搜捕朝廷要犯康有為的戒嚴時刻，難怪時人誤以為是正二品直隸總督榮祿出行。楊崇伊乘十一點二十分的專列出發，應該是下午兩三點抵京，然後進城密報慈禧，慈禧至遲於初七晚接到密報。

駱寶善認為，袁世凱告密的結果不是引發了戊戌政變，而是證明了維新黨人有「圍園劫後」密謀，坐實了維新黨人「大逆不道」的謀逆罪。於是，這場政變揭去了帶有某種「政爭」意義的面紗，變成鎮壓維新人士的政治大獄。八月十一日，慈禧命軍機大臣會同刑部、都察院嚴加審訊維新黨人。十二日，她增派御前大臣參與審訊，限三日具奏。但她很快改變主意，次日下令將康廣仁[407]、楊深秀[408]、譚嗣同、林旭、楊銳、劉光第處斬，將張蔭桓發配新疆並交地方官嚴加管束，徐致靖[409]終身監禁[410]。

八月十四日，光緒帝遵照慈禧的旨意發布上諭，向天下子民交代戊戌政變原委，說維新黨人「乘變法之際，隱行其亂法之謀，包藏禍心，潛圖不軌。前日竟有糾約亂黨，謀圍頤和園，劫制皇太后及朕躬之事。幸經覺察，立破奸謀。又聞該亂黨私立保國會，言保中國不保大清，其悖逆情形實堪髮指……」其中「謀圍頤和園，劫制皇太后」的字句，證實了袁世凱的告密行為。從此，袁世凱頭上的紅頂戴變得不清不白，人們說他用「戊戌六君子」的鮮血染紅了頂戴。在歌頌戊戌變法的歷史文本中，袁世凱被不依不饒地塗上耀眼的白鼻頭。

追溯戊戌政變的來龍去脈可知，並非袁世凱告密導致變法失敗，而是變法失敗導致袁世凱告密。雖然袁世凱背叛了維新黨人，但慈禧仍將他劃歸維新派，認為他居心叵測，欲置之重典。重典有多重？只要慈禧一句話，袁世凱的腦袋就得搬家！光緒帝的臨危召見，維新黨人的蓄意籠絡，自然不能不令慈禧懷有戒心。多虧榮祿出面力保，袁世凱將功折過，總算逃過一劫。八月初十日，慈禧命榮祿進京面詢，直隸總督和北洋通商大臣的關防由袁世凱暫行護理。三天後，榮祿調任軍機大臣，而袁世凱未能順勢接任直隸總督，只能乖乖地回小站練兵。不過，就本質而言，袁世凱的確是貨真價實的維新派。用不了多久，他的行動將雄辯地證明這一點。

貨真價實的維新派

戊戌政變後，重新訓政的慈禧惱恨列強干涉她的廢帝圖謀，於是對義和團以剿殺之名行招安之實。列強對此強烈不滿，要求撤換鎮壓不力的守舊派官員。一八九九年年底，清廷任命手握重兵的袁世凱署理山東巡撫，於是袁世凱率領麾下一萬新軍移師山東。

駱寶善：當時榮祿在主持武衛軍[411]，建了五個軍：榮祿指統中軍，董福祥、宋慶[412]、聶士成、袁世凱各統帥一軍。一九〇〇年八國聯軍打進來之後，榮祿的中軍幾乎垮光了，董福祥的軍隊在北京周圍雖然沒受到大的傷害，但也差不多完了，宋慶氣死了，聶士成戰死了，僅存袁世凱的武衛右軍。如果這支軍隊當時還在小站，袁世凱非得擋八國聯軍不可，那他不是戰死也被打垮了。陰差陽錯，他的軍隊在這個時候被調到山東。京津局勢一緊張，清廷要他把軍隊調過來支援京畿，他就把別的軍隊調來，自己的老本根本不動。當時慈禧太后、光緒帝躲避八國聯軍，一路逃到西安去，山東就成了南北共同利用的交通通道和通信通道。袁世凱利用手中的軍隊，一面去平定地方造反勢力，一面抵住了八國聯軍對山東的進軍。當時整個華北地區只有山東安定平靜，而且還保證了對中央的供給。所以慈禧感激萬分，說袁世凱就是行。一九〇一年七月，袁世凱的生母死了。按制度，父母死後，兒子要回去守孝三年。清廷說袁世凱不能走，奪情留職，給他一百天假期，還得在衙門照常處理政務。

庚子事變後，李鴻章又一次被清廷推上恥辱的談判桌。《辛丑條約》的談判費時近一年，七十八歲高齡的李鴻章心力交瘁，身體日漸憔悴。一九〇一年十一月七日，這位大清第一外交家病逝於直隸總督任上。李鴻章是袁世凱仕途的重要領路人，袁世凱送去的輓聯是：「公真曠代偉人，旋乾轉坤，豈止勳名追郭令；我是再傳弟子，感恩知己，願宏志業繼蕭規。」

駱寶善：這時袁世凱任封疆大吏還不滿兩年，才一年零十個月。西逃的慈禧太后在回京途中接到李鴻章的噩耗，再三考慮由誰來當直隸總督兼北洋通商大臣，選來選去就選了袁世凱。袁世凱在奪情留任期間升官，而且是升任地方首吏——直隸總督兼北洋通商大臣，這是殊榮，也是殊遇，從未有過。袁世凱說，我還在母喪守制期間呢。就是這樣也不行，他還得上任。

有傳言說，李鴻章臨終前舉薦袁世凱繼任直隸總督：「環顧宇內，人才無出袁世凱右者。」[413]其實，李鴻章的遺折並無此語，而且他生前跟人說過：「繼任有人在，我不欲保耳。」[414]清廷對李鴻章的病情早有預感，自然對接班人有所考慮。一接到李鴻章的訃電，回鑾途中的慈禧當天即命袁世凱署理直隸總督。

一九〇一年十一月，袁世凱交出山東巡撫的印信，兼程北上赴任。袁世凱時年四十二歲，正是年富力強的時候。庚子事變後，西逃的慈禧不得不苦食決策失誤的惡果，遭遇嚴重的政治信任危機。下完罪己詔，她還頒布改弦更法詔，擺明要推行新政，命朝野上下投身變法。因時局不明，何況有戊戌變法的前車之鑑，很多地方督撫持觀望態度。山東巡撫袁世凱膽識不同一般人，抓住時機上呈《遵旨敬抒管見上備甄擇折》，提出政治、教育、外交、財政、軍事等方面的改革方案，在山東全面推行新政。當時山東各項新政在全國名列前茅，尤其是大力興辦學堂，使得袁世凱成為中國教育改革的急先鋒。[415] 執掌京畿重地後，他一樣雷厲風行地在直隸推行新政。

駱寶善：袁世凱不僅在通邑大都建設工業，而且號召各府、州、縣都搞。

王魯湘：全面開花。

駱寶善：他沒辦法改變中央的政治機構，也沒辦法改變地方原有的布政司、按察司這類機構，就在北洋幕府裡設立許多適應新政的局。當時有新聞、工業、農業、兵制等局，每興辦一項新事務就設立一個新局，拋開原來的政治體制。

袁家楫：直隸率先成立警察局、警察學校，改革司法，還搞實業發展經濟，並且成立銀號。現在天津東北角大胡同還叫「官銀號」，官銀號相當於現在的銀行，兌換貨幣，搞對外貿易，很繁榮。當時還允許女子上學。這些都是我祖父接任直隸總督之後在中國首創的。

袁家誠：當時還建了中國人第一條自主設計的鐵路——京張鐵路。大家都知道總設計師是詹天佑，但不知道是誰委託他去修建的，其實就是我祖父。

袁世凱主持的北洋新政創下很多「中國第一」。天津的電燈、電車，北京的自來水，中國的警察制度和第一條無線電，均由他一手締造。短短數年間，直隸一舉成為華北商貿集散地，乃至全國的金融中心、實業中心。

即使是對新政抱有看法的人，也不得不嘆服直隸在袁世凱手上發生的巨變。

駱寶善：到了一九〇四年，袁世凱除了直隸總督、北洋通商大臣兩個頭銜，還有七、八個兼差。舉凡交通、電信、礦務都由他兼管，都是美差。不是要誇他操守多好，但他確實有一點值得稱道：他興辦了很多實業，卻沒有拿乾股，不像李鴻章拿很多股份。這一點有文可據。

袁世凱最成功的新政當屬教育改革。一九〇二年五月，他在省城保定設立學校司，下設專門教育、普通教育和編譯三個處，統管全省教育。而他一生中最得意的事，就是親手埋葬了科舉制。一八五七年七月六日，《紐約時報》有篇文章形容科舉制是「令人恐怖的考試制度」，說清國人咀嚼著四書五經那幾塊乾骨頭，「把教育模式限制在如此狹窄的道路上，致使人的心智就像清國婦女的小腳一樣被擠壓而萎縮。清國女孩的腳在幼年時就被人為強制地束裹起來，迫使它們停止生長。而清國男人們心智的發展也被抑制在孔夫子時代的古老水準。這裡的女人走起路來活像一隻嘗試著只用兩條後腿行走的山羊，而這裡的男人在現代知識的道路上行走時也如他們的女人一般無能為力」[416]。

晚清國門洞開後，始於隋朝的科舉制日漸失去光彩。經曾國藩、李鴻章兩位進士出身的重臣聯名倡議，一八七二年清廷派出首批幼童赴美留學，找到了一條培養人才的新路。然而，科舉仍是正途，留學只是旁枝。舉人出身的左宗棠儘管瞧不起科舉，在家書中屢勸子弟不必在乎科舉功名，卻也不敢公開提倡廢除科舉制。光緒三十一年八月初二日（1905年8月31日），袁世凱、張之洞等人聯名上奏《請立停科舉推廣學校並妥籌辦法折》。八月初四日（9月2日），清廷終於宣布實行了一千多年的科舉制壽終正寢。想像一下今天廢除高普考會遇到的阻力，就能知道當年廢除科舉制的魄力。

駱寶善：袁世凱有句名言：教育是救國之本，小學是教育之本，要從小學做起。

王魯湘：正如鄧小平所說，要從娃娃抓起。

駱寶善：這種觀念不是袁世凱創造發明的，是從西方來的，難得的是他能以地方首吏的身分去推行。他在直隸總督任上七年，最有成績的是教育改革。工業改革沒資金，教育改革儘管也沒錢，但過去有個傳統是地方的民間資本會參與投入教育。袁世凱主張建公立學校，也鼓勵私人辦學。他首先改革過去的府學、縣學，統統把它們取消，建立新式學校——府建中學，縣建小學。他在任上建了幾所高等學校、幾十所中學、幾百所小學，這都有統計表可查。

為了發展教育，袁世凱多方搜羅領導人才。小站練兵期間，有個對頭差一點讓他翻船，那就是參劾過他的御史胡景桂。袁世凱任山東巡撫時，胡景桂正在那裡當按察使，成為袁氏的部下。所謂仇人見面分外眼紅，那會是多麼尷尬的一個局面，但袁世凱說，那是過去的事，現在大敵當前，咱們一致對外。由此可見袁世凱的辦事能力和大局觀，說明他的心胸相當開闊。胡景桂是直隸人，後來丁憂在家，袁世凱就把他請出來當學校司督辦，主持新學。南開大學的創辦人嚴修[417]是袁世凱最得力的辦學助手。嚴修當過貴州學政，被譽為貴州兩百年來第一文宗，所以袁世凱請他出來接掌學校司。嚴修不幹，袁世凱說你要出來給我掌握這個局面。嚴修說，如果讓我主持學校司，我得先去日本考察。袁世凱說行，你先來上任，我再放你出去考察。嚴修就去日本考察了三個月。看看《嚴修東遊日記》裡那種考察的用心、勤奮、深刻，今天的官員們會羞愧死。

一九〇二年，直隸總督袁世凱兼任參預新政大臣、練兵大臣，又操起編練新軍的老本行。他派人在直隸境內精選壯丁六千人，集中在保定訓練，稱為「新練軍」。不久，新練軍擴編為北洋常備軍左鎮，後改稱北洋常備軍第一鎮。到一九〇五年五月，他一共編練完成六鎮（相當於六師）北洋新軍，形成以他為中心的北洋派系。北洋新軍兵額多達七萬，而且武器裝備最先進，是當時國內最強大的武裝力量。一九〇五年和一九〇六年，他先後在直隸河間、河南彰德（今安陽市）進行數萬人的會操，展示了北洋新軍的兵強馬壯。從此，他的威望達到前所未有的高度，卻也引來滿洲皇族的忌憚。

「洹上老人」暗藏居心

清末新政時期，袁世凱也曾嘗試對政治體制下手，主張成立責任內閣，實行君主立憲。無奈垂暮的清廷已沒有膽量和能力給自己動手術，官制改革以一種中庸的方式結束。袁世凱最熱衷的責任內閣制被否決，不僅預期的內閣協理大臣職位成了泡影，而且他明昇暗降，調任軍機大臣兼外務部尚書，眼睜睜地交出了北洋六鎮的指揮權。一九〇八年，袁世凱迎來了五十大壽。儘管軍權旁落，當朝一品宰相的他仍然受到朝野的逢迎。一時間，北京、天津、保定的上等壽屏被搶購一空。北京錫拉胡同袁府門前車水馬龍，達官貴人爭相獻媚，賀客盈門，一團祥瑞。不料，一場大禍即將從天而降。

王魯湘：袁世凱如日中天的時候，是什麼原因突然下野了？

駱寶善：滿洲貴族對他懷有戒心。傳說光緒帝臨終前對皇族說，袁世凱非除掉不可，我不甘心。不管這種傳言是真是假，總之皇族不看好袁世凱。在他紅得發紫的時候，光緒帝和慈禧太后突然死了，載灃就找了個藉口把他趕回家鄉，說我發現你腿腳有毛病，不能上朝。所以宣統三年請他出山時，他就說我足疾還沒好呢，還拿這個做藉口。傳說皇族對他還想採取更激烈的措施。

王魯湘：想幹掉他。

駱寶善：對。不過，在皇族中具很大作用的奕劻和漢臣領袖張之洞都反對這種做法，外國人也認為袁世凱這個人不該幹掉。當時朝堂除了袁世凱能做事，大概沒別人了。載灃沒辦法，就把他罷官逐回原籍。

光緒三十四年十二月十一日（1909 年 1 月 2 日），攝政王載灃以袁世凱「現患足疾，步履維艱，難勝職任」為由，勒令「開缺回籍養痾」。其實，袁世凱的腿只患有輕微的風寒病。載灃斥逐袁世凱的原因，除了戊戌政變告密的歷史仇怨，還有袁氏權勢之大對他構成的現實威脅。慈禧撒手人寰，大清政壇少了一個重量級鐵腕人物，有誰能勉力支撐這個搖搖欲墜的王朝呢？顯然不是三歲的宣統帝溥儀，也不是缺乏從政經驗和執政能力的隆裕太后、載灃等人，而是素有力挽狂瀾之魄力的袁世凱。

一九〇八年十一月二十二日，《紐約時報》刊登一篇題為《後慈禧時代的清國政局》的述評：「袁世凱及其政治團體的勢力因為慈禧之死將很可能會獲得更大的增長，這對於一個熟悉朝廷內情並曾執掌過中央及地方行省權力的人而言是再明顯不過的事情。從袁世凱已經取得過的一些成績來看，他對大清國很可能會是個非常有幫助的人。袁是位傑出的『務實型』改革家，在這方面他明顯地有別於那些煽動家和半吊子的『革命黨』，他對清國政體施加影響意味著這個政體能夠在有序和穩定的狀態下發展、進步。袁不會進行草率的試驗和欠穩妥的冒進，而只會推進理性和必需的改革，大清國能夠消化並吸收這些改革的速度有多快，改革推進的速度就會有多快。」[418]

然而，慈禧屍骨未寒，剛剛上台的年輕皇族們都想從皇權分一杯羹，便急急忙忙地拔掉眼中釘。據說被罷官時，袁世凱「面色皆赤，強作獰笑，雲天恩誠厚」[419]。十天後，袁世凱乘火車離京南下，前來送行者寥寥無幾。官場險惡，一個被罷黜的大臣，誰都不敢靠得太近，以免引火燒身。既然朝堂容不下他這個「救世主」，他只能乖乖回籍「頤養天年」。他在河南彰德洹上村度過三年閒適的時光，自稱「洹上老人」，每日盤桓養壽園中，或對酒吟詩，或扶杖漫步，與妻妾子女共享天倫之樂。

袁家楫： 我祖父的生活習慣很隨便，吃完飯不用手巾，拿手一抹就完了。

王魯湘： 跟中國農民一樣。

袁家楫： 對。他一個雞蛋兩口就吃完，早餐非吃四個水煮蛋不可，中午非吃清蒸鴨不可。他有個絕招，筷子一下去，就能把整張鴨皮卷起來，然後一嘴吃完。

王魯湘： 喜歡吃鴨皮。

袁家楫： 他就吃那張皮，剩下的給別人吃。

袁世凱表面悠閒，實則心弦緊繃。洹上村的主樓叫養壽堂，另一座主要建築物叫謙益堂。「養壽」和「謙益」都是當年慈禧賞的字，此時變成他的護身符，希望藉助她的恩遇來避禍祈福。養壽園北面有一座樂靜樓，內供慈禧像和御賜玩物，袁世凱心情鬱悶時就對著慈禧像痛哭。為避免載灃繼續加害於他，袁世凱披蓑戴笠，拍攝洹上垂釣的照片，向親朋好友和報社廣為散發，以彰顯自己矢志林泉無意朝政。

袁世凱洹上垂釣

駱寶善：袁世凱想方設法韜光養晦，但所有人都看好他，認為他會東山再起。當時的媒體比如《時報》、《申報》、《大公報》，幾乎天天都在議論哪天袁項城東山再起，朝廷要任命他當什麼官。

王魯湘：各種輿論一直看好他。

袁世凱在洹上村養壽園中，絕不是湖上垂釣那般悠閒，而是忙得很。他深居簡出，耳朵卻豎聽外界，耐心窺測時局，捕捉復出的最佳時機。當年李鴻章因甲午戰敗落魄寓居賢良寺，袁世凱勸道現在朝廷待遇如此涼薄，不如告歸養望林下，待朝廷有事倚重老臣，再風風光光地復出。如今這番話套用在他自己身上，真是再合適不過了。

山雨欲來風滿樓，在晚清「賈府」被狂風刮得搖搖欲墜時，袁世凱幸運地躲在洹上村避風浪，而且從風災中積累了攫取政權的資本。一九一一年，大清王朝的喪鐘連連敲響：廣州黃花崗起義爆發，保路運動風起雲湧，革命團體接二連三地發動起義……十月十日武昌起義爆發後，中國二十二個省份中有十七省宣布獨立，大清王朝終於覆水難收。

駱寶善：誰也沒想到武昌起義那一聲槍響居然可以成氣候。

王魯湘：這就給了袁世凱一次新的歷史機遇。

駱寶善：那時候已經成立了皇族內閣[420]，如果袁世凱不是已被罷官，那他肯定是內閣協理大臣，要出兵面對革命黨。

王魯湘：那他就會跟革命黨發生直接的軍事對峙。

駱寶善：罷官讓他有了一個緩衝，這對他萬分有利。他這時候正失勢，人家說你看你把他罷官，現在局面收拾不了了吧。

王魯湘：他可以坐山觀虎鬥。

駱寶善：天下人都這麼說，他也確實可以這樣做。他的幕僚還有長子袁克定[421]，都建議他趁亂獨樹一幟。他拍桌子罵道，你們不識大體！這話說對了，因為當時革命黨還不成氣候，他不能腳踏兩隻船，只能跟清廷站在一起去對付革命黨。要他支持革命黨，他不幹。他說他家「世受國恩」，支持革命黨就成了反賊，這是造反。不管是出於舊觀念還是時局的考慮，他不敢有這種想法。

大敵當前，在隆裕太后主持召開的御前會議上，以奕劻為首的滿族十大臣力主起用袁世凱。十月十四日，清廷下詔任命袁世凱為湖廣總督，命他速赴前線撲滅革命軍。時人將鎮壓起義的重任寄望於袁世凱，就連皇族內閣總理大臣奕劻也認為：「此亂若非及早撲滅，深恐蔓延。非宮太保[422]出山，長江一帶不堪設想。」八月二十五日（10月16日），時任湖南提法使的張鎮芳[423]致函表哥袁世凱：「前日京津紛擾，及聞宮太保督辦剿撫，人人歡忭，以為已有萬里長城。」[424]

駱寶善：歷史學家、小說家造了許多說法，說阮忠樞[425]拿來奕劻的信，袁世凱坐在那裡趾高氣揚，說老子就是不出去！第一，你先把朝廷的大權給我；第二，你把兵權給我；第三，你把財產權給我——這樣我才復出。許多歷史書都這麼寫，當時的報紙也這麼說。但現在我們看到了袁世凱的原始文件，比較清楚地知道他對時局有一個較為客觀的認識，認為現在不是要權的時候。他說足疾還沒好，這確實是氣話，但他說應該應詔出山。然後他提出一些實際的要求，說我是光桿司令起家，現在你讓我當湖廣總督，我手裡沒兵也沒餉，你得允許我招兵，還得給我一點軍費，我才有能力去對付革命軍。這些條件都是一個光桿司令起家必備的條件，沒有這些東西就沒辦法組建軍隊，一點都沒有涉及中央大權和中央兵權。出兵南下之前，他還給奕劻發去電報，建議加強中央集權。這封電報是他的真心話，他說應該拱衛京師，現在天下人心很亂，京師只要不亂，你們只要沉得住氣，我到前方可以保證南方革命軍打不過來。他還建議調姜桂題[426]、何宗蓮[427]拱衛京師，說他們的軍隊南方人少，接受革命風氣也少，比較可靠。從他的主張和實際行動來看，他當時沒有攘奪中央大權的舉動。

王魯湘：沒有這個野心。

駱寶善：從現有文件看不到他有這個野心，至於他內心想什麼，那只有天知地知了。

世間傳言袁世凱先以足疾未癒推辭，然後開出六大條件，若清廷不悉數允諾決不出山。六大條件是：明年即開國會；組織責任內閣；寬容參與起義者；解除黨禁；須委以他指揮水陸各軍以及關於軍隊編制的全權；須予以他十分充足的軍費。駱寶善認為這純屬向壁虛造：「當武昌起義初起，朝廷尚著意於軍事解決，政治解決方案尚未提到議事日程。而且袁世凱還在爭取『不為遙制』而不可得，以一個剛剛起復的外任罪臣，就張牙舞爪，明目張膽地干預中央朝政，伸手軍政全權，這自然是老於謀略權術的袁世凱所不取。這種不符史實的臆測虛構，是在鬼化袁世凱的動機和道德的同時，也神化袁世凱的能力和能量。」

袁世凱提出的不是六大條件，而是「節略八條」，其中最主要的三項要求是：調集直隸續備軍、後備軍萬餘人，編練一支由他指揮的軍隊；中央籌撥三四百萬兩軍餉；軍諮府、陸軍部不可遙為牽制。十月底，袁世凱自彰德南下，進駐湖北孝感，親自督軍猛攻漢口。很快，清軍攻克漢口、漢陽，對武昌形成大軍壓境之勢。與此同時，朝廷官員不斷奏請實行君主立憲，解散皇族內閣，組織責任內閣，開放黨禁等。十一月一日，清廷宣布解散皇族內閣，任命袁世凱為內閣總理大臣，命他速回京組閣。十一月十三日，袁世凱抵達北京，三天後組建了新內閣。他一面命令各路兵馬聽候調遣，一面拋出橄欖枝，派唐紹儀[428]赴南方和平談判。不日，唐紹儀電告北京：南方一致主張共和，袁世凱如能反正，即公推他為中華民國臨時大總統。

駱寶善：當時局勢對北方不利，各省都在起義，起義者越來越多。儘管南北雙方宣布停戰，但革命黨人的鼓動仍在進行。清朝一批軍隊比如海軍也起義了，站到革命黨那邊。清廷財政很困難，兵源很枯竭。袁世凱權衡後認為，靠現在的軍隊跟南方打一仗，取得一兩場勝利、奪回幾個省大概是可以的，但整個局勢要想澈底改觀則不大可能。當時還有一條退路是，清皇室效法咸豐帝「北狩」，跑回東北，或者效法元朝跑去蒙古。然而，當時東北已經成了日本人的勢力範圍，外蒙古獨立的宣言已經出來了。

王魯湘：沒退路了。

袁世凱這位「鐵血宰相」的小算盤打得非常精。當時清廷有新式陸軍二十餘鎮，軍事實力並不捉襟見肘，最大的不利在於人心思變。袁世凱嗅出大清王朝向心力渙散，因此沒有統兵痛剿革命軍，很快傳遞出「招撫」

的信號。以清廷實行君主立憲作為交換條件，這是袁世凱在南北議和中打出的底牌。早在七、八年前，他就倡導君主立憲制，希望當上內閣協理大臣，如今有望成為首相，何樂而不為？[429]

南下督師之前，袁世凱就派人與湖北軍政府接觸，進行和談試探。晚清政壇要看列強的臉色行事，列強一向看好袁世凱，認為他是收拾局面的最佳人選，支持他跟革命黨和談。袁世凱出任內閣總理大臣後，在外國人的調停下，南北達成臨時停戰協議，議和之事從幕後走向台前。南北雙方成立了議和代表團，南方的議和全權代表是伍廷芳，袁世凱派出的議和全權代表是唐紹儀。唐紹儀的政治傾向是讚成共和，但袁世凱給他定下的談判底線是君主立憲。袁世凱的如意算盤是，以他的人望和武力作為資本，懾服革命黨接受君主立憲制，然後由他以內閣總理大臣的身分執掌政權。然而，伍廷芳和唐紹儀談判出來的方案是以「國民會議決定政體」，南北雙方均不接受。

與此同時，南方革命軍正在緊鑼密鼓地籌組民國政府。遠在美國的孫中山接到武昌起義的電報後，兼程趕回國內，於一九一一年十二月二十五日抵達上海。十二月二十九日，十七省的代表在南京投票選舉，孫中山以十六票的絕對優勢當選為中華民國臨時大總統。本以為自己是主導局面的「老大」，誰知半路殺出個程咬金，袁世凱對此十分惱火，公開宣稱不承認南京臨時政府。一九一二年一月十六日，袁世凱在下朝回府途中遭同盟會京津分會組織暗殺，衛隊長等十人被炸死。驚魂未定的他密奏隆裕太后：早順輿情，贊成共和，以免乘輿出狩。

駱寶善： 不管是真心還是假意，從目前找到的文件來看，袁世凱內心對清室抱有傳統那種對前朝的眷戀。他畢竟是舊臣，用他的話來說是「世受國恩」。而且，他是內閣總理大臣，在他手裡結束大清王朝，他要對後人負責，要對歷史負責。

王魯湘： 他深受中國傳統文化的影響。

駱寶善：是。他動員皇室接受南方提出的條件時，給隆裕太后上了一道很長的奏摺，說這事要怎麼辦。

王魯湘：建議孤兒寡母怎麼辦。

駱寶善：他說我是內閣總理大臣，這是公職，我是對國家負責，到最後擺爛不幹了，只要向你遞一個辭呈就完了，但你們怎麼辦？我們只能跟南方談判，皇室和朝廷的命運由你來召集皇族討論決定。

王魯湘：隆裕太后當然沒辦法，皇族會議也不可能有別的選擇。

駱寶善：沒有第三條路可選擇。他們痛哭一場，罵了一頓袁世凱，最後只能接受南方提出的條件。

一九一二年一月二十二日，孫中山公開發表聲明，只要袁世凱贊成共和，他立即辭職，請臨時參議院選舉袁氏為中華民國臨時大總統。當時多數省份已獨立，袁世凱所能控制的僅直、魯、豫、甘、新、蒙、藏、東北三省等地，已喪失控制全國的主動權。若能當上共和國大總統，自然遠勝於擔任君主立憲制下的內閣總理大臣。既然南京臨時政府開出這麼誘人的條件，袁世凱在得到可靠的承諾後便加緊逼宮。他先是消極怠工，裝病不赴朝會，繼而於一月二十六日指使將領們聯名逼清帝退位。[430]

宣統三年十二月二十五日（1912年2月12日），溥儀發布退位詔書：「奉旨：朕欽奉隆裕皇太后懿旨：前因民軍起事，各省響應，九夏沸騰，生靈塗炭，特命袁世凱遣員與民軍代表討論大局，議開國會，公決政體。兩月以來，尚無確當辦法。南北暌隔，彼此相持，商輟於途，士露於野，徒以國體一日不決，故民生一日不安。今全國人民心理多傾向共和，南中各省既倡議於前，北方諸將亦主張於後，人心所向，天命可知。予亦何忍因一姓之尊榮，拂兆民之好惡。是用外觀大勢，內審輿情，特率皇帝將統治權公諸全國，定為共和立憲國體，近慰海內厭亂望治之心，遠協古聖天下為公之義。袁世凱前經資政院選舉為總理大臣，當茲新舊代謝之際，宜有南北統一之方，即由袁世凱以全權組織臨時共和政府，與民軍協商統一辦法。總期人民安堵，海宇乂安，仍合滿、漢、蒙、回、藏五族完全領土為一大中華民國。予與皇帝得以退處寬閒，優游歲月，長受國民之優禮，親見郅治之告成，豈不懿歟。欽此。」入主中原二百六十八年的大清王朝就此落幕，中國人懵懵懂懂地走向共和。

駱寶善：退位詔書的文字頗費思量，這畢竟是在結束一個王朝，所以字斟句酌。最重要的內容是說清帝退位，由袁世凱和南方民軍協商組織臨時共和政府。袁世凱確實精明，就最要害處改了一句：原文是說由袁世凱與南方民軍「協商組織臨時共和政府」，袁世凱把這幾個字顛倒了一下，改為「由袁世凱以全權組織臨時共和政府，與民軍協商統一辦法」。意思變成由袁世凱來組織政府，跟南方協商統一辦法，而不是由袁世凱和南方民軍共同組織聯合政府。袁世凱的修改稿還在，這個文本咱們國內無存，現藏於日本靜嘉堂文庫[431]。社會上都說袁世凱對退位詔書上下其手，至於怎麼改誰也不知道，現在可以看到就是這樣改的。

王魯湘：過去說袁世凱是「竊國大盜」，大概說的就是這一段。

駱寶善：要害就是這一段，這才是「竊國」的開始。

清帝退位第二天，孫中山信守承諾提交辭職咨文，於四月一日正式解職。孫中山聲望很高，卻無雄厚的執政資本。武昌起義時，據說他正在美國科羅拉多州一家中餐館打工為生。回國途中，他曾在華盛頓、倫敦、巴黎稍作逗留，試圖舉借外債支援革命，但未獲分文資助[432]。初抵上海時，當時謠傳他帶回華僑所捐巨款，足解革命軍燃眉之急，結果他回答說：「余一錢不名也。帶回來的只是『革命精神』耳。」[433]有一次安徽前線告急，糧餉皆缺，他朱筆一批：撥二十萬元濟急。總統府祕書長胡漢民[434]前往財政部撥款時，發現國庫僅有銀圓十枚。[435]

為解決財政匱乏問題，南京臨時政府多次嘗試舉借外債均遭拒。美國等列強拒絕承認孫中山領導的中華民國，只有袁世凱才能獲得他們的信任。以孫中山為首的革命黨人內外交困，不得不拱手將革命果實讓給袁世凱。一九一二年二月十五日，臨時參議院十七省的議員一致選舉袁世凱為臨時大總統。臨時參議院致電袁世凱：「本日開臨時大總統選舉會，滿場一致選定先生為臨時大總統。查世界歷史，選舉大總統滿場一致者，只華盛頓一人，公為再見，同人深幸公為世界之第二華盛頓，我中華民國之第一華盛頓。統一之偉業，共和之幸福，實基此日。務請得電後，即日駕蒞南京參議院受職，以慰全國之望。」[436]

駱寶善：袁世凱說什麼也不肯到南方就任，而北方也確實不願讓他去。去南方之後，他感到控制不住北方的局面。幾經交涉無果，為了逼迫袁世凱南下就任，南方派了一個龐大的歡迎團北上，由教育總長蔡元培當團長。袁世凱表面上說要去南京，卻又賴著不走。就在雙方討論期間，北洋軍第三鎮發動兵變，歡迎團下榻的地方也被圍住，把蔡元培嚇得不得了。蔡元培說你看這兵變，袁世凱真的不能南下，然後他給南方發了一封很長的電報。歷史學家、小說家都說這是袁世凱做的手腳，但又找不到十分確鑿的證據。

王魯湘：總而言之，袁世凱肯定不去。

駱寶善：對。雙方最終達成妥協，由袁世凱在北京舉行就職儀式，宣布就任臨時大總統。

王魯湘：這就開啟了中華民國北洋政府時期。

駱寶善：說袁世凱是「竊國大盜」，有雙重意思：他先竊取了中華民國的大權，然後又打著「中華民國」這塊招牌去實行帝制。

一場兵變讓革命黨人想把袁世凱調離老巢的計畫破產，袁世凱於一九一二年三月十日在北京正式就任臨時大總統。不過，革命黨人還有撒手鐧。三月八日，臨時參議院透過了《中華民國臨時約法》，於袁世凱就職的第二天公布實施。這部約法顯然是衝著袁世凱來的。南京臨時政府起初實行美式總統制，總統擁有很大權力。《中華民國臨時約法》改為實行法國式內閣制，政府由議會多數黨來組織，內閣總理向議會負責，總統是虛位元首。這是同盟會所掌握的參議院對袁世凱所投的不信任票。剛剛上任的袁世凱還沒嚐到甜頭就挨了當頭一棒，從實位元首降為虛位元首，權力欲極強的他豈會甘心就範？他與革命黨人的「政治婚姻」，注定同床異夢，矛盾重重。

「二十一條」簽訂內幕

每一次改朝換代，後繼者都得收拾前朝留下的爛攤子。大清王朝被一夜推翻了，它治下的國家卻不可能一夜翻新，內憂外患依然擺在那兒。袁世凱素以務實穩健的改革家聞名，中國人冀望他領導這個落後的國家走出困境，誰知他的精力全被政治鬥爭和個人野心吸走了。

一九一二年八月，同盟會與四個小黨合併，改組為國民黨。在第一屆國會議員選舉中，國民黨獲多數席位，成為參眾兩院第一大黨。曾為同盟會領袖的宋教仁，時任國民黨代理理事長。《中華民國臨時約法》規定由國會第一大黨組建責任內閣，黨魁出任內閣總理。一向主張內閣制的宋教仁到處發表演說抨擊時政，宣傳自己的憲政理念，隱然以未來的內閣總理自居。一九一三年三月二十日，宋教仁應袁世凱之邀，準備乘火車北上組閣。當晚十點四十五分，他在上海火車站檢票口被一名男子槍殺，兩天後不治身亡。一時輿論嘩然，國民黨人稱袁世凱是「絕大之凶犯」。

王魯湘：當時您祖父肯定出來做了很多辯白吧？

袁家誠：他說我想殺一個人很容易，為什麼要把他約出來再殺，那不是掩耳盜鈴嗎？我會那麼蠢嗎？他在《走向共和》[437]裡這麼說。

王魯湘：「宋教仁案」成了中華民國一大謎案。

「宋教仁案」的幕後主使是誰，史學界尚無定論。最流行的說法是國務總理趙秉鈞[438]指使兇手暗殺宋教仁，這樣一來可以保住自己的職位，二來可以討好袁世凱。袁世凱確實對宋教仁很不滿，但他是否直接參與了這起血案？一般認為他即使沒有出面指使，甚至事先並不知情，也難逃干係。首腦只要遞一個眼色，屬下自然有人心領神會，不用吩咐就把事情辦好了。另有一種說法是，宋教仁乃國民黨內部權力鬥爭的犧牲品，國民黨元老陳其美[439]頗有嫌疑。因殺人兇手在獄中被滅口，不久又爆發「二次革命」，「宋教仁案」便不了了之，成了一大懸案。

北洋政府不僅在政治上受到黨派的掣肘，經濟上也困難重重。與孫中山一樣，袁世凱希望舉借外債來解決國庫空虛問題，不料竟惹來一場政治風波。以孫中山為首的南京臨時政府，一九一二年二月開始與英、法、德、美四國銀行談判借款事宜，後因條件太苛刻遭反對。袁世凱執政後繼續操作此事，並瞞著國會派趙秉鈞等人與英、法、德、俄、日五國銀行團簽訂了《中國政府善後藉款合同》，借款總額高達兩千五百萬英鎊，條件同樣非常苛刻。早就對袁世凱不滿的革命黨人，借「宋教仁案」和「善後大借款」舉起反袁旗幟，於一九一三年七月十二日發動「二次革命」。討袁軍不到兩個月就被擊潰，孫中山、黃興、陳其美等人敗走日本。《泰晤士報》發表社論稱，袁世凱是唯一能使中國免於土崩瓦解的人。

「二次革命」後，袁世凱的政權得到前所未有的鞏固。然而，剛掃除了「內憂」，外患又來了。晚清最痛恨日本的人有兩個：一是李鴻章，二是袁世凱。李鴻章臉上挨了日本人的子彈，儘管天皇派人送來皇后親手折疊的紗布，但他硬是留著子彈不取，以便在《馬關條約》的談判桌上討價還價。他的「再傳弟子」袁世凱，與日本人的過節則可追溯至駐朝期間。當時日、俄等國恨不得一口把朝鮮吞進肚子裡，卻被袁世凱這個鐵腕人物擋在門外。日本挑起甲午戰爭後，終於把這塊絆腳石踢出朝鮮。日本人揚揚得意地說，「當初俄國公使動用了全部使臣的力量都沒能使袁世凱離開朝鮮，最後還是靠著我日本國五大師團的力量，才將袁世凱驅逐出了朝鮮」，從此「清朝和朝鮮的關係就澈底斷絕了。而袁世凱十多年的權謀，也隨著太平洋的滾滾波濤流逝了」。[440]

一九一四年七月，一戰爆發，歐洲列強無暇東顧，勾起了日本獨吞中國的慾火。日本駐華公使打了一個比喻：「目前世界危機勢將迫使我國政府採取影響深遠的行動。當珠寶店著了火的時候，要住在珠寶店附近的人不去拿幾個珠寶，是辦不到的。」[441]日本決定拿身陷歐洲戰場的德國開刀，奪取德國在山東的權益，伺機將中國變成日本的保護國。

一九一四年八月，日本對德宣戰，要求德國撤出膠州灣租借地。九月，日軍從山東龍口登陸，向青島推進。日軍開始登陸後才通知中國政府，而袁世凱還是從山東都督的報告中才獲悉這一消息的。當時中國是中立國，日本顯然違反了國際法，侵犯了中國領土。

袁世凱急忙召開內閣會議商量對策。他先問陸軍總長段祺瑞，得到的回答是：「如總統下令，部隊可以抵抗，設法阻止日軍深入山東內地。不過由於武器、彈藥不足，作戰將十分困難。」袁世凱問可以抵抗多久，段祺瑞說：「四十八小時。」袁世凱問然後怎麼辦，段祺瑞說：「聽候總統指示。」袁世凱再問外交總長，孫寶琦[442]支支吾吾說了些不成熟的意見。袁世凱環顧左右，等待其他總長發表意見，大家卻沉默不語。袁世凱深深嘆了一口氣，提議像一九〇四年日俄戰爭一樣劃出交戰區，中國不干涉日本透過這個區域進攻青島，其他地區仍保持中立。大家一致認為這是唯一切實可行的方案。[443]

分身乏術的德國在青島僅進行了象徵性的抵抗，很快就向日本投降了。日軍占領青島和膠濟鐵路，不理睬中國提出的撤軍要求。一九一五年一月十八日下午四點，日本駐華公使日置益[444]高深莫測地找上門來，一手拿著獨吞中國的「二十一條」，一手拿著「大棒」和「糖果」威逼利誘袁世凱。第二天下午，袁世凱對國務院參議兼總統府祕書曾彝進[445]說：「昨日日本公使帶同翻譯某來見我，向我提出要求二十一條，並一再囑咐，萬勿洩漏。所要求太無理，令人憤恨。汝可往晤顧問有賀[446]，密探日本內閣之真意究竟何在？晤後速告我。」[447]

日籍法律顧問有賀長雄並不知情，袁世凱請他回國探聽日本元老的態度。等候消息期間，袁世凱設法與日本公使拖延談判進程。有賀長雄回來說，日本元老表示，「二十一條」是大隈[448]內閣的自作主張，日本對滿洲以外的中國領土主權毫無侵犯之意。袁世凱高興地說：「得要領矣，得要領矣。滿洲以外的要求，當然半個字也不能答應他。就是滿洲，俄國所搶去的，他日本都拿去了，他還要想發展，你發展了，我卻癟了。」[449]袁世凱有點不放心，又派兩名中國人去拜訪日本元老，確認消息無誤後才鬆了一口氣。

袁世凱最關心的是萬一談判破裂，日本人會不會動武。為了得到確切的情報，他讓曾彝進收買幾名日本浪人做間諜，打探日本使館和商民的動向。有一天，間諜報告日本公使館接到東京來電，說日本御前會議提出一個方案：滿洲以外的要求不提，滿洲以內較原來條款略有讓步。最重要的三條要求是：允許日本人在滿洲內地雜居；允許日本人在滿洲租地種地；滿洲警察局須聘僱日本人為顧問。這三條中國若不答應，談判即破裂。[450]

條約簽訂後，袁世凱對曾彝進說：「單靠法律，破壞不了條約。我已籌劃好了：⑴購地、租地，我叫他一寸地都買不到手。⑵雜居，我叫他一走出附屬地，即遇危險。至於⑶警察顧問用日本人，用雖用他，月間給他幾個錢便了，顧不顧，問不問，權卻在我。我看用行政手段，可以破壞條約，用法律破壞不了。又其他各條，我都有破壞之法。」[451]

袁世凱不愧是李鴻章的再傳弟子，要出痞子腔來對付日本這只豺狼。有位老祕書不以為然，認為不能答應的要求當初就該堅決不答應，既然簽約了就該忠實履行。袁世凱斥為書生之見：「推誠布公果能成事，世界早太平了。」[452]數月後，有四位日本人向中國駐日公使祕密求助，希望中國政府資助他們競選經費，當選後必質詢大隈內閣作為回報。袁世凱立即命令駐日使館撥款給這些人，說讓他們吵家務。

王魯湘：您祖父挺厲害的，一眼就看出這些條約背後的狼子野心。第五號第一款，日本人說：

「在中國中央政府須聘用有力之日本人充為政治、財政、軍事等各顧問。」您祖父在上面批道：「握政權。」就是說日本人想掌握中國的政權。

袁家楫：對。我祖父說顧不顧在我，問不問在他，到時給他一點錢就行了。

王魯湘：第四號條款，日本人說：「中國政府允准所有中國沿岸、港灣及島嶼概不讓與或租與他國。」您祖父在後面批道：「此當然之事，無論何國均不願讓租。」第二號第二款，日本人說：「日本國臣民在南滿洲為蓋造商工業應用之房廠或為經營農業，可得租賃或購買其須用地畝。」您祖父把「或購買」圈掉，只留「租賃」。

袁家楫：隨後我祖父把張作霖找來，叫他告訴各家：誰要是租給日本人一分地，馬上槍決。所以日本人在東北沒租到一分地，更別說買了，連租都租不到。在司法上也是這樣，比如日本人要求參加審判，我祖父批道：「允許他旁聽，沒有審判權。」

王魯湘：您祖父最後批道：「各條內多有乾涉內政、侵犯主權之處，實難同意。」這份文件最清楚地表明您祖父本人當時對「二十一條」的態度，是吧？

袁家楫：對。

袁世凱硃批的「二十一條」原件現藏中國國家博物館，袁氏後人手裡保存有影本。袁世凱對「二十一條」逐條作了批示，供外交部談判人員參考。從時人的很多回憶錄看得出，袁世凱盡了最大的努力來減少損失。可惜國力實在不爭氣，再加上甲午戰敗形成恐日心理，袁世凱最終不敢與日本決裂，不得不低頭受辱。交涉過程中，袁世凱及其談判代表雖無力回天，卻不乏字斟句酌、討價還價。

日置益到訪第二天，袁世凱召集外交總長孫寶琦、外交次長曹汝霖[453]等人到總統府面諭。袁世凱說，日本提出「二十一條」，意在控制我國，不可輕視，第五號[454]意以朝鮮視我國，萬萬不可與他商議。[455]袁世凱激憤地對日籍軍事顧問說：「日本國本應以中國為平等之友邦相互往還，緣何動輒視中國如狗彘或奴隸？如昨日日置公使所提出之各項要求條件，我國固願盡可能予以讓步，然而不可能之事就是不可能，毫無辦法。」[456]

「二十一條」的談判是袁世凱執政以來最大的外交事件。與日本這個充滿狼子野心的鄰居打交道，他不得不慎之又慎。他仔細斟酌每一條款，逐條用朱筆批示，挖開日本人埋在裡面的地雷。趁火打劫的日本希望速戰速決，袁世凱則指示外交部拖延談判進度，開議時應逐項逐條商議，不可籠統並商。誰知孫寶琦接到日置益面呈的「二十一條」後，稍一展閱就大發議論，並逐條指摘。日置益笑道：「貴總長於覺書內容，已如此明了，將來商談，自更容易。」袁世凱認為孫寶琦太糊塗，不能當此重任，立即改任陸徵祥[457]為外交總長。陸徵祥為此想出很多計策，比如減少談判次數，從日方要求的每週談判五次減為三次；每次會談時，他說完開場白即命獻茶，盡量拖長喝茶時間。[458]

李鴻章的外交政策是「和戎外交」和「以夷制夷」，袁世凱承接了這個衣缽。他不敢貿然與日本決裂，卻又不甘心餵飽這隻狼，因此寄望於列強的干預。儘管日本警告中國不要洩密，然而在袁世凱的授意下，有關「二十一條」的消息不斷外洩。西方列強果然有所警惕，督促日本不要侵犯他們的在華利益。日本被迫給各國政府發去一份修改過的文本，刪除了一些易遭列強反對的條款。日本被迫公開聲明，第五號條款僅是建議。但美國駐華公使芮恩施[459]指出：「日本人透過發布新聞說給外國人聽的是一套，而他們在北京實際上做的又是一套。」[460]一九一五年三月，日本加派兵力施壓。三月二十三日，袁世凱會見芮恩施時說：「嗡嗡叫的蚊子弄得我睡不好覺，但牠們還沒有把我的米糧搬走，因此我還可以生活。」不過，袁世凱看上去非常焦慮：「我準備作出一切可能的讓步，但必須以不削弱中國的獨立為前提。」[461]

袁世凱希望得到列強的聲援，但這種支援是靠不住的。只要本國在華利益不受損，甚至能從日本的戰果分一杯羹，列強是不會替中國出頭的，不落井下石就算不錯了。一九一五年五月七日下午三點，日本發出最後通牒，要求中國政府於五月九日下午六點之前給予滿意答覆，否則日本將採取行動。曹汝霖與外交部參事顧維鈞[462]

袁世凱與各國駐華使節合影

商擬最後通牒復文，三易其稿。五月九日黎明，曹汝霖前往總統府，看見袁世凱已在辦公廳，似乎一夜未睡。這時日本使館打電話警告曹汝霖：「最後通牒復文，只有諾否兩字已足，若雜以它語，彼此辯論，過了期限，反恐誤事，務望注意。」袁世凱嘆了一口氣，命阮忠樞重新擬稿。當陸徵祥帶著曹汝霖和祕書將復文送到日本使館時，曹汝霖「心感淒涼，若有親遞降表之感」。[463]

列強認為中日締約不會損害其在華利益，而且可以利益均霑，因此只施捨了同情，兩邊討好以坐收漁利。弱國無外交，有難求告無門，只能任人宰割。美國國務院曾於五月六日指示芮恩施，要他勸中日兩國忍耐和相互寬容。芮恩施認為日本需要這種勸告，但這個指示來得太遲了，「傳達這個勸告等於在人家已經把門砰的一聲關起來之後，我們才透過門上的鑰匙孔悄悄地說幾句規勸的話」。[464]

一九一五年五月二十五日下午，外交總長陸徵祥與日本全權代表日置益在北京締約，接受了「二十一條」中的部分條款，其中關於山東有四款，關於南滿洲及東部內蒙古九款。[465]袁世凱一生最遭人詬病的事情，除了搞洪憲帝制，還有就是與日本簽訂這個所謂《民四條約》。他事後發表告誡百僚書，要求文武官員勿忘五月九日是「國恥日」，各部門務必振作精神努力做事。一時舉國頗有朝氣，然而很快又成暮氣，中國歷史開了一個倒車，駕車人袁世凱也掉進一個萬劫不復的深淵。

剛簽訂完《民四條約》不久，袁世凱就大張旗鼓地復闢帝制。有人認為「二十一條」是袁世凱與日本進行的賣國交易，旨在獲得日本對他稱帝的支持，但很多史料證明這一觀點站不住腳。從整個談判過程來看，袁世凱使出渾身解數與日本周旋，雖然「斗勇」方面略遜一籌，「鬥智」方面卻可圈可點。如果心甘情願當賣國賊，他何必如此費盡心機？

從日本披露的資料來看，日本政府當時並未將「二十一條」與袁世凱稱帝掛鉤。日本認為袁世凱不會輕易就範，必須採取一切手段威逼利誘。引誘條件是：「（一）在一定條件下，將膠州灣歸還中國。（二）保證袁大總統及其政府之安全。（三）嚴格取締在日本及其保護下之革命黨員、宗社黨員、留學生及不法日本商民與浪人。（四）奏請給袁大總統及其政府各部部長援勳。此外，應同意修改稅率之提議，關於此項條件在帝國政府承認後，可列為第（五）項。」威壓條件是：「（一）將出征山東之軍隊留駐現地，顯示我國威力，以使其感到我方之軍事威脅。（二）煽動革命黨和宗社黨，顯示顛覆袁政府之氣勢，以威脅之。」[466]

這些條件無一涉及袁世凱稱帝，其中最大的「糖果」是取締在日反袁勢力。這一點抓住了袁世凱的軟肋，逃亡日本的反袁勢力確實是心腹大患。日本公使對袁世凱說，中國革命黨人與許多在野的日本人關係非常密切，日本政府無法制止這種人在中國興風作浪，除非中國政府對日本友好，如果你們現在接受「二十一條」，日本人民就會相信你對日本是友好的，日本政府也可能會幫助鎮壓在日反袁活動。[467]袁世凱就這樣在日本人的威逼利誘下簽訂了《民四條約》。後來袁世凱敢於稱帝，跟日本人的支持不無關係，只不過日本人先給了他一顆定心丸，還沒等他吞下去就又奪走了。

稱帝墮陷阱，黃袍成殮衣

一九一三年十月六日，中華民國國會依法選舉大總統。袁世凱有點心虛，就讓人冒充公民團，圍住會場脅迫議員選舉他為大總統。十月十日，當選大總統的袁世凱宣誓就職。摘掉大總統頭銜前的「臨時」二字，袁世凱就像擺脫了緊箍咒，開始像孫悟空一樣大鬧天宮。一九一三年十一月四日，他下令解散國會第一大黨國民黨，整個國會癱瘓了。一九一四年一月十日，他又下令解散國會。五月一日，由他操縱的約法會議公布實施《中華民國約法》，改內閣制為總統制。十二月二十九日，參政院透過《修正大總統選舉法》，規定大總統任期十年，可以連任。至此，南京臨時政府加給袁世凱的一切羈絆，都被這個政治強人一一掙脫了。大總統與皇帝幾乎享有同等權力，但這還不夠，他又做起了皇帝夢，不僅誤了卿卿性命，還遺臭萬年。

王魯湘：袁世凱的大總統做得好好的，為什麼要復闢帝制呢？

駱寶善：這是大家一直在討論的一個問題。說句客觀的話，除了稱帝這件事，袁世凱做的壞事真不多。

王魯湘：是。如果沒有稱帝這件事，他是一個非常正面的歷史人物。

駱寶善：關於復闢帝制這件事，人們都說是袁克定、籌安會下的藥。袁世凱周圍確實有一幫人讓他走帝制這條路，可是不管別人勸進的成分有多麼大，他自己真的去做了，然後發現這是個臭招。袁世凱承認這件事怪他自己，說如果沒有他的認可，這幫人成不了事。

精於權術的袁世凱，很少輕信別人，內心總有一道防線。他做事有個習慣：先派一個人去密查某件事，隨即又派一個人去密查，兩人均不知在執行同一項任務，如果兩人的調查結果不一樣，他就另派兩人分頭行事，然後加以對照，對查報屬實者給予獎勵，反之則予以處罰。他經常說：「做一個長官，最要緊的是洞悉下情，只有這樣，才能夠舉措適當。如果受著下邊的蒙蔽，那就成了一個瞎子，哪有不做錯事的？」[468]如此精明的一個人，晚年卻被親信炮製出來的「民意煙霧彈」蒙暈了，稀里糊塗地走進稱帝的死巷。

當歷史的列車正在駛向共和，袁世凱復辟帝制有如開倒車，一堆親信幕僚群策群力把他推進駕駛室，讓他操縱方向盤進行大逆轉。一九一五年八月，湖湘才子楊度[469]糾集嚴復[470]等社會精英聯名發起籌安會，鼓吹「中國如不廢共和，立君主，則強國無望，富國無望，立憲無望，終歸於亡國而已」。在籌安會的策動下，各種名目的請願團紛紛出籠，有教育會請願團、商會請願團、婦女請願團、乞丐請願團等，參政院共收到國體請願書八十三件[471]。不管三教九流，請願詞都是千篇一律的「非速改君主之制，不足以救蒼生、保中國」。

除了大造輿論聲勢，籌安會還炮製民意機構和民意代表，由各省選舉國民代表，成立國民代表大會，以投票方式決定國體。一九一五年十月底，各省開始陸續投票選舉國民代表，票面上寫著「君主立憲」，讓投票人寫上贊成或反對，並簽上名字。這是記名投票，而且地點設在各省將軍府或巡按使衙門內，誰寫「反對」簡直是在拿身家性命開玩笑。各省選票齊集北京參政院，於十二月十一日上午進行總開票。國民代表共計一千九百三十三人，無一張反對票或廢票，全票同意將國體變更為君主立憲制，並一致推戴袁世凱為皇帝。[472]農商總長周自齊[473]向芮恩施透露：「為了裝裝樣子，我們曾想讓某些人投反對票，但他們未這樣做。」[474]

照以前官場的規矩，臣子接到升遷諭旨後，一般要上疏假意推辭一番。袁世凱作為前清舊臣，自然深諳此道。十二月十一日中午，參政院將假冒民意炮製出來的推戴書上呈，遭袁世凱婉拒。當晚，參政院以國民代表大會總代表的名義再次呈遞推戴書，這次袁世凱不再推辭，次日發表了接受帝位申令。十二月十三日，袁世凱在中南海居仁堂接受文武百官朝賀，擬改國號為中華帝國，以一九一六年為洪憲元年，於元旦舉行登基大典。有人認為「洪憲」含有「弘揚憲法」之意，而據芮恩施的說法，袁世凱曾提及這個年號意為「偉大的憲政時代」[475]。

王魯湘：當時很多老百姓、士大夫、社會精英，甚至包括外國列強，都覺得在中國實行帝制可能更穩妥，是吧？

駱寶善：這應該是袁世凱贊成帝制的一個客觀基礎。沒有這個社會基礎，他不敢冒這個風險。辛亥革命後，思想界、學術界有種復古思想，覺得中國有了一個新的共和制度確實是一大進步，但中國共和的土壤實在太薄弱了。袁世凱也深感在共和制度下，他玩不了。

王魯湘：他不知道如何有效地統治這個國家，如何能有行政效率。

駱寶善：對。他對共和知之甚少，更不知民主為何物。自從接受西方政治觀念以來，中國思想界的前輩們只宣傳過「民權」，誰都沒宣傳過「民主」，給你權你都不知道怎麼用。共和政府該怎麼建，該怎麼運作，連革命黨人都不知道，思想家們也不知道，袁世凱就更不知道了。

從武昌起義到清帝退位，中國僅用四個月時間就終結了兩千多年的封建帝制，不到一百天就建立了亞洲第一個共和制國家。然而，這一切只是政治意識形態表層的變化，很多東西並未澈底顛覆，皇權專制的幽靈仍在中國上空留戀徘徊，只不過喬裝打扮了一番。在一個半新半舊的政府裡當首腦，舊官僚出身的袁世凱不知所措，一碰壁就想往老路走。一九一三年十一月十七日，芮恩施第一次見到袁世凱就產生獨裁者的印象：「他名義上是共和主義者，但內心卻是專制君主。」[476]

袁世凱不知共和為何物，如何執政就更是一頭霧水。一九一二年秋，他問留美博士顧維鈞：中國怎樣才能成為一個共和國？像中國這樣的情況，實現共和意味著什麼？共和的含義是什麼？顧維鈞晚年回憶了當年的對話：「我說共和這個詞的意思是公眾的國家或民有的國家。但他認為中國的老百姓怎能明白這些道理，當中國女僕打掃屋子時，把髒物和灰塵掃成堆倒在大街上，她所關心的是保持屋子的清潔，大街上髒不髒她不管。我說那是自然的，那是由於她們無知。但是，即便人民缺乏教育，他們也一定愛好自由，只是他們不知道如何去獲得自由，那就應由政府制訂法律、制度來推動民主制度的發展。他說那會需要多長時間，不會要幾個世紀嗎？我說時間是需要的，不過我想用不了那麼久。」[477]

袁世凱是個雷厲風行的行動派，講求立竿見影的實效，沒有耐心去弄清什麼是共和。對於他來說，那太虛渺了，執政地位穩不穩才是更值得操心的事。當上名正言順的大總統之後，他做的第一件事便是拿於己不利的國體開刀。在他看來，由於有革命黨人的操縱，所謂國會、責任內閣、政黨政治都只不過是為他準備的鐐銬而已。剛剛解散完國會的袁世凱微笑著對芮恩施說：「中華民國是一個非常幼小的嬰孩。必須加以看護，不要叫他吃不易消化的食物，或服那些西醫所開的烈性藥物。」[478]在封建專制的土壤裡培育共和國，需要一個耐心的「慈母」精心撫養，可惜袁世凱是個「嚴父」，一不順心就拔掉嬰兒的奶瓶讓他活活餓死。

駱寶善：應該說，革命黨人對袁世凱政府確實不是真誠地、熱心地支持。為了限制袁世凱，已宣布辭職的孫中山在一九一二年三、四月間主持制定了《中華民國臨時約法》。這部被稱為「中華民國第一部憲法」的約法明確規定，中華民國政府實行內閣制。

王魯湘：總統是虛位元首。

駱寶善：對。事實上，這是為了限制袁世凱攘權。我們過去總說革命黨人軟弱，這是民族資產階級的階級性，其實他們也知道當權的重要性。既然戰場上打不了，那就用文字限制你。袁世凱受制到什麼程度呢？《中華民國臨時約法》規定要成立新的參議院來制定法律，參議員為了抵制袁世凱政令的施行，想盡各種辦法，比如該他議的事情他不到會，不夠法定的半數開不了會，一個政令反復討論來討論去，就是無法通過。袁世凱深受掣肘，一件事也做不成，這是真的。

辛亥革命以來，各省都督擁兵自重、財政獨立，尾大不掉比晚清有過之而無不及。當年大清王朝一夜崩解，主要緣於內輕外重的權力格局。一個地方率先舉起反清旗幟，其他地方爭先恐後宣布獨立，一個維繫了兩百多年的王朝一夜之間眾叛親離，為之盡節赴難者屈指可數，無可奈何地自動下台，這在歷史上十分罕見。[479]作為大清王朝的掘墓人和送葬人，袁世凱深知這個國度最缺乏的不是自由和民主，而是生存和秩序。因此，他將重拾中央集權視為當務之急。

駱寶善：袁世凱確實沒有實行民主與共和這樣一個打算，他的腦袋瓜裡全是傳統舊辦法，因為他是舊文化、舊行政的產物。當上臨時大總統前後，他的智囊團紛紛上書該怎樣主持政局。其中有一個人叫王揖唐[480]，是個進士，後來當了漢奸。王揖唐有個很長的上書，提議開明專制。袁世凱認為這個辦法很好，就交代祕書把可以採用的主張記錄下來。實際上，中國的政治勢力不管打著什麼招牌和旗號，大都實行的是開明專制。孫中山講民權，別看他寫了厚厚一部《民權初步》，其實他實行的也是開明專制。他是國民黨黨魁，他是國父，他是總理，他讓誰當常委就讓誰當，他想開除誰就開除誰。

王魯湘：還要效忠他。

駱寶善：在他那裡沒有民主。唱戲的說：「當官不為民做主，不如回家賣紅薯。」袁世凱也想為民「做主」——他自己民主不來，他就要為民做主。

王魯湘：想讓袁世凱成為「中國的華盛頓」是完全不可能的。

駱寶善：讓他成為「中國的拿破崙」倒有可能。

王魯湘：如果一開始就讓他成為「中國的拿破崙」，可能就沒有後來的復闢帝制。

南北議和時，在討論新政府應沿襲專制形式還是採用共和形式時，有外國人就擔心「在君主專制形式下，袁世凱將完全成為一個獨裁者，他將利用手中的權力把自己推上皇位。……他想做中國的拿破崙而不是喬治・華盛頓。但如果袁世凱真有野心，在中國成立一個共和國也應該符合他的要求，拿破崙就是從一個共和派人士開始總攬大權登上皇位的。如果袁希望當皇帝，他可以利用的最有利的形勢就是接受共和國總統的職位，假以時日，就像拿破崙在法國所做的那樣，直到不可避免的倒退開始後，蛻變成帝國就相對容易了」[481]。這番言論真是先見之明，袁世凱後來果真循著拿破崙的軌跡稱帝，只不過他未正式登基就宣布取消帝制，黃袍尚未加身即成殮衣。

對於稱帝這件事，袁世凱其實忐忑不安。由於心裡沒底，稱帝成了一個心魔，操縱著他的情緒，人變得比較緊張。儘管並無十足把握，他終究抵擋不住皇位的誘惑。他當時吃了兩顆定心丸：一是親信為他炮製的民意假象，二是日本、英國這兩大君主立憲制國家的讚同。日本駐華使館私下對中國官員暗示：稱帝運動要想成功，必須獲得日本的幫助，如果中國執行有利於日本的政策，那就很好辦。[482]日本看透了袁世凱骨子裡深藏的恨意，企圖以此籠絡袁世凱，將這個強硬的對手變為親日派，進而控制中國。

一九一五年十月二日，復辟帝制進入緊鑼密鼓的籌備階段，袁世凱向英國公使朱爾典[483]探聽外國人的態度。當時英國在華擁有最大話語權，英國公使在外國使團中居領袖地位。袁世凱駐朝期間就認識朱爾典，兩人有多年交情，他相信朱爾典會說真話。朱爾典說：「若國中無內亂，則隨時可以實行，此中國內政，他人不能干涉也。」袁世凱打包票說，內亂絕對不會有，唯擔心外國反對而已。朱爾典說，英國對於此事極為歡迎，凡英國聯盟諸國亦無損害中國之意。袁世凱最擔心日本人趁機作亂，朱爾典安撫說：「未聞日本有半點反對之意及乘時取利或有損害中國之陰謀。」袁世凱說：「大隈伯對我駐日陸公使[484]言，關於君主立憲事，請袁大總統放心去做，日本甚願幫助一切。由此觀之，即於表面，日本似不再行漁人之政策。」[485]

有了列強的支持，袁世凱高枕無憂了。他的手下將這份談話紀錄以絕密文件的形式發給文武高官，鼓勵他們放手復辟帝制。袁世凱以為稱帝無內憂，誰知判斷失誤，一下成了「失足老人」。一九一五年十二月二十五日，蔡鍔等人宣布雲南獨立，並組織了一支約兩萬人的護國軍討袁。革命黨人也伺機行動，護國運動風起雲湧。日本翻雲覆雨，決意趁機推翻袁世凱政權，扶植親日勢力。歐美列強擔心在華利益受損，亦紛紛向袁世凱施壓。一切來得那麼突然，鮮花變成臭雞蛋，掌聲變成噓聲，感覺像是一場陰謀，令他猝不及防。袁世凱一夜之間眾叛親離，成了眾矢之的。護國軍並不強大，但他手中已無牌可打，因為北洋軍已四分五裂。

駱寶善：袁世凱周圍反對帝制的人不在少數，一批文人親信像徐世昌、嚴修、張一麐[486]都不主張恢復帝制。稱帝活動達到最高潮時，他們一個個宣布退隱。

王魯湘：不沾這個臭氣。

駱寶善：上書不成，那我躲開你。武將們也是這樣，以至於護國軍起來時，袁世凱無可調之兵和可用之將。馮國璋親自問過他，說外面傳言甚囂塵上，到底是怎麼回事？袁世凱說，沒這回事，我哪能搞帝制？你看看我，我垂垂老矣。你再看看我的兒子們，大兒子是個瘸子，沒有君臨天下的才懷，二兒子是個風流公子，剩下的小兒子們誰能做事？

王魯湘：他的意思是說，我死了以後傳位給誰呀？

駱寶善：所以你不要聽外面瞎說。馮國璋吃了一顆定心丸，沒想到口沫未乾，袁世凱卻宣布要投票變更國體了。

護國戰爭爆發後，馮國璋暗中抵制袁世凱，積極聯絡反袁勢力，時機成熟便公開樹起反對稱帝的大旗。這位北洋將帥聲望很高，很多將領唯他馬首是瞻。一九一六年三月十九日，他聯絡長江巡閱使張勛等四位將領，聯名發出致各省將軍的密電，要求袁世凱取消帝制並辭職下台。「五將軍密電」成了壓死駱駝的最後一根稻草，四面楚歌的袁世凱知道大勢已去，不得不於三月二十二日宣布取消帝制，從僅僅坐了八十三天的皇位黯然退下。一九一六年六月六日，一個驚人的消息傳遍京城：中華民國大總統袁世凱因尿毒症不治身亡！精明強悍的一代梟雄袁世凱，終年五十七歲，終究未能逃脫家族四代男丁難以活過五十八歲的「魔咒」。自袁世凱的曾祖父起，枝繁葉茂的袁氏家族彷彿陷入一場集體宿命：四代三十餘個男丁中，先袁世凱而亡的十四人當中，有十三人死於虛齡五十八歲之前，只有他的四叔祖勉強活到六十歲。[487]袁家男子跌進一個壽命怪圈，恐懼隨著年齡與日俱增，不難想像這會給袁世凱帶來多大的心理陰影。他擬於虛齡五十八歲登基，或許是希望藉此大喜衝破這個壽命大限，但終究未能逃過這一劫。如果他沒有復闢帝制，說不定能多活幾年，稱帝的壓力恰恰讓他折了壽，結果「魔咒」應驗了。

據袁靜雪[488]回憶，父親袁世凱身體一向很好，一九一六年元宵節過後才懨懨成病。袁世凱有一妻九妾，育有十七個兒子和十五個女兒，稱帝一事鬧得家裡不得安寧。長子袁克定揚言若立二弟為太子，他就把袁克文[489]殺了。元宵節那天，姨太太們在飯桌前爭妃嬪名分，六姨太威脅說如果不封她為妃，就帶著孩子回彰德。袁世凱把筷子一撂，長嘆了一口氣：「你們別鬧啦！你們都要回彰德，等著送我的靈柩一塊兒回去吧！」[490]從那以後，袁世凱食量漸減，精神不振，有人說他的病是氣裹著食所致。袁靜雪認為，因稱帝遭到普遍反對，父親處於內外夾攻的情勢下，精神壓力是致病的主要原因，雖然請了中醫來診治，但心病為藥力所不及。[491]

芮恩施證實了這一點：「袁氏感到煩惱和失望，非常痛苦，早在三月間，梁敦彥[492]先生懇求我去訪問總統並給他以鼓勵，因為憂慮和絕望正在摧垮他的身體。袁氏身負重任，過著緊張而繁忙的案牘生活。過去他的白萊特氏病[493]雖然有所發展，但他身體強健，挺過去了。現在他陷入巨大的煩惱之中，他的體力衰退了。周自齊先生對我說：『大總統已經喪失了迅速作出決定的果斷力，他在面臨困難的抉擇時簡直不知所措。以前他對我提出的建議都立即回答「同意」或「不同意」。而現在呢，他反復思考，猶豫不決，多次改變決定。』袁氏打算辭職，似乎有訪問美國的想法。有人曾就給袁氏出國護照和政治避難權試探我的看法。看來，反對派並不反對袁氏離開這個國家。」[494]只不過，袁世凱不用逃亡國外了，他很快就以死亡解脫了自己。

袁靜雪說，袁世凱得的是膀胱結石症，若及時住院導尿或開刀，不會有生命危險，但他一向相信中醫，不肯找西醫診治。臨終前幾天，他不能吃不能尿，尿毒在全身蔓延開來。袁克定堅決主張改請西醫，隨後找來法國醫生為他診治。醫生說需要動手術取出結石，但袁世凱不肯去醫院，只能在家導尿。六月五日黃昏，袁世凱意識到病情危險，就派人找來段祺瑞和徐世昌，把大總統印交給徐世昌：「總統應該是黎宋卿[495]的。我就是好了，也準備回彰德啦。」此後，他漸漸昏迷不醒，次日上午逝世。[496]可以說，袁世凱是死在他自己手上：逆流稱帝導致精神壓力大，誘發身體疾病，得了重病還不肯看西醫，以至於回天無力。說到底，他最終是死在封建遺毒下。這個從封建制度下鑽出來的官僚，最終還是倒退回去了，成為它的犧牲品。

辛亥革命爆發後，中外人士有一個共識：收拾殘局非袁莫屬。孫中山有偉人聲望卻缺乏實力，袁世凱無偉人威望卻實力雄厚，本來有望成為「中國的華盛頓」，為中國共和制度立下功勞，誰知一世聲名竟毀於一念之差。張謇惋惜地說：「三十年更事之才，三千年來未有之會，可以成第一流人，而卒敗群小之手。」[497]據袁氏後人透露，袁世凱臨終前吃力地吐出四個字：「他害了我。」有人認為「他」是指楊度，有人則認為是指袁克定。袁克定是袁世凱的嫡長子，最渴望踩著父親的肩膀登上皇位。

袁家楫： 袁克定想當皇帝不是一天兩天了，他是長子，做了太子就可以繼位，所以他用很多迷信的手法把稱帝的思想灌輸給我祖父，比如說老家墳地出現什麼寶物。

王魯湘： 還長了一棵龍樹，是吧？

袁家楫： 對，說將來我們家可以出皇帝。

王魯湘： 還說在故宮後面發現地光。

袁家誠： 挖地三尺，挖出來的石碑是袁克定預先埋好的，說多少年之後會出現一個真龍天子黃袍加身。

王魯湘： 這都是事先做好的局。

袁家誠： 對。

袁家楫： 他還指使一個丫鬟給我祖父倒茶，讓她到帳前把碗摔了，待老太爺驚醒後問是怎麼回事，她就說看見有一條龍睡在床上。

除了這些傳統的把戲，袁克定還精心炮製了一批假報紙，讓列強「贊同」中國復辟帝制的消息不斷進入袁世凱的視野。當時有一份報紙最受袁世凱關注，那就是日本人辦的《順天時報》。這份中文報紙原名《燕京時報》，一九〇一年創刊，一九〇五年成為日本外務省的機關報。《順天時報》是日本政府的代言人，專門收集中國政局內幕，支持親日派軍閥。袁世凱對宿敵日本的態度最敏感，因此經常讀這份報紙。

袁家楫：發現假《順天時報》的是我三姑袁靜雪。她叫丫鬟到外面買零食，當時蠶豆、果仁都用報紙包，打開之後發現這張報紙跟她在府裡看到的不一樣，結果發現府裡的報紙是假的。她把這張真報紙拿給我祖父看，我祖父就知道是袁克定搞的鬼。

王魯湘：還印假《泰晤士報》，是吧？

袁家誠：對，英文報紙也弄假的。英國公使後來對稱帝提出異議，我祖父就愣了，說你們出爾反爾，你們報紙不是支持我嗎？英國公使拿來一看，說這不是我們的報紙，是你們偽造的。這時候我祖父氣壞了！

王魯湘：如夢方醒。

袁家誠：這是欺父誤國呀！所以我在一篇文章中寫道，我大伯父袁克定是家族的罪人，也是歷史的罪人。

據袁靜雪回憶，假《順天時報》是袁克定糾合一班人搞出來的。她當晚就把丫鬟從外面帶回來的正版《順天時報》拿給父親看，當時袁世凱眉頭緊皺，沒有任何表示，只說了一句：「去玩吧。」第二天早晨，袁世凱氣憤地用皮鞭打了袁克定一頓，邊打邊罵他欺父誤國。袁靜雪說：「大哥給人的印象是，平素最能孝順父母，所以他在我父親面前的信用也最好。我父親時常讓他代表自己和各方面聯繫。可是從這以後，我父親看到他就有氣。無論他說些什麼，我父親總是面孔一板，從鼻子裡發出『嗯』的一聲，不再和他多說什麼話，以表示對他的不信任。看起來，我父親對於帝制前途的不甚美妙，已經是有所覺察了。」[498]

王魯湘：我們將袁世凱的生平捋一捋，發現本來他的歷史地位和政治成就說明他是一介拿破崙，你非讓他去當華盛頓，結果演變成他個人的悲劇，也是國家和民族的悲劇。

駱寶善：是，期望值太高了。

美國獨立戰爭勝利後，總司令喬治．華盛頓沒有居功自傲，而是解甲歸田。後來他被選舉團全票選為美國第一任總統，連任一屆後堅決辭職。與華盛頓相比，袁世凱缺乏無私的人格和偉大的政治理想。中國根深蒂固的「權謀文化」決定了袁世凱無法成為中國的華盛頓，只能是一個清末版的曹操。[499]革命黨人不甘心讓權，袁世凱不甘心被奪權，於是爭權奪利的古老遊戲又上演了。革命黨人既然希望袁世凱成為「世界之第二華盛頓」，當初就不該突然改美式總統制為法式內閣制，硬生生將袁世凱逼成「世界之第二拿破崙」。革命黨人的口是心非，惹來袁世凱的強力反彈。在袁世凱看來，如果權力被架空，那他豈不成了任人擺布的棋子？同樣是中華民國臨時大總統，憑什麼孫中山能享有無上的總統權力，而他就得當個花瓶般的虛位總統？

唐德剛[500]認為：「袁世凱在近代中國歷史轉型期中，也算一個悲劇人物。兩千年帝王專制的政治傳統，絕然不能轉變於旦夕之間。因此他縱想做個真正的民主大總統，不但他本人無此智能條件，他所處的時代也沒有實行民治的社會基礎。他如要回頭搞帝王專制，甚或搞君主立憲，這些形式在當時的中國也已失去了生存的土壤。客觀歷史早已注定他這個邊緣政客（marginal politician）不論前進或後退，都必然是個失敗的悲劇人物。」[501]「袁世凱之當國正值我國近代社會、政治轉型的開闢時期，而他又天生是個『治世能臣，亂世奸雄』的曹操型的人物，主觀的個性和客觀歷史發展的軌跡，兩者鑿枘不投，怎能不粉身碎骨呢？」[502]

身處歷史轉型期，袁世凱本身就是一個矛盾綜合體：既是封建舊臣，又兼新政領袖；既任民國總統，又當短命皇帝。他是正與邪的混合體，身上兼具儒、道、法的氣場，結局卻是一個匪夷所思的敗筆。他就這樣被那個時代拋棄了，也被世人拋棄了。新勢力瞧不起他，因為他散發著腐朽的味道；舊勢力怨恨他，因為他是毀滅一個時代的罪魁禍首。也許袁世凱悲劇的唯一價值就是，它讓這個文明古國經歷過那一場反復之後，從此走上共和的不歸路，因為在這個國度裡，人民再也不需要皇帝了。[503]北洋軍閥的鼻祖死了，身後留下一個長達十二年的亂世。軍閥混戰，武夫當國，中國歷史陷入一個失去秩序的時代。

梟雄袁世凱（1859～1916）

注釋

權力毒癮腐蝕了母性——老佛爺慈禧

1 清東陵位於河北唐山遵化市馬蘭峪以西的昌瑞山腳下，始建於康熙二年（1663），共建有十五座陵寢，包括順治帝的孝陵、康熙帝的景陵、乾隆帝的裕陵、咸豐帝的定陵、同治帝的惠陵、孝莊文皇后的昭西陵、慈禧的菩陀峪定東陵、慈安的普祥峪定東陵等。

2 順治帝（1638～1661），清世祖，名福臨，皇太極第九子，一六四三年以六歲幼齡繼承皇位。次年自盛京（今遼寧瀋陽）遷都北京，成為清朝入關定鼎中原的第一位皇帝。十四歲親政，二十四歲因天花病逝。

3 溥儀（1906～1967），醇親王載灃長子，一九〇八年依慈禧遺命入承大統，一九一二年宣布退位，一九一七年七月復辟十二天後再次被迫退位，一九二四年被取消皇帝尊號並逐出紫禁城。一九三二年至一九四五年在日本扶植下，任滿洲國「皇帝」。一九四五年被蘇聯紅軍逮捕後關押在蘇聯境內，一九五〇年移送中國撫順戰犯管理所，一九五九年獲特赦，一九六七年病故。

4 孝莊文皇后（1613～1688），博爾濟吉特氏，蒙古科爾沁部貝勒寨桑之女，十三歲嫁給皇太極為側福晉，二十四歲封為永福宮莊妃。一六四三年順治帝即位後尊封為聖母皇太后。

5 隆裕太后（1868～1913），葉赫那拉氏，名靜芬，慈禧胞弟桂祥之女，被慈禧欽點為光緒皇后。一九〇八年依慈禧遺命以「兼祧母后」身分垂簾聽政，被尊封為隆裕皇太后。一九一二年二月十二日以太后名義頒佈《宣統帝退位詔書》，次年鬱鬱而終，終年四十六歲。

6 載灃（1883～1951），字伯涵，號靜雲，醇賢親王奕譞第五子，光緒帝同父異母的弟弟。一九〇八年因長子溥儀入承大統，被慈禧任命為監國攝政王，辛亥革命後被迫辭職。

7 一五七五年，建州右衛都指揮使王杲因屢犯明朝被磔殺，其子阿台為報父仇反明。一五八三年，明遼東總兵李成梁發兵攻打阿台駐地古勒寨（位於今遼寧新賓滿族自治縣），讓努爾哈赤的祖父覺昌安、父親塔克世當嚮導。阿台之妻是覺昌安長子的女兒（即努爾哈赤的堂姐），覺昌安入寨勸降孫女婿阿台，城破後與第四子塔克世一起被明軍誤殺。

8 楊吉砮，葉赫那拉氏，海西女真葉赫部首領之一，一五八四年遭明遼東巡撫李松和遼東總兵李成梁設計誅殺。

9 孟古哲哲（1575～1603），葉赫那拉氏，十四歲嫁給努爾哈赤為側福晉，十八歲生子皇太極，二十九歲病逝。一六三六年皇太極稱帝后追封為孝慈武皇后（1661 年改謚為孝慈高皇后），成為清朝第一位被追封的皇后。

10 明朝設置建州衛、建州左衛、建州右衛三個衛所來管理建州女真聚居地。建州三衛首領多由世襲產生，經明廷認可後生效，每年須赴京師朝貢。建州左衛位於中朝界河圖們江流域，努爾哈赤六世祖為首任都指揮使。

11 惲毓鼎著，史曉風整理：《惲毓鼎澄齋日記》，浙江古籍出版社，2004 年版，第 791 頁。

12 中國第一歷史檔案館、中國社會科學院歷史研究所譯注：《滿文老檔》（上冊），中華書局，1990 年版，第 115～116 頁。

13 劉成禺著，蔣弘點校：《世載堂雜憶》，山西古籍出版社，1995 年版，第 265～266 頁。

14 文祥（1818～1876），瓜爾佳氏，字博川，滿洲正紅旗人。道光年間進士，曾任軍機大臣、總理衙門大臣、工部尚書、吏部尚書、武英殿大學士等職。在一八七四年至一八七五年清廷關於海防與塞防之爭中，文祥主張加強塞防，支持左宗棠出兵收復新疆。

15 為籠絡漢族知識份子，清朝科舉取士採用「滿不點元」的策略，一甲三名（狀元、榜眼、探花）不錄取滿人。

16 滿洲八旗分上三旗和下五旗，鑲黃、正黃和正白屬上三旗，由皇帝親自統率，政治地位高於下五旗。清制規定可以改變旗籍，由下五旗抬入上三旗，或由內務府三旗包衣（即奴僕）抬入滿洲八旗，稱為「抬旗」。皇太后、皇后娘家在滿洲下五旗者可抬旗，慈禧娘家遂於咸豐十一年由鑲藍旗抬入鑲黃旗。

17 俞炳坤：〈慈禧家世考〉，載《故宮博物院院刊》第3期，1985年。

18 葉赫那拉·根正（1951～），又名那根正，收藏家、書法家，自稱慈禧胞弟桂祥的曾孫，即慈禧的內侄曾孫，但有清史學者質疑其身分。

19 劈柴胡同（今辟才胡同），位於今北京西城區，東西走向，東起西單北大街，西至太平橋大街，全長八百七十七公尺，均寬三十二公尺。

20 葉赫那拉·根正、郝曉輝著：《我所知道的慈禧太后：慈禧曾孫口述實錄》，中國書店，2007年版，第9～10頁。

21 慈禧胞妹即葉赫那拉·婉貞（1841～1896），參選秀女落選，一八五九年嫁給醇郡王奕譞為嫡福晉。育有四子一女，除二子光緒帝外，其餘子女均早夭。

22 老公，太監的俗稱，又稱寺人、閹人、內官、內侍、中官、宦官等。清代滿語稱太監為「誇蘭達」，漢譯「內奏事處太監」。

23 富察·建功著：《晚清侍衛追憶錄》，故宮出版社，2011年版，第203頁。

24 徐廣源：〈我為慈禧整理遺體〉，《北京青年報》，2010年8月11日，第C4版。

25 圓明園內一處景點。

26 文宗即咸豐帝（1831～1861），名奕詝，道光帝第四子，一八五〇年繼位，一八六一年因肺結核病逝於承德避暑山莊，為清朝最後一位掌握實權的皇帝。

27 佚名：《清朝野史大觀》（一），上海書店，1981 年版，第 70 頁。

28 昭槤撰：《嘯亭雜錄》，中華書局，1980 年版，第 325 頁。

29 王道成：〈慈禧的家族、家庭和入宮之初的身分〉，中國人民大學清史研究所編：《清史研究集》第 3 輯，四川人民出版社，1984 年版，第 210～212 頁。

30 鄂爾泰、張廷玉等編纂，左步青校點：《國朝宮史》（上冊），北京古籍出版社，1987 年版，第 138 頁。

31 葉赫那拉．根正、郝曉輝著：《我所知道的慈禧太后：慈禧曾孫口述實錄》，第 13 頁。

32 徐珂編撰：《清稗類鈔》第 1 冊，中華書局，1984 年版，第 379 頁。

33 麗妃（1837～1890），他他拉氏，主事慶海之女。與慈禧同時進宮，為咸豐帝生下皇長女。此女為咸豐帝唯一的女兒，於同治九年（1870）破格封為固倫榮安公主。清制規定皇后之女封固倫公主，品級視同親王，嬪妃之女只能封和碩公主，品級視同郡王。同治帝即位後，因麗妃「誕育大公主」尊封為麗皇貴妃，光緒帝即位後尊封為麗皇貴太妃，地位僅次於兩宮太后。一八九〇年病逝，謚莊靜皇貴妃。三年後入葬定陵妃園寢，位居前排正中最尊貴的位置。

34 陳可冀主編：《清宮醫案研究》（上冊），中醫古籍出版社，1990 年版，第 855 頁。

35 何榮兒，十三歲進宮，分在儲秀宮專職敬煙。十八歲被慈禧指婚給李連英的乾兒子劉祥，婚後不到一年，得慈禧恩准回宮當差。一九〇〇年八國聯軍入侵北京時隨駕西逃，回鑾後因年齡太大出宮。

36 玫貴人（1835～1890），徐佳氏，宮女出身，一八五八年因生子晉封玫嬪，同治帝即位後尊封為玫妃、玫貴妃，夭折的皇子追封為憫郡王。

37 趙爾巽等撰：《清史稿》第三十冊，中華書局，1976 年版，第 8925 頁。潛邸又稱潛龍邸，指皇帝即位前的住所。如果潛邸在宮外，皇帝即位後不能再作為任何人的居所，一般改為宗教寺廟或祭祀場所，如雍正帝的雍王府改為雍和宮。

38 陳可冀主編：《清宮醫案研究》（上冊），第848頁。

39 「御賞」章，田黃石質地，高五公分，長兩公分，寬一公分，陽文篆刻。

40 「同道堂」章，壽山石質地，高八公分，長兩公分，寬兩公分，陰文篆刻。同道堂是紫禁城內廷西六宮之咸福宮的後殿，「同道」取志同道合之意。英法聯軍進攻北京前夕，咸豐帝曾在此殿傳膳，並決定逃往熱河避暑山莊。

41 載垣（1816～1861），愛新覺羅氏，康熙帝第十三子怡賢親王胤祥五世孫，一八二五年襲封和碩怡親王，為清朝十二家「鐵帽子王」之一。曾任御前大臣、領侍衛內大臣等職，辛酉政變後被革爵並賜令自盡。

42 端華（1807～1861），愛新覺羅氏，大清開國功臣和碩鄭獻親王濟爾哈朗七世孫，一八四六年襲封和碩鄭親王，為清朝十二家「鐵帽子王」之一。辛酉政變後被革爵並賜令自盡。

43 景壽（1829～1889），富察氏，滿洲鑲黃旗人。一八四五年娶道光帝第六女固倫壽恩公主，後襲封一等誠嘉毅勇公。曾任蒙古都統、御前大臣等職，辛酉政變後被革職，仍留公爵及額駙品級，一八六二年再度被起用。

44 肅順（1816～1861），愛新覺羅氏，字雨亭，端華同父異母的弟弟。封三等輔國將軍，曾任禮部尚書、戶部尚書、協辦大學士等職，辛酉政變後被斬首於宣武門外菜市口。

45 穆蔭（?～1871），托和絡氏，字清軒，滿洲正白旗人。曾任兵部尚書、軍機大臣，辛酉政變後被革職併發往軍台效力，一八六四年贖歸。

46 匡源（1815～1881），字本如，號鶴泉，山東膠州人。道光年間進士，曾入值上書房，為皇子奕詝（即咸豐帝）講經，後任侍郎、軍機大臣等職，辛酉政變後被革職。

47 杜翰（1806～1866），字鴻舉，號繼園，山東濱縣（今濱州市）人，咸豐帝師傅杜受田長子。道光年間進士，曾任工部左侍郎、軍機大臣、署禮部右侍郎等職，辛酉政變後被革職。

48 焦祐瀛，字桂樵，天津人。曾任光祿寺少卿、軍機大臣、太僕寺卿等職，辛酉政變後被革職。

49 沃丘仲子著：《慈禧傳信錄》，台灣廣文書局，1980年版，第2頁。

50 鉤弋夫人（前113～前88），即漢武帝寵妃趙婕妤，漢昭帝劉弗陵的生母。漢武帝晚年欲立七歲幼子劉弗陵為太子，為防止因「主少母壯」出現太后「獨居驕蹇、淫亂自恣」的現象，藉故處死年僅二十六歲的趙婕妤。

51 許指嚴：《十葉野聞》，章伯鋒、顧亞主編：《近代稗海》第11輯，四川人民出版社，1988年版，第74頁。

52 奕訢（1833～1898），道光帝第六子，咸豐帝同父異母的弟弟，封和碩恭親王。辛酉政變後任議政王、首席軍機大臣、總理衙門大臣等職，為晚清洋務運動的中樞首腦。一八六五年被革去議政王頭銜，一八八四年被罷黜一切職務，一八九四年再度被起用。一八九八年病逝，謚忠，為恭忠親王。

53 薛福成撰：《庸盦筆記》，商務印書館，1937年版，第25～26頁。

54 信修明等著：《太監談往錄》，紫禁城出版社，2010年版，第72～73頁。

55 桂良（1785～1862），瓜爾佳氏，滿洲正紅旗人，恭親王奕訢的岳父。曾任兵部尚書、直隸總督、總理衙門大臣、軍機大臣等職，一八五八年奉命與吏部尚書花沙納出任欽差大臣，與俄、美、英、法四國簽訂《天津條約》。

56 周祖培（1793～1867），字叔滋，號芝台，河南商城縣果子園（今屬安徽金寨縣）人。嘉慶年間進士，曾任吏部尚書、體仁閣大學士等職。

57 董元醇，河南洛陽人，周祖培門生。咸豐年間進士，一八六〇年任山東道監察御史。

58 故宮博物院明清檔案部編：《清代檔案史料叢編》第1輯，中華書局，1978年版，第91頁。

59 佚名：《熱河密劄》，中國社會科學院近代史研究所編：《近代史資料》總36號，中華書局，1978年版，第3～6頁。

60 奕譞（1840～1891），字朴庵，道光帝第七子，咸豐帝同父異母的弟弟，光緒帝的生父，宣統帝的祖父。一八七二年晉封和碩醇親王，光緒帝即位後獲世襲罔替，躋身清朝十二家「鐵帽子王」之一。一八九一年病逝，謚賢，為醇賢親王。

61 王開璽：〈辛酉政變前後兩道諭旨考論〉，載《歷史研究》第4期，2012年。

62 薛福成撰：《庸盦筆記》，第19頁。

63 善撲營，清朝八旗禁衛軍之一，是一支直接聽命於皇帝的宮廷內衛部隊，前身是康熙帝為擒拿權臣鼇拜而組建的少年摔跤隊。善撲營類似於現代特種部隊，兵額僅三百餘名，基本上由皇族外戚的子弟組成。

64 古北口鎮位於北京密雲縣東北部，是清朝皇家往返熱河避暑山莊的必經之地。

65 中國第一歷史檔案館編：《咸豐同治兩朝上諭檔》第11冊，廣西師範大學出版社，1998年版，第337～338頁。

66 富察·建功著：《晚清侍衛追憶錄》，第110～111頁。

67 李宗侗、劉鳳翰著：《清李文正公鴻藻年譜》（上冊），台灣商務印書館，1981年版，第223頁。

68 朱壽朋編，張靜廬等校點：《光緒朝東華錄》第1冊，中華書局，1958年版，第1065頁。

69 慈安病逝於三月初十日戌時（19:00～21:00），此處「十一日」係作者筆誤。

70 惲毓鼎著，史曉風整理：《惲毓鼎澄齋日記》，第782頁。

71 翁同龢（1830～1904），字叔平，號松禪，謚文恭，江蘇常熟人。咸豐六年狀元，授翰林院修撰，為同治、光緒兩代帝師。一八九八年戊戌變法期間被革職，永不敘用。

72 翁同龢著，陳義傑整理：《翁同龢日記》第3冊，中華書局，1993年版，第1554～1555頁。

73 崇彝著：《道咸以來朝野雜記》，北京古籍出版社，1982 年版，第 2 頁。

74 陳士鐸撰：《石室祕錄》，人民衛生出版社，2006 年版，第 320 頁。

75 富察・建功著：《晚清侍衛追憶錄》，第 219～220 頁。

76 金易、沈義羚著：《宮女談往錄》，第 57 頁。

77 丹陛石，又稱陛階石、龍鳳彩石，一般長兩公尺以上，寬一公尺左右，建在皇宮及明清皇家陵寢的主路上。丹陛石圖案一般為龍鳳並排，龍左鳳右，而慈安陵、慈禧陵的圖案改為「鳳在上，龍在下」，呈鳳壓龍格局。

78 李連英（1848～1911），直隸大城（今河北大城縣）人，本名李英泰，進宮後叫李進喜，一八七一年慈禧賜名「連英」，民間訛作「蓮英」。一八五七年進宮，一八六四年調長春宮服侍慈禧，一八九四年賞加二品頂戴花翎。李連英在清宮太監中品級最高，但職位低於敬事房總管。

79 埃蒙德・特拉內・巴恪思爵士（Sir Edmund Trelawny Backhouse, 1873～1944），英國從男爵。曾就讀於牛津大學，精通漢語、日語、俄語等多種語言。1898 年到北京，曾任《泰晤士報》駐華記者的翻譯、京師大學堂法律和文學教習、英國外務處專員。一九四四年病逝於北京，臨終前一年完成自傳體小說《太后與我》（*Décadence Mandchoue: The China Memoirs of Sir Edmund Trelawny Backhouse*），手稿被友人捐贈給牛津大學包德利圖書館（Bodleian Library）收藏，直到二〇一一年才出版中、英文版。另與《泰晤士報》記者布蘭德（J. O. P. Bland）合作出版 *China Under the Empress Dowager: TheHistory of the Life and Times of TzuHis*（《慈禧外紀》）、*Annals and Memoirs of the Court of Peking: Fromthe Sixteenth to the Twentieth Century (1914)*（《清室外紀》）。

80 榮祿（1836～1903），瓜爾佳氏，字仲華，號略園，滿洲正白旗人，宣統帝溥儀的外祖父。出身軍官世家，曾任總管內務府大臣、工部尚書等職，一八九一年因被劾受賄出任西安將軍，一八九四年被恭親王奕訢薦任步軍統領，一八九五年任兵部尚書、總理衙門大臣，後任直隸總督、軍機大臣、文華殿大學士等職。一九〇三年病逝，追贈太傅，諡文忠，晉一等男爵。

81 蔡東藩（1877～1945），名郕，字椿壽，號東藩，浙江山陰縣臨浦（今屬浙江杭州市蕭山區）人，歷史小說家。一九一六年出版《西太后演義》（又名《慈禧太后演義》），另著有自前漢至民國共十一部歷史通俗演義，合稱《歷朝通俗演義》。

82 〔英〕埃蒙德・特拉內・巴恪思爵士著，王笑歌譯：《太后與我》，雲南人民出版社，2012 年版，「編者序」第 5 頁。

83 德齡（DerLing, 1886～1944），美籍華裔作家，清朝外交官裕庚之女，母親是法國人。一八九五年隨父親出使日本、法國，一九〇三年至一九〇五年與妹妹容齡一起擔任慈禧的御前女官，後嫁給美國駐滬領事館一位副領事並隨夫赴美。用英文著有《清宮二年記》、《御苑蘭馨記》、《瀛台泣血記》等多部清宮紀實文學作品。

84 德齡：〈清宮二年記〉，德齡、容齡著：《在太后身邊的日子》，紫禁城出版社，2011 年第 2 版，第 128 頁。

85 德齡：〈清宮二年記〉，德齡、容齡著：《在太后身邊的日子》，第 109 頁。

86 德齡：〈清宮二年記〉，德齡、容齡著：《在太后身邊的日子》，第 115 頁。

87 安得海（1844～1869），常訛作「安德海」，直隸青縣（今河北青縣）人。曾任咸豐帝御前太監，後調慈禧處當差，賞戴六品頂戴藍翎，昵稱「小安子」。

88 丁寶楨（1820～1886），字稚璜，諡文誠，貴州平遠（今織金縣）人。咸豐年間進士，官至四川總督，追贈太子太保。

89 宮保雞丁相傳是由丁寶楨命家廚製作出來的菜餚，因很受客人歡迎而名揚開來。丁寶楨一八六八年以剿撚戰功賞加太子少保銜，而太子少保在古代是負責教導東宮太子的官職，簡稱宮保。

90 佚名：《清朝野史大觀》（一），第77頁。

91 許指嚴：《十葉野聞》，章伯鋒、顧亞主編：《近代稗海》第11輯，第30頁。

92 佚名：《清朝野史大觀》（一），第77頁。

93 薛福成著，蔡少卿整理：《薛福成日記》，吉林文史出版社，2004年版，第42頁。

94 金易、沈義羚著：《宮女談往錄》，第333頁。

95 金易、沈義羚著：《宮女談往錄》，第56頁。

96 金易、沈義羚著：《宮女談往錄》，第51～53頁。

97 金易、沈義羚著：《宮女談往錄》，第56頁。

98 維多利亞女王（Queen Victoria, 1819～1901），十八歲繼承王位，在位時間長達六十四年。一八四〇年與表弟阿爾伯特親王（Albert, Prince Consort）結婚，一八六一年在丈夫病逝後隱居，人稱「溫莎遺孀」，十九世紀七〇年代後期重新活躍於政治舞臺。

99 巴力門，「parliament」（議會、國會）的音譯。

100 徐珂編撰：《清稗類鈔》第1冊，第380頁。

101 金易、沈義羚著：《宮女談往錄》，第74～75頁。

102 崔玉貴（1860～1925），直隸河間縣崔張吉村（今屬河北大城縣）人。按輩分是李連英的表叔，兩人在宮中被戲稱為慈禧的「哼哈二將」。一九〇〇年隨駕西逃前奉慈禧之命將珍妃扔進井裡溺死，一九〇二年回鑾後因此被革職出宮，不久又回宮伺候，直到慈禧死後才離開清宮。

103 金易、沈義羚著：《宮女談往錄》，第75～76頁。

104 金易、沈義羚著：《宮女談往錄》，第292頁。

105 陳可冀主編：《慈禧光緒醫方選議》，中華書局，1981年版，第40頁。

106 惲毓鼎著，史曉風整理：《惲毓鼎澄齋日記》，第791頁。

107 德齡：〈清宮二年記〉，德齡、容齡著：《在太后身邊的日子》，第103～105頁。

108 金易、沈義羚著：《宮女談往錄》，第59～60頁。

109 樂壽堂始建於乾隆十五年（1750），一八六〇年被英法聯軍燒毀，一八八七年重建。這是頤和園居住生活區中的主體建築，為慈禧寢宮，東跨院北側的永壽齋為李蓮英的住處。

110 信修明等著：《太監談往錄》，第234頁。

111 李鴻藻（1820～1897），字季雲，謚文正，直隸高陽（今河北高陽縣）人。咸豐年間進士，被咸豐帝選為載淳的啟蒙老師。

112 祁寯藻（1793～1866），字叔穎，謚文端，山西壽陽人。嘉慶年間進士，曾為道光帝、咸豐帝、同治帝講學，人稱「三代帝師」。

113 倭仁（1804～1871），烏齊格裡氏，蒙古正紅旗人，理學家。道光年間進士，曾任工部尚書、文華殿大學士等職。

114 翁心存（1791～1862），翁同龢的父親，字二銘，號遂庵，謚文端，江蘇常熟人。道光年間進士，官至體仁閣大學士，追贈太保。

115 慧妃（1859～1904），富察氏，滿洲鑲黃旗人，員外郎鳳秀之女。一八七二年被冊封為慧妃，頗受慈禧寵愛，一八七四年晉封皇貴妃，一八九四年被尊封為敦宜榮慶皇貴妃，成為清朝唯一獲得四字封號的皇貴妃。

116 阿魯特氏（1854～1875），翰林院侍講崇綺之女，出身蒙古正藍旗，後抬入滿洲鑲黃旗。一八七二年被冊封為皇后，同治帝死後被封為嘉順皇后，兩個多月後自殺身亡，謚孝哲毅皇后。

117 崇綺（1829～1900），阿魯特氏，字文山，謚文節，出身蒙古正藍旗，後因女兒立為皇后被抬入滿洲鑲黃旗。同治四年狀元，為清朝唯一的蒙古族狀元。曾任翰林院修撰、翰林院侍講、盛京將軍、戶部尚書、吏部尚書等職，一九〇〇年因八國聯軍入侵北京自縊身亡。

118 載澂（1858～1885），恭親王奕訢長子，初封奉恩輔國公，同治年間晉封貝勒，並賞加郡王銜。曾在上書房陪同治帝讀書，二十八歲病逝，謚果敏。

119 翁同龢著，陳義傑整理：《翁同龢日記》第2冊，中華書局，1989年版，第1076頁。

120 佚名：《清朝野史大觀》（一），第84頁。

121 佚名：《清朝野史大觀》（一），第81～82頁。

122 佚名：《清朝野史大觀》（一），第82頁。

123 李家數代為御醫，李德立之父李萬清曾為懿嬪（即慈禧）遇喜診過脈。李德立自咸豐朝入值太醫院，曾任正六品院判（相當於現在的副院長），賞加二品頂戴花翎。

124 李鎮：〈同治究竟死於何病〉，載《文史哲》第6期，1989年。

125 翁同龢著，陳義傑整理：《翁同龢日記》第2冊，第1083頁。

126 大清門原名大明門，建於明永樂年間，一六四四年改名大清門，一九一二年改名中華門，一九五九年為擴建天安門廣場被拆除，一九七六年在遺址修建毛主席紀念堂。此門在明清兩代號稱「皇城第一門」，清朝皇帝大婚時，只有皇后鳳輿才能從這裡進入紫禁城，其他嬪妃的轎子只能從後門神武門進入。

127 佚名：《清朝野史大觀》（一），第83頁。

128 桂祥（1849～1913），葉赫那拉氏，慈禧胞弟。一八八八年因次女被選為光緒帝皇后，受封三等承恩公。

129 固倫榮壽公主（1854～1924），恭親王奕訢長女，九歲時被兩宮太后接入宮中撫養，封為固倫公主。

130 黃濬著，李吉奎整理：《花隨人聖庵摭憶》，中華書局，2008年版，第184～185頁。

131 瀛台位於西苑（今中南海）之南海，三面環水，北面有一石橋，曾是明清兩代帝王、後妃的避暑和遊覽佳處。慈禧將光緒帝幽禁於此，在橋南一側設多個崗哨監視，冬天還在水面破冰以切斷與外界的聯繫。

132 伍廷芳（1842～1922），字文爵，號秩庸，祖籍廣東新會，外交家、法學家。曾出使美國、西班牙、秘魯等國，與日本外交官接觸時，曾多次洩露清廷政治祕聞，成為日方重要的情報來源。

133 內田康哉（1865～1936），日本外交官。一九〇一年至一九〇六年任日本駐北京公使，在華建立情報網進行祕密偵查活動。

134 孔祥吉、村田雄二郎著：《罕為人知的中日結盟及其他——晚清中日關係史新探》，巴蜀書社，2004年版，第9頁。

135 中國史學會主編：《戊戌變法》（一），上海人民出版社，1957年版，第352頁。

136 茅海建著：《戊戌變法史事考》，生活·讀書·新知三聯書店，2005年版，第157～158頁。

137 載漪（1856～1922），道光帝第五子惇親王奕誴之子，幼時過繼給堂叔瑞敏郡王奕志為嗣。一九〇〇年任總理衙門大臣、軍機大臣，因次子溥儁不被外國公使認可而難以登基，遂力主利用義和團打擊外國勢力，被八國聯軍列為「禍首」之一，一九〇一年被革爵並遭流放。

138 溥儁（1885～1942），端郡王載漪次子，光緒二十五年十二月二十四日（1900年1月24日）奉詔承繼同治帝為嗣，立為大阿哥（皇儲）。慈禧擬舉行光緒帝禪位典禮，改元「保慶」，因遭到大臣和外國公使反對而停止廢立計畫。

139 鄭曦原編，李方惠、胡書源等譯：《帝國的回憶：〈紐約時報〉晚清觀察記（1854～1911）》（上冊），當代中國出版社，2011年第2版，第174頁。

140 德齡：〈清宮二年記〉，德齡、容齡著：《在太后身邊的日子》，第167～168頁。

141 德齡：〈清宮二年記〉，德齡、容齡著：《在太后身邊的日子》，第80頁。

142 察存者：〈關於光緒之死〉，中國人民政治協商會議全國委員會文史資料委員會《文史資料選輯》編輯部編：《文史資料選輯》第22輯（總第122輯），中國文史出版社，1991年版，第147頁。

143 Le Petit Journal（《小日報》）創刊於一八六三年，一八八四年起每週出版畫報增刊。十九世紀九〇年代最高發行量曾達一百萬份，是當時巴黎最著名的報紙之一，一九四四年停刊。

144 崇陵位於清西陵之金龍峪，一九〇九年開始修建，一九一三年地宮建成後，先將光緒帝和隆裕太后的梓宮入葬，一九一三年全部竣工。清西陵位於河北保定市易縣以西的永寧山下，始建於雍正八年（1730），共建有十四座陵寢，其中包括雍正帝的泰陵、嘉慶帝的昌陵、道光帝的慕陵和光緒帝的崇陵。一九九五年，宣統帝溥儀的骨灰從北京八寶山革命公墓遷葬至崇陵附近的華龍皇家陵園。

145 鍾里滿等：〈國家清史纂修工程重大學術問題研究專項課題成果：清光緒帝死因研究工作報告〉，載《清史研究》第4期，2008年。

146 鍾里滿：〈清光緒帝砒霜中毒類型及日期考〉，載《清史研究》第4期，2008年。

147 惲毓鼎（1863～1918），字薇蓀，直隸大興（今屬北京市）人。光緒年間進士，曾任日講起居注官、翰林院侍講、國史館總纂等職，侍奉光緒帝十九年。

148 惲毓鼎著，史曉風整理：《惲毓鼎澄齋日記》，第792頁。

149 朱金甫、周文泉：〈論慈禧太后那拉氏之死〉，載《故宮博物院院刊》第4期，1985年。

150 王道成：〈慈禧光緒的恩怨情仇——兼論光緒之死〉，載《清史研究》第3期，2009年。

「賈府」第一棟梁——聖人曾國藩

151 曾國藩著，梁啟超輯，楊為剛譯：《曾文正公嘉言鈔》，中國書店，2012年版，「梁啟超序」第1頁。

152 穆彰阿（1782～1856），郭佳氏，滿洲鑲藍旗人。道光帝寵臣，曾任軍機大臣、兵部尚書、文華殿大學士等職。門生遍布朝野，人稱「穆黨」。咸豐帝即位後被革職，永不敘用。

153 唐浩明著：《唐浩明評點曾國藩家書》（上），華夏出版社，2009年版，第83頁。

154 曾國荃（1824～1890），字沅浦，諡忠襄，曾國藩九弟，因戰功封一等威毅伯。曾任浙江巡撫、陝西巡撫、山西巡撫等職，病逝於兩江總督任上，追贈太傅。

155 唐浩明著：《唐浩明評點曾國藩家書》（下），華夏出版社，2009年版，第599頁。

156 唐鑒（1778～1861），字鏡海，號翕澤，湖南善化（今長沙縣）人，理學家。嘉慶年間進士，曾任御史、太常寺卿等職。

157 中國古代規定朝廷官員遭逢父母去世，須解職回籍守孝二十七個月，服滿起復。朝廷若出於需要不允許在職官員丁憂守制，稱為「奪情」。

158 江忠源（1812～1854），字常孺，號岷樵，諡忠烈，湖南新寧人。一八五一年招募五百楚勇抗擊太平軍，一八五四年因廬州城破投水自盡，追贈總督。

159 羅澤南（1808～1856），字仲岳，號羅山，諡忠節，湖南湘鄉愛灣洲（今屬婁底市雙峰縣）人。一八五二年在籍倡辦團練，人稱「湘軍之母」。次年協助曾國藩編練湘軍，並率軍征戰湖南、江西、湖北三省，身經二百餘戰，一八五六年在武昌中彈身亡。

160 唐浩明著：《唐浩明評點曾國藩家書》（上），第162～163頁。

161 張亮基（1807～1871），字采臣，號石卿，江蘇銅山（今屬徐州）人。一八五二年由雲南巡撫調任湖南巡撫，後任山東巡撫、雲貴總督等職，一八六五年被劾革職。

162 郭嵩燾（1818～1891），字伯琛，號筠仙，湖南湘陰人，與曾國藩、左宗棠結為兒女親家。道光年間進士，選庶起士，後丁憂回鄉。一八五二年勸說曾國藩辦團練，後入曾幕出謀劃策，一八五八年入值上書房。一八七六年出任駐英公使，為中國首位駐外使節。一八七八年遭誣陷被召回國，由曾紀澤接任駐英、駐法公使。

163 唐浩明著：《唐浩明評點曾國藩家書》（上），第164頁。

164 曹振鏞（1755～1835），字儷笙，謚文正，安徽歙縣人。乾隆年間進士，曾擔任軍機大臣長達十四年，官至武英殿大學士。有人向他請教如何平步青雲，他說：「無他，但多磕頭，少說話耳。」

165 〔美〕黑爾著，王紀卿譯：《曾國藩傳》，湖南文藝出版社，2011年版，第9頁。

166 曾長秋：〈曾國藩軍事思想論略〉，載《婁底師專學報》第3期，1995年。

167 朱標（1355～1392），明太祖朱元璋嫡長子，建文帝朱允炆之父。起初很受朱元璋寵愛，後因性格不合導致父子關係緊張。一三九二年尚未繼位即病逝，謚懿文太子。

168 薛福成：〈庸盦文續編〉，《庸盦文編》第一冊卷下，台灣文海出版社，1988年版，第7～8頁。

169 胡林翼（1812～1861），字貺生，號潤之，謚文忠，湖南益陽人，湘軍名將。道光年間進士，官至湖北巡撫。

170 唐浩明著：《唐浩明評點曾國藩家書》（上），第265頁。

171 官文（1798～1871），王佳氏，滿洲正白旗人。出身軍人世家，才幹平庸，精於做官，官至文華殿大學士。一八五五年任湖廣總督，一八六四年封一等伯爵，一八六六年被曾國荃劾免湖廣總督，後任署直隸總督等職，追贈太保。

172 唐浩明著：《唐浩明評點曾國藩家書》（上），第357～358頁。

173 曾紀芬（1852～1942），晚號崇德老人，曾國藩季女。幼承家學，工書善文，二十四歲嫁入湖南衡山名門聶家，丈夫聶緝規官至浙江巡撫。

174 華蘅芳（1833～1902），字若汀，數學家、科學家，江蘇無錫人。一八六一年入曾國藩幕府，次年在安慶內軍械所任職，從事機械製造研究。

175 徐壽（1818～1884），字生元，號雪村，江蘇無錫人，中國近代化學的先驅。一八六二年攜次子徐建寅赴安慶內軍械所任職，後在江南機器製造總局任職。

176 容閎（YungWing, 1828～1912），字達萌，號純甫，廣東香山人。一八四七年赴美留學，一八五四年耶魯大學畢業，為首位在美國獲得學位的中國人。一八七一年任幼童出洋肄業局副委員、留學事務所副監督，次年率第一批三十名幼童赴美留學，被譽為「中國留學生之父」。戊戌政變後遭通緝，流亡美國直至病逝。

177 唐浩明著：《唐浩明評點曾國藩家書》（上），第175～176頁。

178 吳永口述，劉治襄筆記：《庚子西狩叢談》，中華書局，2009年版，第123頁。

179 駱秉章（1793～1867），字籲門，廣東花縣（今屬廣州）人。道光年間進士，一八五〇年任湖南巡撫，一度被革職又復任。一八六一年升任四川總督，次年俘虜並處死石達開。

180 樊燮，滿洲正紅旗人，湖廣總督官文五姨太娘家親戚。一八五四年被官文薦任湖南永州鎮總兵，一八五九年被劾革職。

181 唐浩明著：《唐浩明評點曾國藩家書》（上），第177頁。

182 曾國藩的「八本」家訓：「讀古書以訓詁為本，作詩文以聲調為本，事親以得歡心為本，養生以少惱怒為本，立身以不妄語為本，居家以不晏起為本，居官以不要錢為本，行軍以不擾民為本。」「八本」家訓的匾額掛在曾國藩故居富厚堂的正宅「八本堂」內。富厚堂始建於一八六五年，坐落在今湖南婁底市雙峰縣荷葉鎮。

183 曾國潢（1820～1886），字澄侯，曾國藩四弟。早年跟隨曾國藩辦團練，後因父親中風癱瘓回家侍奉，兼辦鄉團。

184 曾紀鴻（1848～1881），字栗誠，曾國藩季子，數學家。因勤奮過度早逝，終年三十四歲。

185 曾紀澤（1839～1890），字劼剛，號夢瞻，曾國藩次子，因長兄早夭，襲封一等毅勇侯。晚清外交家，一八七八年出任駐英、駐法公使，一八八〇年兼任駐俄公使，一八八一年與俄國簽訂《伊犁條約》（又稱《中俄改訂條約》），收回新疆伊犁九城主權。

186 一八六三年，李鴻章率淮軍久攻蘇州不下，便策反太平軍納王郜永寬等人殺死守城主將譚紹光，進城後又設計殺死郜永寬等八名降將，並屠殺數萬名太平軍降卒。

187 唐浩明著：《唐浩明評點曾國藩家書》（下），第509～510頁。

188 唐浩明著：《唐浩明評點曾國藩家書》（上），第172頁。

189 唐浩明著：《唐浩明評點曾國藩家書》（下），第723頁。

190 望海樓天主堂，由法國神父謝福音於一八六九年主持修建，為天津第一座天主教堂。一八九七年用清政府的賠款重建，一九〇〇年又被義和團燒毀，一九〇四年利用庚子賠款再次重建。

191 崇厚（1826～1893），完顏氏，字地山，內務府鑲黃旗人。一八六一年起任三口通商大臣，主管天津、營口、煙台三處通商口岸的涉外事務。

192 馬新貽（1821～1870），字穀山，回族，山東菏澤人。道光年間同進士出身，曾任浙江巡撫、閩浙總督等職，一八六八年調任兩江總督，一八七〇年八月遇刺身亡。

193 曾紀芬：〈崇德老人八十自訂年譜〉，曾國藩等撰：《湘鄉曾氏文獻》，第6417頁。

194 一八七四年，英國陸軍上校柏郎（Horace Browne）率領一支近二百人的武裝探路隊入緬，勘測從緬甸進入雲南的陸路交通。英國駐華公使派翻譯官馬嘉理（Augustus Raymond Margary）前往滇緬邊境迎接。一八七五年，馬嘉理未知會雲南地方官員便引領柏郎一行進入中國境內，引起雲南當地民眾疑忌，於二月二十一日將先行的馬嘉理及四名隨行人員殺死，柏郎一行被迫撤回緬境。這起事件史稱「馬嘉理事件」或「滇案」，以一八七六年中英簽訂《煙台條約》收場。

195 曾紀澤著，王傑成標點：《出使英法俄國日記》，嶽麓書社，1985年版，第114～115頁。

196 黑爾（WilliamJamesHail, 1877～1963），中文名解維廉，美國耶魯大學博士。一九〇六年來華，任教於雅禮大學堂（今長沙市雅禮中學），一九二七年回美國執教。著有Tsêng Kuo - Fan and the Taiping Rebellion: Witha Short Sketch of His Later Career（《曾國藩與太平天國運動：曾國藩晚年職業生涯剪影》，中譯本譯作《曾國藩傳》）。

197 〔美〕黑爾著，王紀卿譯：《曾國藩傳》，第210頁。

198 〔美〕黑爾著，王紀卿譯：《曾國藩傳》，「導言」第2～3頁。

堂堂外交家，惶惶裱糊匠——東方俾斯麥李鴻章

199 陳旭麓（1918～1988），湖南雙峰人，華東師範大學歷史系教授。著有《近代史思辨錄》、《近代中國社會的新陳代謝》等。

200 陳旭麓：〈李鴻章：向中國近代化邁出第一步的代表人物〉，載《安徽史學》第1期，1989年。

201 〔英〕布蘭德著，王紀卿譯：《李鴻章傳》，湖南文藝出版社，2011年版，「總編前言」第1頁。

202 李文安（1801～1855），字式和，號玉川，別號愚荃。道光年間進士，授刑部主事，後任員外郎、刑部郎中等職。

203 熊廷弼（1569～1625），字飛百，號芝岡，謚襄滑，武昌府江夏縣（今屬湖北武漢）人，明末將領。萬曆年間進士，曾任兵部尚書、遼東經略等職。因廣甯（今遼寧錦州北鎮市）失守於努爾哈赤，被明廷處死。

204 有人擔心李家人口眾多致貧，李鴻章的母親說：「吾教諸子發憤讀書，皆巍巍有立，豈憂貧哉？」後來兒子們升官發財，她時時以盈滿為誡，「仍率其家以儉，不改居貧常度。人有急難，則傾囊濟助之」。

205 李瀚章（1821～1899），字筱泉，李鴻章長兄。貢生出身，初在湖南任知縣，後為曾國藩的湘軍綜理糧

秼，曾任湖廣總督、兩廣總督等職。

206 沈葆楨（1820～1879），字翰宇、幼丹，福建侯官（今福州）人。林則徐的女婿，洋務派幹將，官至兩江總督，追贈太子太保。

207 呂賢基（1803～1853），字羲音，號鶴田，安徽旌德人。道光年間進士，一八五一年任工部左侍郎，咸豐三年正月奉命赴安徽督辦團練，十月兵敗舒城後投水自盡。

208 胡以晃（1812～1856），廣西平南人，太平天國將領。一八五三年攻克安徽桐城、舒城，次年圍殲安徽巡撫江忠源部，攻克廬州（今合肥）。

209 李續賓（1818～1858），字克惠，號迪庵，謚忠武，湖南湘鄉敦行四十四都（今屬漣源市）人。一八五二年協助羅澤南辦團練，曾克復四十餘城，參加六百餘戰，憑軍功升至浙江布政使加巡撫銜，一八五八年十一月陣亡。

210 曾國華（1822～1858），字溫甫，謚潛烈，曾國藩六弟，過繼給叔父為嗣。鄉試落第後幫辦團練，一八五八年十一月陣亡。

211 薛福成撰：《庸盦筆記》，第12頁。

212 吳永口述，劉治襄筆記：《庚子西狩叢談》，第122頁。

213 李元度（1821～1887），字次青，笏庭，湖南平江人。舉人出身，自薦入曾幕，一八六〇年奉命防守徽州，失守逃逸後遭曾國藩彈劾，被革職放歸故里。一八六六年被再度起用，官至貴州布政使。

214 薛福成撰：《庸盦筆記》，第13頁。

215 錢寶琛（1785～1859），字楚玉、伯瑜，江蘇太倉人。嘉慶年間進士，官至巡撫。

216 錢鼎銘（1824～1875），錢寶琛長子。舉人出身，曾隨父辦團練，一八六一年受上海道台之托赴安慶請兵，後入李鴻章幕府，官至河南巡撫。

217 陳士傑（1825～1893），字雋丞，湖南桂陽人。早年為湘軍參謀大營的幕僚主事，後率軍征戰太平軍，官至巡撫。

218 鮑超（1828～1886），字春霆，謚忠壯，四川奉節人，湘軍悍將。行伍出身，官至提督，封一等子爵，追贈太子少保。

219 吳煦（1809～1872），字曉帆，號春池，浙江錢塘（今杭州）人，時任蘇松太道兼署江蘇布政使，一八六二年被劾革職。

220 楊坊（1810～1865），字啟堂，浙江鄞縣人，時任蘇松督糧道。一八六〇年命美國人華爾組建洋槍隊（後改名常勝軍），曾任常勝軍管帶。

221 何伯（SirJamesHope, 1808～1881），一八五九年至一八六二年任東印度及中國艦隊司令，參與第二次鴉片戰爭和抵抗太平軍的上海保衛戰。

222 翁飛：〈李鴻章為官之道〉，載《決策》第4期，2009年。

223 雷頤著：《李鴻章與晚清四十年》，山西人民出版社，2008年版，第13頁。

224 雷頤著：《李鴻章與晚清四十年》，第190頁。

225 丁日昌（1823～1882），字禹生，號持靜，廣東豐順人，洋務派幹將。曾入曾國藩幕府，後被李鴻章奏調入滬，一八六八年升任江蘇巡撫。

226 王瑛著：《李鴻章與晚清中外條約研究》，湖南人民出版社，2011年版，第66頁。

227 梁啟超著，霧滿攔江譯：《李鴻章傳》，陝西師範大學出版社，2009年版，第170～172頁。

228 雷頤著：《李鴻章與晚清四十年》，第100～101頁。

229 雷頤著：《李鴻章與晚清四十年》，第102～103頁。

230 約翰・奧特韋・珀西・布蘭德（John Otway Percy Bland, 1863～1945），英國作家、記者。一八八三年來

華，曾在中國海關、上海租界議會擔任要職，一九一〇年回國。一九一七年出版 Li Hung - chang（《李鴻章傳》）。

231 〔英〕布蘭德著，王紀卿譯：《李鴻章傳》，第 7 頁。

232 〔英〕布蘭德著，王紀卿譯：《李鴻章傳》，第 99 頁。

233 吳永口述，劉治襄筆記：《庚子西狩叢談》，第 147 ~ 148 頁。

234 吳永口述，劉治襄筆記：《庚子西狩叢談》，第 148 頁。

235 吳永口述，劉治襄筆記：《庚子西狩叢談》，第 148 ~ 149 頁。

236 謝世誠著：《李鴻章評傳》，南京大學出版社，2006 年版，第 372 頁。

237 唐廷樞（1832 ~ 1892），字建時，廣東珠海人。曾任怡和洋行總買辦，後辭職任輪船招商局總辦，一八七八年任開平礦務局總辦。

238 徐潤（1838 ~ 1911），字潤立，廣東珠海人。十五歲入寶順洋行當學徒，後自立門戶經商致富。一八七三年任輪船招商局會辦，一八八一年任開平礦務局會辦。

239 盛宣懷（1844 ~ 1916），字杏蓀，幼勖，江蘇常州人。早年入李鴻章幕府，建議籌辦輪船招商局，先後任會辦、督辦。一生涉獵電報、礦業、海關、鐵路、銀行、慈善等事業，被譽為「中國商父」。

240 朱其昂（1837 ~ 1878），字雲甫，上海人。出身沙船世家，一八七二年在李鴻章的授意下擬定輪船招商局章程，初任總辦，後改任會辦。

241 薛福成（1838 ~ 1894），字叔耘，號庸盦，江蘇無錫人。早年入曾國藩幕府，一八七五年入李鴻章幕府協理外交事務，一八八九年出使英、法、意、比四國。

242 馬建忠（1844 ~ 1900），字眉叔，江蘇鎮江人。李鴻章幕僚，被派往法國學習國際法，一八八〇年回國後成為李鴻章最器重的外交顧問。著有《馬氏文通》。

243 鄭觀應（1842～1921），字正翔，廣東中山人。曾任寶順洋行、太古輪船公司買辦，出任上海機器織布局、上海電報局、輪船招商局等總辦。著有《易言》、《盛世危言》等。

244 容閎著：《西學東漸記》，湖南人民出版社，1981年版，第71頁。

245 梁啟超著，霧滿攔江譯：《李鴻章傳》，第282頁。

246 〔英〕布蘭德著，王紀卿譯：《李鴻章傳》，第213頁。

247 〔英〕布蘭德著，王紀卿譯：《李鴻章傳》，第84頁。

248 清朝大學士一般晉升次序為協辦→東閣→體仁閣→文淵閣→武英殿→文華殿→保和殿，因保和殿大學士不常授，故文華殿大學士常列首位，輔助皇帝管理政務，統轄百官。李鴻章於同治七年授協辦大學士，同治十一年升武英殿大學士，同治十三年調文華殿大學士。

249 明清在官服前胸後背各補綴一塊紋樣有別的織物，以區分官階品級。清朝補服分圓補和方補，圓補適用於貝子以上的皇親，方補適用於文武官員。伯爵穿四爪正蟒方補，不入八分輔國公（清皇室一種宗室爵位）穿方龍補服。一九〇〇年光緒帝三十大壽，李鴻章被賞穿方龍補服。

250 趙小蓮（1839～1892），出身安徽太湖縣的名門望族，趙家一門四代進士，祖父趙文楷為嘉慶元年（1796）狀元。

251 李經述（1864～1902），字仲彭，號澹園，承襲一等侯爵，李鴻章去世三個多月後因哀傷過度逝世。

252 李經方（1855～1934），字伯行，號端甫，李鴻章六弟李昭慶之子，一八六二年過繼給李鴻章為嗣。曾任駐日、駐英公使，中國第一任郵政總局局長，辛亥革命後被罷官。

253 李經邁（1876～1938），字季高，李鴻章季子。曾出使奧匈帝國，回國後歷任江蘇、河南、浙江等地按察使。一九一七年張勳復辟時任外務部左侍郎，復辟失敗後隱居而終。

254 一九四一年偷襲珍珠港的就是日本聯合艦隊（Grand Fleet），一九四五年四月被美軍徹底擊敗，十月正式解散。

255 周馥（1837～1921），字玉山，號蘭溪，安徽建德（今東至縣）人。早年入李鴻章幕府當文書，深受倚重，官至閩浙總督、兩廣總督。

256 劉銘傳（1836～1896），字省三，安徽合肥人，淮軍將領，台灣首任巡撫。一八八四年八月五日，法國艦隊向基隆炮臺猛烈開火，時任福建巡撫的劉銘傳命令清軍撤出海灘，誘敵深入，待法軍登陸後包抄夾擊，大敗法軍。

257 劉秉璋（1826～1905），字仲良，安徽廬江人，淮軍名將。咸豐年間進士，官至四川總督，因處理「重慶教案」不力被革職。

258 謝世誠著：《李鴻章評傳》，第275～276頁。

259 洋務派五大集團：以奕訢、文祥、崇厚為代表的滿族洋務集團，以曾國藩為代表的湘系集團，以左宗棠為代表的左系湘軍集團，以李鴻章為代表的淮系集團，以張之洞為代表的洋務集團。

260 丁汝昌（1836～1895），字禹廷，號次章，安徽廬江人。一八八八年出任北洋海軍提督，一八九五年兵敗後服鴉片自殺。

261 謝世誠著：《李鴻章評傳》，第275頁。

262 〔英〕布蘭德著，王紀卿譯：《李鴻章傳》，第164頁。

263 張佩綸（1848～1903），字幼樵，號簣齋，直隸豐潤（今河北唐山市豐潤區）人，張愛玲的祖父。同治年間進士，清流派健將。中法戰爭期間出任會辦福建軍務大臣兼署船政大臣，因福建水師覆滅被褫職遣戍。一八八八年獲釋後入李鴻章幕府主管文書，娶其女李經璹為繼室。甲午戰爭前被劾「干預公事」，被驅逐回籍，寓居南京。

264 〔英〕布蘭德著，王紀卿譯：《李鴻章傳》，第75頁。

265 王炳耀輯：《中日甲午戰輯》，台灣文海出版社，1966年版，第215頁。

266 王炳耀輯：《中日甲午戰輯》，第215頁。

267 小山豐太郎（1869～1947），日本右翼激進主義者，以刺殺李鴻章來阻止馬關議和。事後被日本法院判處無期徒刑，一九〇七年獲假釋。

268 謝世誠著：《李鴻章評傳》，第541頁。

269 王炳耀輯：《中日甲午戰輯》，第216頁。

270 王炳耀輯：《中日甲午戰輯》，第221頁。

271 王炳耀輯：《中日甲午戰輯》，第207頁。

272 王炳耀輯：《中日甲午戰輯》，第214頁。

273 李提摩太（TimothyRichard, 1845～1919），英國浸禮會傳教士。一八七〇年至一九一六年在華，曾任上海廣學會總幹事二十五年。結交李鴻章、張之洞、左宗棠、曾紀澤、康有為、梁啟超、孫中山等人，被維新派人士奉為精神領袖。戊戌變法期間，光緒帝擬聘他為私人顧問。

274 梁啟超著，霧滿攔江譯：《李鴻章傳》，第169～170頁。

275 蔡爾康、林樂知編譯：《李鴻章曆聘歐美記》，湖南人民出版社，1982年版，第184頁。

276 吳永口述，劉治襄筆記：《庚子西狩叢談》，第128頁。

277 協辦大學士為大學士副職，從一品，清人雅稱「中堂」。李鴻章一八六八年授協辦大學士，時人稱呼他「李中堂」。

278 吳永口述，劉治襄筆記：《庚子西狩叢談》，第128頁。

279 吳永口述，劉治襄筆記：《庚子西狩叢談》，第120～121頁。

280 查理·喬治·戈登（Charles George Gordon, 1833～1885），英國軍官。一八六〇年隨英法聯軍來華，參與攻占北京及火燒圓明園的行動。一八六三年任常勝軍統領，次年被清廷授予最高軍階「提督」，賞穿黃馬褂。一八八五年被殺於蘇丹總督任上。

281 吳永口述，劉治襄筆記：《庚子西狩叢談》，第 125 ～ 126 頁。

282 王瑛著：《李鴻章與晚清中外條約研究》，第 206 頁。

283 梁啟超著，霧滿攔江譯：《李鴻章傳》，第 247 頁。

284 〔俄〕謝·尤·維特著，張開譯：《俄國末代沙皇尼古拉二世——維特伯爵的回憶》，新華出版社，1983 年版，第 34 頁。

285 華俄道勝銀行成立於一八九五年十二月，資本來自法、俄、中三國，一九二六年停業。一八九六年，清政府被遊說同意出資五百萬兩白銀，使之成為中國近代唯一一家官方與外資合辦的銀行，享有在華代收關稅和鹽稅、經營鐵路建築、發行盧布等特權。

286 西伯利亞鐵路（Trans - Siberian Railway）橫貫俄羅斯東西，起點莫斯科，終點海參威，全長九千二百八十八公里，一九一六年十月全線完工，是目前世界上最長的鐵路。

287 尼古拉二世·亞曆山德羅維奇·羅曼諾夫（1868 ～ 1918），俄羅斯帝國末代皇帝，亞歷山大三世長子，一八九四年至一九一七年在位。一九一八年七月，尼古拉二世夫婦及其五個子女被布爾什維克祕密員警集體槍決，屍體被澆上硫酸和汽油銷毀。

288 吳永口述，劉治襄筆記：《庚子西狩叢談》，第 126 頁。

289 張蔭桓（1837 ～ 1900），字皓巒，號樵野，廣東南海人。捐官出身，因通英語、知外務被慈禧賞識，後經李鴻章保薦，出使美國、西班牙、秘魯。一八九〇年回國後任總理衙門大臣，官至戶部左侍郎。主張維新變法，戊戌政變後被發配新疆，一九〇〇年義和團運動期間在戍所被處死。

290 〔俄〕謝·尤·維特著，張開譯：《俄國末代沙皇尼古拉二世——維特伯爵的回憶》，第 111 頁。

291 張蓉初譯：《紅檔雜誌有關中國交涉史料選譯》，生活・讀書・新知三聯書店，1957 年版，第 210 頁。

292 〔俄〕謝・尤・維特著，張開譯：《俄國末代沙皇尼古拉二世——維特伯爵的回憶》，第 137 頁。

293 〔俄〕謝・尤・維特著，張開譯：《俄國末代沙皇尼古拉二世——維特伯爵的回憶》，第 147 頁。

294 蔡爾康、林樂知編譯：《李鴻章曆聘歐美記》，第 102 頁。

295 裴景福著：《河海昆侖錄》，台灣文海出版社，1967 年版，第 227 頁。

296 裴景福著：《河海昆侖錄》，第 145 ~ 146 頁。

297 于式枚（1853 ~ 1915），字晦若，廣西賀縣（今賀州市）人。光緒年間進士，一八八五年入李鴻章幕府當文書，一八九六年隨同出訪歐美，庚子事變後協助議和。

298 奕劻（1838 ~ 1917），乾隆帝第十七子慶僖親王永璘之孫，一八九四年封和碩慶親王，一八九八年獲世襲罔替，躋身清朝十二家「鐵帽子王」之一。一九一七年病逝，清遜帝溥儀追謚慶密親王，「密」字含有「追補前過」之意。

299 周馥撰：《年譜》卷下，《周愨慎公全集》第三十六冊，1922 年秋浦周氏校刻，第 3 頁。

300 吳永口述，劉治襄筆記：《庚子西狩叢談》，第 118 頁。

301 吳永口述，劉治襄筆記：《庚子西狩叢談》，第 121 頁。

從鄉村塾師到封疆大吏——戰神左宗棠

302 左宗棠雞（General Tso's Chicken），台灣名廚彭長貴於二十世紀七〇年代所創的湘菜名菜，風靡美國，成為中餐館一道招牌菜。

303 左景伊著：《我的曾祖左宗棠》，湖北人民出版社，2010 年版，第 2 頁。

304 徐法績（?~ 1836），字熙庵，陝西涇陽人。嘉慶年間進士，一八三二年主持湖南鄉試，兩年後遷太常寺少卿，不久因病辭歸故里。

305 吳榮光（1773～1843），廣東南海人，金石學家、藏書家。嘉慶年間進士，官至湖南巡撫兼署湖廣總督，後因事被降為福建布政使，一八四一年開缺回籍。

306 左景伊著：《我的曾祖左宗棠》，第17～18頁。

307 賀長齡（1785～1848），字耦耕，號耐庵，湖南善化（今長沙縣）人。嘉慶年間進士，官至雲貴總督，因處理回民起義不力被革職。

308 羅正鈞著：《左宗棠年譜》，嶽麓書社，1983年版，第7～8頁。

309 賀熙齡（1788～1846），字光甫，號庶龍，湖南善化（今長沙縣）人。嘉慶年間進士，曾主講城南書院八載，後與左宗棠結為兒女親家。

310 左景伊著：《我的曾祖左宗棠》，第9頁。

311 陶澍（1779～1839），字子霖，湖南安化人。嘉慶年間進士，曾任安徽巡撫、江蘇巡撫等職，一八三〇年升任兩江總督，追贈太子太保。

312 左景伊著：《我的曾祖左宗棠》，第23～24頁。

313 李孟符著，張繼紅點校：《春冰室野乘》，山西古籍出版社，1995年版，第75頁。

314 林岷：〈林則徐與左宗棠〉，載《貴州民族學院學報（社會科學版）》第1期，1985年。

315 劉成禺著，蔣弘點校：《世載堂雜憶》，第51頁。

316 秦翰才輯錄：《左宗棠逸事彙編》，嶽麓書社，1986年版，第44頁。

317 劉江華：〈從清宮檔案看左宗棠樊燮案真相〉，載《紫禁城》第7期，2012年。

318 潘祖蔭（1830～1890），字伯寅，江蘇吳縣（今蘇州）人。咸豐二年探花，時任大理寺少卿，後任工部尚書、軍機大臣等職，追贈太子太傅。

319 郭嵩燾：《郭嵩燾日記》第一卷，湖南人民出版社，1981 年版，第 203 ～ 204 頁。

320 孫占元著：《左宗棠評傳》，南京大學出版社，1995 年版，第 51 ～ 52 頁。

321 洪天貴福（1849 ～ 1864），洪秀全長子，初名天貴，後加「福」字。一八五一年立為幼主，一八六四年六月在天京即位，七月天京陷落後被李秀成等人護送出城，十月在江西石城荒山中被俘，次月在南昌被江西巡撫沈葆楨下令凌遲處死。

322 指胡林翼。胡林翼病逝於一八六一年，謚文忠。

323 陳其元撰：《庸閑齋筆記》，中華書局，1989 年版，第 97 頁。

324 薛福成撰：《庸盦筆記》，第 47 ～ 48 頁。

325 郭嵩燾：《郭嵩燾日記》第二卷，湖南人民出版社，1981 年版，第 603 頁。

326 薛福成撰：《庸盦筆記》，第 47 頁。

327 左景伊著：《我的曾祖左宗棠》，第 287 頁。

328 左景伊著：《我的曾祖左宗棠》，第 302 頁。

329 李伯元撰：《南亭筆記》，山西古籍出版社、山西教育出版社，1999 年版，第 193 頁。

330 蔣廷黻撰：《中國近代史》，上海古籍出版社，2006 年版，第 27 頁。

331 乙榜，又稱一榜，舉人的別稱。進士稱甲榜，又稱兩榜。

332 雷頤著：《李鴻章與晚清四十年》，第 286 頁。

333 浩罕汗國（Khanate of Kokand），中亞古國，版圖包括今哈薩克南部部分地區、烏茲別克斯坦東部以及塔吉克斯坦與吉爾吉斯斯坦部分領土。十八世紀初由烏茲別克明格部落建國，曾為清朝的保護國，一八七六年被俄羅斯帝國所滅。

334 阿古柏，即穆罕默德·雅霍甫（Muhammad Yaqub Bek, 1820 ～ 1877），浩罕汗國阿克麥吉特伯克（伯克，突厥語「首領」之意），一八六五年帶兵入侵喀什噶爾，扶持大和卓曾孫布素魯克建立「哲德沙爾汗國」。一八六七年發動政變奪權，宣布取消「哲德沙爾汗國」，建立「洪福汗國」。當清軍奪回北疆開始南下時，阿古柏猝死於一八七七年五月三十日。

335 羅正鈞著：《左宗棠年譜》，第 297～298 頁。

336 胡雪巖（1823～1885），名光墉，安徽績溪人。開辦錢莊起家，後協助左宗棠創辦福州船政局，為西征軍籌借洋款、辦理采運、訂購軍火等。因功賞加布政使銜，賞穿黃馬褂，戴二品頂戴，成為著名「紅頂商人」。發跡後富可敵國，一八八四年破產，次年在窮困潦倒中去世。

337 林岷：〈林則徐與左宗棠〉，載《貴州民族學院學報（社會科學版）》第 1 期，1985 年。

338 葉夫根尼・卡爾洛維奇・布策（1837～1904），俄國外交官，一八七四年至一八八二年任俄國駐華公使。

339 亞歷山大二世・尼古拉耶維奇（1818～1881），尼古拉一世長子，一八五五年即位。一八六一年宣布廢除農奴制，獲「解放者」稱號。一生遭遇多次暗殺，一八八一年三月十三日在聖彼德堡被炸死。

340 劉錦棠（1844～1894），字毅齋，謚襄勤，人稱「飛將軍」，湖南湘鄉人。一八七五年總理行營事務，率軍收復新疆，一八八四年任首任新疆巡撫。

341 左景伊著：《我的曾祖左宗棠》，第 260 頁。

342 威妥瑪（Thomas Francis Wade, 1818～1895），英國外交官、漢學家。一八三八年加入英國陸軍，一八四二年來華參加第一次鴉片戰爭。曾任英國駐上海副領事、上海海關首任外國稅務司，一八六九年至一八八二年任英國駐華公使。一八八三年回英國，一八八八年任劍橋大學首位漢學教授。

343 秦翰才輯錄：《左宗棠逸事彙編》，第 178～179 頁。

344 〔美〕W. L. 貝爾斯著，王紀卿譯：《左宗棠傳》，江蘇文藝出版社，2011 年版，第 256～257 頁。

345 秦翰才輯錄：《左宗棠逸事彙編》，第 177～178 頁。

346 秦翰才輯錄：《左宗棠逸事彙編》，第 113 頁。

347 孫占元著：《左宗棠評傳》，第 423 頁。

348 李伯元撰：《南亭筆記》，第 182 頁。

349 李之芳（1622～1694），字朱仲，號鄴園，謚文襄，山東武定（今惠民縣）人。順治年間進士，曾任兵部侍郎、兵部尚書等職，一六八七年授文華殿大學士，為當時漢臣中職位最高者。

350 秦翰才輯錄：《左宗棠逸事彙編》，第 223～224 頁。

黃袍成殮衣——梟雄袁世凱

351 廩生又稱廩膳生，明清兩代稱由公家給以廩米津貼的優秀生員（即秀才）。

352 貢生，地方上被擇優選送京師國子監讀書的生員。

353 袁樹三，廩生出身，曾署理河南開封府陳留縣訓導兼攝教諭。一八四三年黃河決口，開封府整修城牆，袁樹三奉命督工，後積勞成疾早逝。

354 袁甲三（1806～1863），字午橋，謚端敏。道光年間進士，曾赴安徽幫辦團練，後奉詔領軍剿撚，因功擢升左副都御史、太僕寺卿，後任漕運總督、欽差大臣。

355 袁世凱原著，駱寶善評點：《駱寶善評點袁世凱函牘》，嶽麓書社，2005 年版，第 3 頁。

356 袁保慶（1825～1873），字篤臣，袁樹三次子。舉人出身，後隨叔父袁甲三剿撚。一八六五年赴濟南補用知府，後升任江寧鹽法道。一八七三年病逝於江甯任所，終年四十八歲。

357 袁保中（1823～1874），字受臣，袁樹三長子，育有六子。以附貢生捐同知，未宦遊他地，在項城主持家務，築寨堡、練團防以保衛鄉里。

358 袁保恒（1827～1878），字小午，袁甲三長子。道光年間進士，官至刑部侍郎。早年隨父從軍，一八六八年調湖廣總督李鴻章軍中參與剿撚，同年赴陝甘總督左宗棠軍中管理西征糧務。一八七七年在河南開封幫辦賑務，次年死於時疫，終年五十一歲。

359 袁靜雪著：《女兒眼中另面袁世凱》，中國文史出版社，2012年版，第6～7頁。

360 袁保齡（1841～1889），字子久，袁甲三次子。舉人出身，曾任內閣中書、直隸候補道，一八八二年出任旅順港塢工程總辦，一八八九年因操勞過度病逝，終年四十八歲。

361 徐世昌（1855～1939），字蔔五，號菊人，生於河南衛輝。早年結識袁世凱，後在袁氏的資助下北上應試中舉。一八八六年中進士，散館後在翰林院任職，一八九七年兼任新建陸軍參謀營務處總辦，後任東三省總督、軍機大臣、皇族內閣協理大臣等職。兩度出任中華民國政事堂國務卿，一九一八年至一九二二年任大總統，人稱「文治總統」。

362 吳長慶（1834～1884），字筱軒，安徽廬江人。早年隨父親吳廷香辦團練，一八五四年廬州城被太平軍圍困，奉父命向在淮北剿撚的袁甲三求援。袁甲三長子袁保恒認為不宜分兵往救，侄子袁保慶則認為義當援助，數日議論不決，吳廷香最終在巷戰中陣亡。吳長慶因此與袁保恒絕交，與袁保慶結為兄弟。

363 張謇（1853～1926），字季直，號嗇庵，江蘇海門人。早年入吳長慶幕府，光緒二十年（1894）中狀元，後成為晚清立憲運動的領袖，致力於「實業救國」、「教育救國」，人稱「狀元實業家」。

364 李熙（1852～1919），朝鮮高宗。興宣大院君嫡次子，朝鮮王朝第二十六代國王，大韓帝國開國皇帝。一八九七年改國號為大韓帝國，一九一〇年被日本吞併。一九一九年一月二十二日凌晨逝世，一說是腦溢血發作，另一說是被日本人毒殺。

365 李昰應（1820～1898），一八四三年封興宣君，兒子李熙登基後被尊封為興宣大院君。長期與閔妃集團爭權，一八九五年涉嫌參與閔妃弒害事件。

366 閔妃（1851～1895），本名閔茲映，出身朝鮮名門望族驪興閔氏。一八六六年被冊封為王妃，一八七四年生下朝鮮純宗李坧。一八九五年十月八日喪生於日本人策劃的「乙未事變」，被毀屍滅跡並廢為庶人。一八九七年李熙稱帝后，被追封為明成皇后。

367 端木賜香著：《歷史不是哈哈鏡：真假袁世凱辨別》，金城出版社，2012 年版，第 65 頁。

368 沈祖憲、吳闓生編纂：《容庵弟子記》，台灣文海出版社，1966 年影印本，第 12 頁。

369 辜鴻銘（1857～1928），名湯生，祖籍福建惠安，生於英屬馬來亞（今屬馬來西亞），中西混血兒。一八八五年被湖廣總督張之洞委任為「洋文案」（即外文祕書），後任北京大學教授。

370 《張文襄幕府紀聞》著於一九一〇年，其中有一則〈倒馬桶〉故事：一九〇七年，張之洞與袁世凱同時調任軍機大臣。袁世凱在會見德國駐京公使時說：「張中堂是講學問的，我是不講學問，我是講辦事的。」袁世凱的幕僚轉述給辜鴻銘聽，辜鴻銘說：「誠然。然要看所辦是何等事。如老媽子倒馬桶，固用不著學問，除倒馬桶外，我不知天下有何事是無學問的人可以辦得好。」

371 光緒十六年五月十九日（1890 年 7 月 5 日），袁世凱在寫給二姐的信中說：「今春皇上對中堂雲，袁某甚有才識，我用他事甚多，可令其好好辦，不可令其回來等諭。」

372 〔日〕佐藤鐵治郎著，吳小娟譯：《袁世凱傳：一個日本記者三十年中國、朝鮮生活劄記》，安徽人民出版社，2012 年版，第 50 頁。

373 劉坤一（1830～1902），字峴莊，諡忠誠，湖南新寧（今屬邵陽市）人，湘軍宿將。廩生出身，一八五五年加入江忠源部，官至兩廣總督、兩江總督，追封一等男爵，追贈太傅。

374 小站地處天津市東南，距天津中心市區二十里，距北京一百四十九公里，有「京津南大門」之稱。

375 〔英〕麥高溫著，朱濤、倪靜譯：《中國人生活的明與暗》，中華書局，2006 年版，第 25～32 頁。

376 袁靜雪著：《女兒眼中另面袁世凱》，第 16 頁。

377 趙焰著：《晚清有個袁世凱》，廣西師範大學出版社，2009 年版，第 40 頁。

378 馮國璋（1859～1919），字華甫，直隸河間（今河北河間市）人，北洋軍閥直系首領。早年畢業於天津武備學堂，後投奔袁世凱，任新建陸軍督練營務處總辦。一九一六年當選為中華民國副總統，一九一七年至一九一八年任代理大總統。

379 曹錕（1862～1938），字仲珊，天津人，北洋軍閥直系首領。天津武備學堂畢業，後入袁世凱麾下。一九一二年二月在北京縱兵嘩變，成為袁世凱拒赴南京就任臨時大總統的藉口。一九二三年靠賄賂議員當選為大總統，人稱「賄選總統」。

380 中國史學會主編：《戊戌變法》（一），第 331 頁。

381 懷塔布（?～1900），葉赫那拉氏，滿洲正藍旗人。一八九六年任禮部尚書，戊戌政變後被慈禧起用為左都御史兼內務府大臣。

382 王照（1859～1933），字小航，直隸寧河縣（今屬天津）人。進士出身，戊戌政變後流亡日本。一九〇〇年祕密回國後，在天津創制「官話字母」，為中國第一套漢字筆劃式的拼音文字方案。

383 楊銳（1855～1898），字叔嶠、鈍叔，四川綿竹人。早年入張之洞幕府，一八九五年參與發起強學會，一八九八年春在京創立蜀學會，並辦蜀學堂。

384 劉光第（1859～1898），字裴村，四川富順人。進士出身，授刑部主事。一八九八年加入保國會，後被湖南巡撫陳寶箴舉薦。

385 林旭（1875～1898），字暾谷，福建侯官（今福州）人。舉人出身，一八九五年任內閣中書。康有為的弟子，一八九八年倡立閩學會，參與成立保國會。

386 譚嗣同（1865～1898），字復生，號壯飛，湖南瀏陽人。一八九六年任江蘇候補知府，一八九七年協助湖南巡撫陳寶箴等人設立時務學堂，一八九八年創立南學會，主辦《湘報》。

387 茅海建著：《戊戌變法史事考》，第 35～36 頁。

388 茅海建著：《戊戌變法史事考》，第43～44頁。

389 湯志鈞編著：《乘桴新獲——從戊戌到辛亥》，江蘇古籍出版社，1990年版，第41頁。

390 湯志鈞編著：《乘桴新獲——從戊戌到辛亥》，第42頁。

391 梁啟超著：《戊戌政變記》，中華書局，1954年版，第69頁。

392 指董福祥（1840～1908），字星五，甘肅固原（今屬寧夏）人。一八六二年陝甘回民起義時割據一方，一八六九年敗降於左宗棠部，所部改編為董字三營，後因戰功累遷甘肅提督。一八九七年奉調防衛京師，所部甘軍改編為武衛後軍，庚子事變後被革職，永不敘用。

393 指聶士成（1836～1900），字功亭，謚忠節，安徽合肥人，官至直隸提督。一八九五年奉調駐防天津蘆台，一八九九年所部武毅軍改編為武衛前軍，一九〇〇年與八國聯軍交戰時陣亡。

394 中國史學會主編：《戊戌變法》（四），上海人民出版社，1957年版，第159頁。

395 中國史學會主編：《戊戌變法》（四），第159～160頁。

396 中國史學會主編：《戊戌變法》（一），第549頁。

397 楊崇伊，字莘伯，江蘇常熟人。進士出身，一八九五年授廣西道監察御史，第一疏即參劾康有為、梁啟超在京成立的強學會，導致該會遭查禁。戊戌政變後並未受重用。

398 西苑，今中南海。慈禧歸政後一般不住在紫禁城，從頤和園回來就住在西苑儀鸞殿（今中南海懷仁堂），一九〇八年病逝於此。

399 茅海建著：《戊戌變法史事考》，第90頁。

400 中國史學會主編：《戊戌變法》（一），第549頁。

401 中國史學會主編：《戊戌變法》（一），第553頁。

402 吳永口述，劉治襄筆記：《庚子西狩叢談》，第82頁。

403 袁世凱原著，駱寶善評點：《駱寶善評點袁世凱函牘》，第124頁。

404 茅海建著：《戊戌變法史事考》，第59頁。

405 駱寶善：〈再論戊戌政變不起於袁世凱告密〉，載《廣東社會科學》第5期，1999年。

406 駱寶善：〈再論戊戌政變不起於袁世凱告密〉，載《廣東社會科學》第5期，1999年。

407 康廣仁（1867～1898），名有溥，廣東南海人，康有為胞弟。曾任浙江小吏，因不滿官場腐敗棄職。一八九七年年初在澳門創辦《知新報》，旋赴上海倡設女學堂、戒纏足會。一八九八年春與梁啟超結伴入京，協助康有為從事維新變法活動。

408 楊深秀（1849～1898），山西聞喜人。進士出身，官至山東道監察御史。一八九八年在京參與保國會，戊戌政變後因奏請慈禧歸政被捕殺。

409 徐致靖（1844～1918），字子靜，江蘇宜興人。進士出身，官至署禮部侍郎。曾保薦康有為、譚嗣同、梁啟超、袁世凱等人，戊戌政變被捕後經李鴻章托榮祿力保，改判斬監候。一九〇〇年獲釋出獄，歸隱杭州，自號「僅叟」，人稱大難不死的「戊戌第七君子」。

410 茅海建著：《戊戌變法史事考》，第133頁。

411 一八九九年春，清廷下旨組建武衛軍，任命軍機大臣榮祿為統帥。這支拱衛京畿的精銳部隊於一八九九年六月正式成軍，以榮祿新募的部隊為武衛中軍，聶士成的武毅軍為武衛前軍，董福祥的甘軍為武衛後軍，宋慶的毅軍為武衛左軍，袁世凱的新建陸軍為武衛右軍。

412 宋慶（1820～1902），字祝三，山東蓬萊人。一九〇〇年在天津堵禦八國聯軍不力，移駐北京通州，一九〇二年病逝於軍中，追封三等男爵。

413 袁世凱原著，駱寶善評點：《駱寶善評點袁世凱函牘》，第141頁。

414 劉體智著，劉篤齡點校：《異辭錄》，中華書局，1988年版，第188頁。

415 趙焰著：《晚清有個袁世凱》，第65～66頁。

416 鄭曦原編，李方惠、胡書源等譯：《帝國的回憶：〈紐約時報〉晚清觀察記（1854～1911）》（上冊），第109頁。

417 嚴修（1860～1929），字范孫，生於天津鹽商世家。光緒年間進士，一八九四年出任貴州學政，後回天津興辦民辦教育。一九〇一年、一九〇四年兩度赴日本考察學務，一九〇四年春出任直隸學校司督辦。南開系列學校的創始人，被稱為「南開校父」。

418 鄭曦原編，李方惠、胡書源等譯：《帝國的回憶：〈紐約時報〉晚清觀察記（1854～1911）》（下冊），當代中國出版社，2011年第2版，第373頁。

419 袁世凱原著，駱寶善評點：《駱寶善評點袁世凱函牘》，第200頁。

420 一九一一年五月八日，清廷在立憲派國會請願運動的壓力下實行責任內閣制，裁撤舊內閣及軍機處，成立以慶親王奕劻為內閣總理大臣的新內閣，那桐、徐世昌任內閣協理大臣。內閣大臣以皇族居多，且手握實權，招致舉國不滿。一九一一年十一月一被迫解散，改由袁世凱組閣。

421 袁克定（1878～1958），字雲台，袁世凱原配于氏的獨子。幼年隨袁世凱宦遊朝鮮等地，通曉英語、德語。曾任清政府農工商部參議、右丞，一九一二年至一九二八年任開灤礦務總局督辦。一九一二年騎馬摔壞腿，曾赴德國治療，受到德皇威廉二世接見。晚年窮困潦倒，一九四九年後在章士釗的安排下出任中央文史館館員。

422 一九〇八年，袁世凱賞加太子太保銜，人稱宮太保。

423 張鎮芳（1863～1933），字馨庵，河南項城人，袁世凱的表弟。進士出身，官至直隸總督。

424 袁世凱原著，駱寶善評點：《駱寶善評點袁世凱函牘》，第314頁。

425 阮忠樞（1867～1917），字鬥瞻，安徽合肥人。曾為李鴻章幕僚，後轉投袁世凱，官至郵傳部副大臣。辛亥革命後被派請袁世凱出山，一九一四年任袁世凱總統府內史長，鼓吹復辟帝制。

426 姜桂題（1843～1922），字翰卿，安徽亳州人。一八九五年曾應袁世凱之邀在新建陸軍任職，後回毅軍任統領。一九一〇年任直隸提督兼統武衛左軍，次年與北洋將領聯名通電逼清帝退位。

427 何宗蓮（1864～1931），字春江，山東平陰人。曾隨吳長慶赴朝平亂，天津武備學堂畢業後曾在新建陸軍任職，一九一二年任中華民國陸軍第一師師長兼察哈爾副都統。

428 唐紹儀（1862～1938），字少川，廣東香山縣（今珠海市）人。晚清第三批公派留美幼童之一，肄業於哥倫比亞大學。一八八二年在朝鮮襄助海關事務期間與袁世凱成為莫逆之交，一九一一年在南北議和中以「擁袁共和」為方針，一九一二年出任中華民國首任國務總理。一九三八年九月三十日被國民黨軍統特務暗殺於上海。

429 袁世凱原著，駱寶善評點：《駱寶善評點袁世凱函牘》，第 330～331 頁。

430 袁世凱原著，駱寶善評點：《駱寶善評點袁世凱函牘》，第 336～337 頁。

431 靜嘉堂文庫位於東京，是日本三菱集團旗下的文化機構，主要收藏中日古籍。

432 唐德剛著：《袁氏當國》，廣西師範大學出版社，2004 年版，第 10 頁。

433 唐德剛著：《袁氏當國》，第 12～13 頁。

434 胡漢民（1879～1936），本名衍鴻，字展堂，筆名漢民，廣東番禺人。舉人出身，早年赴日留學，加入同盟會，成為孫中山的主要助手之一。

435 唐德剛著：《袁氏當國》，第 28 頁。

436 中國第二歷史檔案館編：《中華民國史檔案資料彙編》第 2 輯，江蘇人民出版社，1981 年版，第 83～84 頁。

437 《走向共和》是由張黎執導的大型中國近代史電視連續劇，二〇〇三年在中國中央電視臺首播後被禁止重播。

438 趙秉鈞（1859～1914），字智庵，河南汝州人。早年投左宗棠楚軍，後在新建陸軍隨習軍政，專攻偵探、員警兩門。一九〇二年被袁世凱薦任保定巡警局總辦，創建中國近代員警制度。一九一二年九月任中華民國國務總理，次年七月因涉嫌「宋教仁案」被迫辭職，一九一四年二月二十七日在直隸都督署暴斃。

439 陳其美（1878～1916），字英士，浙江吳興人。早年留學日本，加入同盟會，後在上海、杭州等地加入青幫，聯絡會黨支持革命。一九一一年十一月發動武裝起義光復上海，被推舉為滬軍都督。「二次革命」爆發後任上海討袁軍總司令，後敗走日本。一九一五年回國策動反袁運動，次年五月十八日在上海被槍殺。

440 〔日〕佐藤鐵治郎著，吳小娟譯：《袁世凱傳：一個日本記者三十年中國、朝鮮生活劄記》，第 54 頁。

441 〔美〕保羅．S．芮恩施著，李抱宏、盛震溯譯：《一個美國外交官使華記》，文化藝術出版社，2010 年版，第 130 頁。

442 孫寶琦（1867～1931），字慕韓，浙江杭州人。曾任清政府駐法、駐德公使，一九一三年任中華民國外交總長，後任財政總長、國務總理等職。

443 中國社會科學院近代史研究所譯：《顧維鈞回憶錄》第一分冊，中華書局，1983 年版，第 120 頁。

444 日置益（1861～1926），東京帝國大學畢業，曾任日本駐俄國、朝鮮、智利等國使節。一九〇〇年任日本駐華使館頭等參贊，一九一四年八月任駐華公使。

445 曾彝進（1877～?），又名儀進，字叔度，四川成都人。日本京都帝國大學法政科畢業，為袁世凱心腹幕僚，曾任約法會議議員、副內史長等職。

446 有賀長雄（Ariga Nagao, 1860～1921），國際法專家，曾任日本元老院書記官、樞密院書記官、議長祕書、內閣總理大臣祕書等職，一九一三年至一九一九年出任北洋政府法律顧問。

447 曾叔度：〈我所經手二十一條的內幕〉，榮孟源、章伯鋒主編：《近代稗海》第 3 輯，四川人民出版社，1985 年版，第 280 頁。

448 大隈重信（Ookuma Shigenobu, 1838～1922），武士出身，早稻田大學創校人。曾任伊藤博文內閣外相，一八九八年、一九一四年兩度組閣。

449 曾叔度：〈我所經手二十一條的內幕〉，榮孟源、章伯鋒主編：《近代稗海》第3輯，第283頁。

450 曾叔度：〈我所經手二十一條的內幕〉，榮孟源、章伯鋒主編：《近代稗海》第3輯，第287頁。

451 曾叔度：〈我所經手二十一條的內幕〉，榮孟源、章伯鋒主編：《近代稗海》第3輯，第288頁。

452 曾叔度：〈我所經手二十一條的內幕〉，榮孟源、章伯鋒主編：《近代稗海》第3輯，第288頁。

453 曹汝霖（1877～1966），字潤田，生於上海。日本中央大學畢業，清政府時期官至外務部副大臣，後任中華民國外交次長、交通總長等職，一九一九年五四運動中「火燒趙家樓」事件後被免職。一九四九年赴台灣，次年轉赴日本，一九五七年遷居美國。

454 「二十一條」第五號條款，共七條：

一、中國中央政府須聘用日本人充任政治、財政、軍事等顧問。

二、允許所有在中國內地所設日本醫院、寺院、學校等享有土地所有權。

三、中日合辦員警，或者中國員警官署須聘用多數日本人。

四、由日本採辦一定數量的軍械，或在中國設立中日合辦的軍械廠，聘用日本技師，並採買日本材料。

五、中國政府允將接連武昌與九江、南昌路線以及南昌至杭州、南昌至潮州各路線的鐵路建造權許與日本。

六、在福建省內籌辦鐵路、礦山，及整頓海口（包括船廠），如需外國資本，先向日本協議。

七、允認日本人在中國有布教權。

455 曹汝霖著：《曹汝霖一生之回憶》，中國大百科全書出版社，2009年版，第121頁。

456 章伯鋒、李宗一主編：《北洋軍閥（1912～1928）》第二卷，武漢出版社，1990年版，第803頁。

457 陸徵祥（1871～1949），上海人。一九一二年出任中華民國首任外交總長，後任國務總理、駐瑞士公使，一九一五年復任外交總長。一九二六年辭去駐瑞典公使職務，次年遁隱比利時天主教修道院修行直至逝世。

458 中國社會科學院近代史研究所譯：《顧維鈞回憶錄》第一分冊，第 122 頁。

459 保羅・S・芮恩施（Paul S. Reinsch, 1869～1923），美國學者、外交官。曾任威斯康辛大學政治學教授，一九一三年至一九一九年出任美國駐華公使。一九二〇年回美國，一九二二年應邀來華訪問，次年病逝於上海。

460 〔美〕保羅・S・芮恩施著，李抱宏、盛震溯譯：《一個美國外交官使華記》，第 135 頁。

461 〔美〕保羅・S・芮恩施著，李抱宏、盛震溯譯：《一個美國外交官使華記》，第 133 頁。

462 顧維鈞（1888～1985），字少川，江蘇嘉定縣（今上海市嘉定區）人，被譽為「民國第一外交家」。一九一二年獲美國哥倫比亞大學法學博士學位，回國任袁世凱總統府英文祕書，後任外交總長、財政總長、代理國務總理等職。一九五六年卸任中華民國駐美大使，後任海牙國際法庭法官、副庭長。

463 曹汝霖著：《曹汝霖一生之回憶》，第 135～136 頁。

464 〔美〕保羅・S・芮恩施著，李抱宏、盛震溯譯：《一個美國外交官使華記》，第 141 頁。

465 章伯鋒、李宗一主編：《北洋軍閥（1912～1928）》第二卷，第 819 頁。

466 章伯鋒、李宗一主編：《北洋軍閥（1912～1928）》第二卷，第 794～795 頁。

467 〔美〕保羅・S・芮恩施著，李抱宏、盛震溯譯：《一個美國外交官使華記》，第 126 頁。

468 袁靜雪著：《女兒眼中另面袁世凱》，第 17～18 頁。

469 楊度（1875～1931），字晳子，湖南湘潭人。舉人出身，師從船山書院一代名儒王闓運，同門有楊銳、劉光第、齊白石等。憲政專家，一九一四年任中華民國參政院參政，次年任籌安會理事長。

470 嚴復（1854～1921），字幾道，福建侯官（今福州）人，思想家、翻譯家，北京大學首任校長。一九一三年任袁世凱總統府外交法律顧問，後任參政院參政、憲法起草委員，袁世凱死後避禍於天津。

471 章伯鋒、李宗一主編：《北洋軍閥（1912～1928）》第二卷，第980頁。

472 袁世凱原著，駱寶善評點：《駱寶善評點袁世凱函牘》，第387頁。

473 周自齊（1869～1923），字子廙，山東單縣人，曾主持籌建遊美學務處肄業館（中國清華大學的前身）。一九一五年任中華民國農商總長，兼任主持國體決定和選舉事務負責人之一，後任「大典籌備處」委員。

474 〔美〕保羅．S．芮恩施著，李抱宏、盛震溯譯：《一個美國外交官使華記》，第166頁。

475 〔美〕保羅．S．芮恩施著，李抱宏、盛震溯譯：《一個美國外交官使華記》，第172～173頁。

476 〔美〕保羅．S．芮恩施著，李抱宏、盛震溯譯：《一個美國外交官使華記》，第21頁。

477 中國社會科學院近代史研究所譯：《顧維鈞回憶錄》第一分冊，第91～92頁。

478 〔美〕保羅．S．芮恩施著，李抱宏、盛震溯譯：《一個美國外交官使華記》，第22頁。

479 袁世凱原著，駱寶善評點：《駱寶善評點袁世凱函牘》，第150頁。

480 王揖唐（1877～1948），名賡，安徽合肥人。一九〇四年最後一屆科舉進士，曾任袁世凱總統府軍事祕書、參政院參政等職，後任段祺瑞內閣國務總長，組織「安福俱樂部」操縱國會。一九三七年日本侵華後擔任高級偽職，一九四八年以漢奸罪被槍決。

481 〔英〕愛德溫．丁格爾著，劉豐祥、邱從強等譯：《辛亥革命目擊記：〈大陸報〉特派員的現場報導》，中國青年出版社，二〇〇二年版，第129頁。

482 中國社會科學院近代史研究所譯：《顧維鈞回憶錄》第一分冊，第97頁。

483 朱爾典（John Newell Jordan, 1852～1925），英國外交家，生於愛爾蘭。一八七六年來華，一九〇六年任英國駐華公使，一九二〇年退休。

484 指陸宗輿（1876～1941），字潤生，浙江海寧人。日本早稻田大學畢業，中華民國成立後任總統府財政顧問，一九一三年至一九一六年出任駐日公使。

485 章伯鋒、李宗一主編：《北洋軍閥（1912～1928）》第二卷，第1114～1115頁。

486 張一麐（1867～1943），字仲仁，江蘇吳縣人。清政府時期在直隸總督袁世凱手下任職，民國初年任袁世凱總統府祕書、政事堂機要局局長等職，一九一六年因不滿袁氏稱帝辭職。

487 袁世凱原著，駱寶善評點：《駱寶善評點袁世凱函牘》，第42頁。

488 袁靜雪，原名袁叔禎，袁世凱第三女，與二哥袁克文是一母同胞兄妹。母親是朝鮮人，為袁世凱的三姨太金氏。

489 袁克文（1889～1931），字豹岑，別署寒雲，袁世凱次子，「民國四公子」之一。生活放浪不羈，反對袁世凱稱帝，觸怒父親後逃往上海，後加入青幫，一九三一年病逝於天津。

490 袁靜雪著：《女兒眼中另面袁世凱》，第46～47頁。

491 袁靜雪著：《女兒眼中另面袁世凱》，第111頁。

492 梁敦彥（1858～1924），字朝璋、崧生，廣東順德人。晚清首批公派留美幼童之一，入讀耶魯大學。曾任清政府外務部尚書，一九一一年任袁世凱內閣外務部大臣，一九一四年任中華民國交通總長。

493 白萊特氏病（Bright's Disease），即腎炎。

494 〔美〕保羅．S．芮恩施著，李抱宏、盛震溯譯：《一個美國外交官使華記》，第177頁。

495 指黎元洪（1864～1928），字宋卿，湖北黃陂縣黎家河（今屬大悟縣）人。天津北洋水師學堂畢業，曾在廣東水師服役，隨艦隊北上參加中日甲午戰爭。武昌起義爆發後，新軍協統黎元洪被革命黨人強行推舉為湖北軍政府都督，南京臨時政府成立後當選為臨時副總統，在袁世凱死後繼任大總統。

496 袁靜雪著：《女兒眼中另面袁世凱》，第112～113頁。

497 袁世凱原著，駱寶善評點：《駱寶善評點袁世凱函牘》，第363頁。

498 袁靜雪著：《女兒眼中另面袁世凱》，第 45 ~ 46 頁。

499 趙焰著：《晚清有個袁世凱》，第 144 頁。

500 唐德剛（Te - Kong Tong, 1920 ~ 2009），美籍華裔歷史學家。哥倫比亞大學歷史學博士，先後任教於哥倫比亞大學、紐約市立大學。有《顧維鈞回憶錄》、《李宗仁回憶錄》等口述歷史作品傳世。

501 唐德剛著：《袁氏當國》，第 19 頁。

502 唐德剛著：《袁氏當國》，第 207 頁。

503 趙焰著：《晚清有個袁世凱》，第 244 頁。

晚清五大名人：他們送走了一個帝國

作　　者	鳳凰衛視／鳳凰書品
發行人	林敬彬
主　　編	楊安瑜
副主編	黃谷光
責任編輯	王艾維
內頁編排	王艾維
封面設計	陳膺正（膺正設計工作室）
編輯協力	陳于雯．曾國堯
出　　版	大旗出版社
發　　行	大都會文化事業有限公司
	11051 台北市信義區基隆路一段 432 號 4 樓之 9
	讀者服務專線：（02）27235216
	讀者服務傳真：（02）27235220
	電子郵件信箱：metro@ms21.hinet.net
	網　　址：www.metrobook.com.tw
郵政劃撥	14050529 大都會文化事業有限公司
出版日期	2016 年 6 月初版一刷
定　　價	350 元
ISBN	978-986-6234-99-6
書　　號	History-77

◎本書經中圖公司版權部由現代出版社有限公司授權繁體字版之出版發行。

◎本書如有缺頁、破損、裝訂錯誤，請寄回本公司更換。

Cover Photography: iStock/000084467275 .

國家圖書館出版品預行編目（CIP）資料

晚清五大名人 ：他們送走了一個帝國 / 鳳凰衛視／鳳凰書品 編著 .
-- 初版 . -- 臺北市 : 大旗出版 : 大都會文化發行 , 2016.06
320 面 ; 17×23 公分

ISBN 978-986-6234-99-6（平裝）
1. 人物志 2. 清代

782.17　　　　105008323

已獲侍郎銜。侍郎銜是從二品，相當於現在的副部級。當時全中國十年間獲得這個級別者，連他在內僅三人，而在湖南人當中是自有清一代以來空前絕後。

道光二十七年（1847），曾國藩由翰林院侍講學士升任內閣學士兼禮部侍郎銜，由從四品驟升從二品，連升四級。像他這種寒士出身的人，若靠勤勉盡職一步一步往上爬，在花甲之年能爬到從二品，已算官運亨通。邁過從二品這道坎才算高級官員，很多京官一輩子都邁不過去。據說他如此幸運，離不開權臣穆彰阿[152]的賞識。

野史傳說，有一天曾國藩奉命到養性殿等候召見，端坐一個多時辰仍未見到道光帝。一個內官過來說，皇帝改在次日召見他。他百思不得其解，便去請教座師穆彰阿。穆彰阿派人立即將三百兩銀子送給養性殿太監，請他將殿內所掛字畫全部抄錄下來，並趕緊送至穆府。穆彰阿說，養性殿是收藏字畫的宮殿，不是皇帝召見臣僚之處，皇帝可能是在考你的觀察力和記憶力，你連夜把這些東西背熟，或許明天有用。果然不出所料，道光帝看見曾國藩對答如流，決定重用他。[153]縱使有當紅權臣相助，倘若曾國藩自身修養不夠，恐怕還是難逃皇帝的火眼金睛，哪會委以重任？

曾國藩中進士之後，將原名「子城」改為「國藩」，以「國之藩籬」自勉，大有效法前賢澄清天下之志。當然，那時他是出於書生意氣，料想不到日後真會以瘦弱身軀抵擋浩蕩太平軍。作為一名天子腳下的詞臣，他手中沒有實際權柄，只能用文字指點江山。咸豐元年（1851），他曾上呈一道奏疏直言批評咸豐帝，差點被撤職嚴辦。

王魯湘：曾國藩很年輕的時候就是一個有大志之人。他當時在京城還無所作為，在給弟弟曾國荃[154]的信裡卻已立志要做一個完人。